VIE DU MARÉCHAL

DE

LOWENDAL.

Paris. — Imprimerie de A. Lainé et J. Havard, rue des Saints-Pères, 19.

VIE DU MARÉCHAL

DE

LOWENDAL,

COMTE DU SAINT-EMPIRE,
CHEVALIER DES ORDRES DU ROI, DE MALTE, DE SAINT-LOUIS,
DE SAINT-HUBERT ET DE SAINT-ALEXANDRE NEWSKI,
MEMBRE DE L'ACADÉMIE DES SCIENCES,

PAR

LE MARQUIS DE SINETY,

colonel honoraire de cavalerie, chevalier de Saint-Louis,
officier de l'ordre de la Légion d'honneur.

TOME SECOND.

PARIS,
LIBRAIRIE BACHELIN-DEFLORENNE,
3, QUAI MALAQUAIS, 3.

1868.

VIE DU MARÉCHAL

DE

LOWENDAL.

CHAPITRE IX.

Le maréchal de Noailles conseille d'assiéger Berg-op-Zoom contre l'avis du maréchal de Saxe, qui déclare qu'il ne conduira pas le roi devant cette place pour lui faire éprouver un affront. — M. de Lowendal dit qu'il la prendrait quand même le maréchal de Saxe serait dedans. — Personne ne croit au succès ailleurs que dans l'armée assiégeante, à laquelle son général sait faire partager sa constance au milieu de difficultés qui semblent insurmontables.

On se passionne pour des aventures imaginaires et presque toujours invraisemblables, et l'on néglige les ouvrages qui montrent les grandes actions de ceux qui ont précédé nos contemporains dans la carrière de la gloire. Il faut convenir que la narration d'une suite d'opérations fort lentes, qui présentent souvent beaucoup de similitude entre elles, ne peut produire les mêmes émotions que des œuvres romanesques et le récit de grandes batailles, où tout est mouvement, où les événements se pressent et attirent l'intérêt des lecteurs, même de ceux qui en recherchent le moins les causes.

En entreprenant de décrire plusieurs siéges les uns après les autres, il est impossible à celui qui a assumé une pareille tâche de ne pas en être effrayé. Je demande à Dieu de me venir en aide, et à mes lecteurs de ne pas se trouver aussi à plaindre que moi; ils ont le droit de feuilleter rapidement les pages de mon livre, au risque d'ignorer toutes les ressources dont un général habile sait user, comment il peut prendre de l'ascendant sur ceux qui doivent lui obéir, et leur inspirer une fermeté qui ne se rebutera point devant des difficultés immenses. C'est à quoi M. de Lowendal avait déjà réussi avant de se présenter devant Berg-op-Zoom; il avait appris à ses troupes à ne jamais douter de lui, en leur faisant prendre Gand, Ostende, Nieuport, l'Écluse, Namur et toutes les villes qu'il avait emportées. Mais, hélas! je ne me sens pas les mêmes droits à la confiance de mes lecteurs. Après avoir mis leur patience longuement à l'épreuve en leur faisant connaître les circonstances de tant de siéges, comment oser les engager à me suivre encore au milieu des tranchées et des parallèles qu'il me reste à ouvrir? Cependant c'est mon devoir de les conduire jusqu'au pied de la brèche; on ne parle point de Lowendal sans avoir le nom de Berg-op-Zoom sur les lèvres; c'est la prise de cette forteresse qui le fait vivre dans l'histoire; sa conquête a été un sujet d'étonnement pour l'Europe et d'enthousiasme pour la France; je ne puis me dispenser d'en rapporter les incidents. Peut-être se trouvera-t-il quelques personnes qui voudront connaître tout ce que l'art et le génie peuvent enfanter, toutes les qualités guerrières que nos Français ont montrées pour vaincre des obstacles réputés insurmontables, le dévouement avec lequel ils ont accompli leur périlleuse tâche, et l'action audacieuse qui a couronné leur grande et laborieuse entreprise. Je montrerai aussi quelque courage en affrontant les dangers de la mienne; j'imiterai, quoique d'un peu loin, mon bisaïeul; il est convenu que le journal d'un siége est illisible même pour les gens du métier : je vais en écrire un.

Assiéger Berg-op-Zoom ! c'était un acte par trop téméraire, même aux yeux des hommes les moins susceptibles de se laisser effrayer aisément. L'intéressante notice qui précède les *Mémoires de Noailles* contient de curieux renseignements à cet égard; nous les retrouverons à leur source, mais ce que dit M. Villenave, leur éditeur, doit être cité :

« ..... On vit deux étrangers, Maurice de Saxe et le comte de Lowendal, l'un né en Pologne, l'autre Danois, fixer la victoire sous les drapeaux français... La Belgique rapidement conquise, et la Hollande entamée, firent plier l'orgueil des ennemis. Les mémoires de Noailles contiennent des éclaircissements sur ces grands événements.... Un fait historique important, c'est que le maréchal de Saxe s'était vivement opposé au siége de Berg-op-Zoom, et qu'il rédigea un mémoire pour détourner de ce siége le conseil du roi, et Noailles en était le chef. Or on sait que la prise de Berg-op-Zoom devait, avec celle de Maëstricht, amener la paix d'Aix-la-Chapelle et terminer une guerre qui avait été mêlée pour la France, dans ses succès mêmes, de tant d'épuisement et de dangers....[1]. »

Dans l'avertissement qui précède le neuvième volume de la correspondance du ministre de la guerre, en 1747, on lit : « Le siége de Berg-op-Zoom ayant été un des plus fameux événements de nos jours, on a cru devoir rassembler dans un volume séparé toutes les pièces qui le concernent. » La relation qui suit cet avertissement explique que le roi avait décidé que, ne pouvant empêcher les alliés d'envoyer par la basse Meuse des secours à Berg-op-Zoom, on détacherait pour l'armée de M. de Lowendal des renforts proportionnés à ces secours, tirés de celle que Louis XV commandait en personne, et qui était destinée à tenir les alliés en alarme pour Maëstricht. Ils avaient, à l'embouchure de l'Escaut, plus de soixante bâtiments qui fournissaient en abondance des vivres à la garnison de

---

[1] V. la collection des *Mémoires relatifs à l'histoire de France*, de MM. de Montmerqué et Petitot.

Berg-op-Zoom, et devaient la rafraîchir continuellement de troupes nouvelles, sans que ces bâtiments pussent être atteints par notre artillerie.

En apercevant Berg-op-Zoom, on s'étonne du nom que cette ville porte. Il est impossible d'y découvrir rien qui ressemble même à une modeste colline [1].

En 1581, les Espagnols, ayant surpris cette célèbre place, y avaient pénétré, lorsque ses habitants les en chassèrent dans un élan de patriotisme. Deux illustres généraux espagnols avaient échoué devant cette ville. Alexandre Farnèse, qui sut prendre Maëstricht, assiégea vainement Berg-op-Zoom, en 1588; et Ambroise Spinola, qui devait plus tard faire la conquête de Bréda, réputée alors la plus forte place des Pays-Bas, échoua aussi, en 1622, devant cette grande forteresse. Depuis elle était devenue le chef-d'œuvre du célèbre ingénieur *Cohorn,* surnommé le Vauban hollandais. Il avait employé tout son

---

[1] Berg-op-Zoom signifie mont sur la Zoom, petite rivière qui se jette dans l'Escaut oriental. Quelques-unes de ses fortifications portaient des noms assez bizarres : à côté du fort de Slik, ou du bout, se trouvait celui de Kyk-in-de-Pot, *regarde au pot;* une des lunettes se nommait Boereverdit, le *chagrin du paysan.*

art à fortifier le seul côté par où elle pouvait être attaquée. Elle passait en Europe pour imprenable. Lorsque M. de Lowendal l'attaqua, elle était armée de deux cents pièces de canon; déjà très-abondamment pourvue de tout, elle avait la facilité de se ravitailler par terre et par mer; des barques dont on ne pouvait empêcher la circulation lui apportaient les vivres et les munitions nécessaires. Lorsqu'elles furent prises avec la ville, on les trouva chargées de caisses sur lesquelles on lisait en gros caractères: *A l'invincible garnison de Berg-op-Zoom.*

« . . . . . Ce siége (celui de Berg-op-Zoom) sera à jamais mémorable par les obstacles qu'il fallut surmonter. . . . . La force de la place, dont les assiégés crurent jusqu'à la fin nous faire abandonner l'attaque, le nombre prodigieux de mines que nous fûmes obligés de fouiller, et surtout le voisinage d'une armée de vingt-cinq mille hommes qui pouvait, à tous moments, réparer les pertes de la garnison; en un mot, tout paraissait devoir faire naître des difficultés propres à rebuter des troupes moins accoutumées à vaincre.

« Tous ces obstacles auxquels M. le comte de

Lowendal ne s'était pas d'abord attendu ne l'ébranlèrent point, et ne servirent qu'à mettre dans un plus grand jour ses talents militaires, et la constance qu'il inspira aux officiers et aux troupes qu'il commandait. Il avait tant de confiance en ce qu'il leur voyait faire tous les jours, qu'il ne perdit jamais l'espérance de venir à bout de son entreprise, dans le temps même qu'on en désespérait à la grande armée. C'est ce qu'il remarqua dans une lettre du maréchal de Saxe, et il fut le premier à le rassurer, en lui faisant entendre qu'il emporterait la place, *quand même son général serait dedans pour la défendre*[1]. »

L'auteur de la relation de la surprise de Berg-op-Zoom en 1814, le colonel du génie Legrand, observe que : « Dans aucune place de l'Europe les maçonneries de l'escarpe ne sont moins en prise au canon, ni les retranchements intérieurs mieux préparés dans les bastions...... Il est

---

[1] Relation du siége de Berg-op-Zoom, par M. Sarazin de Belmont, en tête du 9ᵉ volume de la correspondance du ministre de la guerre relative à la guerre de Flandre (année 1747). Beaucoup de volumes de cette correspondance sont précédés par des discours préliminaires composés par M. Sarazin ; ils présentent des résumés très-bien faits des principaux événements militaires de l'année à laquelle ils se rapportent.

impossible, dit-il, de tirer un meilleur parti des eaux; tous les détails sont comme l'ensemble, d'un ingénieur très-habile, qui, ayant beaucoup fait la guerre, avait beaucoup vu et observé . . .
. . . . . . » Le même auteur explique que les marais formaient avec Steenberg, les trois forts Moermont, Pinsen et Rowers, un immense camp retranché connu sous le nom de Lignes de Steenberg. Tout l'espace compris entre ce lieu et Berg-op-Zoom se trouvait défendu, au levant, par ces lignes et les marais; au nord, par Steenberg, et des terrains submersibles; au couchant, par un sol susceptible aussi d'être inondé; et au midi, par la ville de Berg-op-Zoom qui ferme l'isthme de la presqu'île où elle se trouve.

M. d'Espagnac a prétendu que le siége avait été décidé sur l'inspection d'une vieille carte qui indiquait qu'à marée basse on pouvait pénétrer aisément en Zélande. Il est difficile de comprendre une pareille assertion; la présence de la grande armée des alliés rendait le passage impossible quand même la marée basse l'aurait permis. On ne pouvait tourner Berg-op-Zoom par la Zélande; pour y entrer, il fallait commencer par s'emparer de la clef de cette province.

La première maçonnerie des fortifications de Berg-op-Zoom avait huit pieds de large; on avait amassé douze pieds de terre entre elle, et une seconde muraille de plus de deux toises d'épaisseur. Les endroits fort étroits par où ces fortifications auraient été accessibles étaient défendus par des forts revêtus, dont chacun aurait exigé un siége. Les places d'armes du chemin couvert étaient assez vastes pour contenir un demi-bataillon rangé; les galeries de mines étaient de la plus grande beauté; leurs rameaux avançaient jusque sous les glacis. Les forces de l'ennemi dans la place, dans les lignes de Steenberg occupées par le brave prince de Hesse-Philipstadt, ou au camp d'Oudenbosch, étaient de quarante à quarante-cinq mille hommes, en communication avec la grande armée des alliés, qui semblait devoir écraser celle de M. de Lowendal.

A tant de forces réunies les Hollandais avaient voulu ajouter encore celle de l'éloquence. Ils avaient envoyé à Berg-op-Zoom M. Vanharen, l'orateur le plus disert des états généraux et zélé patriote.

Tout indiquait que les alliés voulaient ou contraindre de vive force les assiégeants à s'éloigner, ou prolonger assez le siége pour les obliger à le lever. Les Français ne pouvaient le commencer avant la mi-juillet, ni le prolonger au-delà du mois de septembre à cause du fléau de ce pays, les fièvres des Polders[1]. Nous avons lu une lettre du maréchal de Saxe, du 5 août 1747, où il dit que l'air de Berg-op-Zoom commençait à y donner des maladies telles que la brigade de Touraine avait eu huit cents hommes à l'hôpital en moins de huit jours. Elles s'y déclarent tous les ans à une époque où les pluies auraient d'ailleurs rendu les chemins, à travers les marais, impraticables aux énormes convois, forcément dans un mouvement continuel, pour fournir aux besoins des assaillants.

Le stathouder avait confié l'honneur de défendre Berg-op-Zoom au baron de Cromstrom, vieux général, en grande réputation de savoir et de valeur. « Cette entreprise était faite (dit

[1] Fièvres paludéennes.

M. d'Espagnac dont nous conservons le style) contre les principes de la guerre ; aussi le succès en parut-il impossible à bien du monde. Mais les grands capitaines s'élèvent au-dessus des règles ordinaires, et savent aplanir les obstacles que le commun des hommes regarde comme insurmontables. Le maréchal de Saxe connaissait le courage éclairé, la fermeté, l'activité du comte de Lowendal ; il avait aussi la plus grande confiance dans la bravoure et la bonne volonté des troupes ; elle ne fut pas trompée. » Le même écrivain dit ailleurs : « Que le siége a été une entreprise des plus mémorables et des plus dignes d'immortaliser une nation. » On lit dans le *Précis du Siècle de Louis XV :* « De tous les siéges qu'on a jamais faits, celui-ci (le siége de Berg-op-Zoom) peut-être a été le plus difficile. On en chargea le comte de Lowendal qui avait déjà pris une partie du Brabant hollandais. . . . . . » Voltaire ajoute : « Les alliés et les Français, les assiégés et les assiégeants même, crurent que l'entreprise échouerait. Lowendal fut presque le seul qui comptât sur le succès. »

Le comte d'Hérouville, commandant la garnison d'Anvers, avait été chargé de fournir des postes à Eckeren et à Strabrock pour assurer les convois destinés à alimenter les troupes du siége. Cet officier général en avait dirigé un premier composé de trois cents chariots chargés de claies, de fascines et de gabions, sur Ossendrecht, où l'armée du comte de Lowendal était arrivée, le 10 juillet, après une marche assez fatigante, par un mauvais temps, pour nécessiter son séjour pendant la journée du 11. Le lendemain, elle s'avança sur deux colonnes dans la direction d'une des plus formidables forteresses du monde, et campa devant elle, depuis l'Escaut jusqu'aux inondations de la Zoom.

Le 16, le comte de Lowendal écrivait à M. de de Crémilles [1], habile officier d'état-major, investi de toute la confiance du maréchal de Saxe :

« . . . . . . Je connais le mérite de tout ce que M. le maréchal-général fait pour moi. L'expédition dont je suis chargé est difficile ; j'atta-

---

[1] Louis-Hyacinthe Boyer de Crémilles, maréchal-général-des-logis de l'armée du roi ; il devint lieutenant-général et grand-croix de l'ordre de Saint-Louis.

que une place qui est un chef-d'œuvre de fortifications et que je ne peux investir, dont la garnison est nombreuse, et qui a derrière soi une armée pour la soutenir, joint à ce qu'elle peut recevoir toutes sortes de secours de la Hollande. Mais, avec tout cela, je n'aurais pas importuné M. le maréchal pour avoir un plus grand nombre de troupes, et j'aurais fait tous mes efforts pour venir à bout de ma besogne avec celles qu'il a bien voulu me confier. L'exécution n'en sera que plus assurée par les soins que M. le maréchal-général a de ne me laisser manquer de rien. . . . . . »

Cependant M. de Lowendal ne pouvait être sans inquiétude, ni éprouver tout à fait autant de confiance qu'il en témoignait, dans les dispositions du comte de Saxe, car il ne les ignorait point. Le maréchal de Saxe avait combattu le projet du siége, et il continua à désespérer du succès. Il ne fournit au comte de Lowendal les moyens de l'obtenir, que sur les instances de M. de Noailles, et sur l'expression du désir qu'il en avait inspiré au roi. On trouvera la preuve évidente de tout ceci dans un long mémoire du maréchal de Saxe dont nous allons donner des extraits, et dans la lettre de M. de Noailles, en réponse aux critiques du maréchal-général.

Voici quelques fragments du mémoire que Maurice avait adressé au roi [1] :

. «..... Tout homme sage doit être alarmé de voir son opinion désapprouvée généralement. Si l'incertitude et la variation *est* un mal dans les choses de la vie privée, on peut dire que c'est un malheur à la guerre. ..... Les personnes d'esprit, et surtout les personnes éloquentes, sont très-dangereuses dans une armée, parce que leurs opinions font des prosélytes. ....

« Mon opinion a été après la prise de la Flandre hollandaise de ruiner par notre position l'armée des ennemis, en conservant la nôtre, et d'attendre du bénéfice du temps des conjonctures favorables. .... On a jugé à propos d'opérer et de provoquer les événements. .... Je n'ai pu me dispenser de faire une manœuvre très-hasardeuse, en allongeant des corps sur

---

[1] Ce mémoire est consigné tout entier dans le registre de la correspondance du comte d'Argenson relative au siége de Berg-op-Zoom, ainsi que la lettre du maréchal de Noailles, dont nous rapporterons aussi des passages plus loin.

Maëstricht, ce qui a invité les ennemis à les séparer de nous, et à se porter sur les Gêtes. J'ai paré par une manœuvre heureusement conduite cet événement, qui aurait mis les ennemis dans l'abondance et nous fort à l'étroit et dans la nécessité de manger notre pain. Nous sommes arrivés à Tongres ; le combat de Lawfeld s'est donné dans l'intention de pouvoir faire le siége de Maëstricht ; les fautes que nous avons commises cette journée nous ont privés de l'avantage que nous devions en tirer [1]. Il ne s'est rien présenté à faire pour justifier l'événement de ce combat, que le siége de *Berg-op-Zoom, que l'on regardait comme une mauvaise place* [2]. M. de Lowendal assurait que si les ennemis marchaient au secours de la place, il pourrait retirer son canon et les troupes sans qu'elles courussent le moindre risque. C'est sur cette opinion que nous avons formé cette entreprise, moins pour l'objet de prendre cette place, que pour faire une diversion qui pût enga-

---

[1] Maurice veut bien prendre ici une part des fautes qu'on lui a vu attribuer à MM. de Clermont-Tonnerre et Gallerande.

[2] Cette assertion est surprenante ; on verra bientôt que ce n'était point l'opinion générale, et que le maréchal de Noailles était très-loin de la partager.

ger les ennemis à s'y porter en assez grand nombre pour nous donner les moyens de passer la Meuse et faire le siége de Maëstricht, auquel la raison militaire nous prescrit de donner la préférence. Les ennemis n'ont point pris le change, ils n'ont envoyé à Berg-op-Zoom que des secours proportionnés à notre entreprise, et conservent Maëstricht.

« *Berg-op-Zoom est devenu une affaire au-dessus des forces humaines, pour ainsi dire, ou du moins hors de tout exemple;* la politique, nos pertes et notre amour-propre, peut-être, nous ont échauffés sur cette entreprise, au point que nous sommes prêts à y sacrifier l'armée, la gloire de nos armes et celle du roi. Les esprits s'échauffent, on blâme le général de sa lenteur, il ne saurait partir trop tôt pour se précipiter dans un labyrinthe qu'il prévoit. L'on parle, l'on écrit des mémoires, l'on se communique ses idées, comme si celui qui est chargé de la conduite de cette campagne n'en était pas occupé; enfin on veut le faire marcher, on cabale à cet effet. »

Le maréchal de Saxe laisse voir qu'il a été

piqué de ce que l'avis de M. de Lowendal, son inférieur, appuyé par le maréchal de Noailles, eût prévalu; il continue :

« M. de Lowendal qui a ses correspondances, et qui se trouve embarrassé, demande que l'armée vienne dans son voisinage, parce qu'alors l'affaire devient commune à tout le monde, et que l'on y peut sacrifier plus de moyens; l'on part de là, et tout le monde opine que l'on ne saurait partir trop tôt...... Je dirai seulement, puisqu'il faut que je me justifie :

« 1° Que je ne suis pas assez persuadé que l'on puisse prendre Berg-op-Zoom, pour être d'avis qu'on y mène mon maître pour y recevoir un affront;

« 2° Que si Berg-op-Zoom peut se prendre, M. de Lowendal a suffisamment de quoi faire cette opération;

« 3° Que nous y perdrons notre armée par le défaut de subsistances...... etc.[1]. »

---

[1] M. Villenave, possesseur de la minute de ce mémoire, en a donné un fragment en conservant l'orthographe du héros, qui l'a écrit tout entier de sa main : « .... *Que je ne suis pas asses persuades que l'on puisse prendre Bergerobson pour attre d'avis que l'on y maine mon maitre pour y recevoir un affront.....* »

M. de Lowendal commandait presque toujours des corps détachés; on peut dire que ce n'était qu'accidentellement qu'il se trouvait parfois réuni à la grande armée, comme à Fontenoy et à Rocoux. Il écrivait à M. d'Argenson parce que ce ministre lui demandait souvent de lui écrire, comme sa correspondance le prouve, et M. de Lowendal ne pouvait pas s'y refuser. Le comte d'Estrées agissait assez souvent isolément aussi, et d'autres officiers encore écrivaient au ministre et ne manquaient point en cela d'égards pour le maréchal-général; il n'aurait pas dû leur en vouloir.

La correspondance qui avait lieu entre M. d'Argenson et M. de Lowendal n'était point mystérieuse, puisque le ministre écrivait au maréchal le 23 avril : « M. de Lowendal m'informe exactement de ses opérations, et j'en suis par ce moyen instruit deux jours plus tôt que je ne le serais par vous. »

Le maréchal de Noailles continua à engager le maréchal de Saxe à soutenir M. de Lowendal dans sa grande entreprise :

« . . . . . La manière dont on pense en Hollande, en Angleterre et en Allemagne sur le siége de Berg-op-Zoom est uniforme. On en fait un point capital et essentiel. Les avis particuliers et directs qu'on a reçus, soit de Hollande, soit d'Angleterre, ne permettent pas d'en douter, et vous n'ignorez pas quels sont ceux du roi de Prusse sur ce sujet. . . . . . La gloire et le succès de cette campagne sont attachés à la prise de cette place. Le roi aurait gagné en vain une bataille sur ses ennemis; il faut, pour l'honneur et la réputation de ses armes, ne point échouer devant Berg-op-Zoom. . . . . . Vous êtes instruit de la situation où l'on se trouve par rapport aux espérances de parvenir à la paix. . . . . . Si ces espérances mêmes s'évanouissaient, nonobstant la prise de Berg-op-Zoom, de quel avantage ne serait point cette place pour continuer la guerre?

« C'est la clef de la Zélande. . . . . .

« Quelle impression, d'ailleurs, ne ferait point sur les ennemis la prise de celle de leurs places qui est la mieux fortifiée, où aucune espèce de secours et de moyens ne leur a manqué jusqu'à présent, où l'on a rassemblé tout ce que la Hollande avait de canonniers, où il en a péri un si grand nombre, que les Anglais en font passer de leur île; place d'ailleurs qui n'était pas investie, soutenue d'une armée, et dont l'officier le plus estimé parmi eux, M. de Cromstrom, conduisait la défense.... »

Hâtons-nous de le dire à la louange du maréchal de Saxe, le nuage qui s'était élevé entre lui et M. de Lowendal ne tarda pas à se dissiper, et Maurice sut pardonner à son ami d'avoir ajouté à toutes les gloires de la France, contre son avis.

Le comte de Lowendal était à la tête de quarante-deux bataillons d'infanterie et de soixante-dix escadrons; il avait aussi sous ses ordres un bataillon d'artillerie et les volontaires bretons, qui étaient de vaillants soldats. M. de Montmorin lui amena encore les brigades des milices de Bergeret et de Royal étranger et le régiment Royal dragons. M. de Lowendal espérait livrer une bataille avant d'approcher de Berg-op-Zoom; cependant il fut peut-être encore plus satisfait de voir les alliés retirer leurs avant-postes dans leurs lignes. Le 12, l'infanterie française put camper tranquillement, sans tentes, à une demi-lieue des fortifications de Berg-op-Zoom; mais elle ne l'investit point, comme le président Hénaut l'a dit, car il n'y avait point d'investissement possible; cela a été trop dit et répété.

Le comte de Lowendal reconnut très-soigneusement les abords de la place, accompagné seulement de M. de Schmettau, fils d'une de ses sœurs; il était colonel d'un régiment danois, mais il servit constamment auprès de son oncle, en qualité de volontaire, pendant toute la durée du siége. Cette reconnaissance était d'autant plus nécessaire, qu'on n'avait fourni à M. de Lowendal aucun plan exact de Berg-op-Zoom tel qu'il était depuis que Cohorn y avait exécuté ses grands et excellents travaux. M. de Lowendal put envisager les prodigieux obstacles qu'il aurait à vaincre pour pénétrer dans une ville enterrée derrière des fortifications supérieurement combinées, et dont tous les feux étaient rasants. Tous ceux qui ont parlé de lui et de Berg-op-Zoom se sont accordés pour dire que seul il ne parut point étonné de se trouver en face de si énormes difficultés. Cependant il tint un conseil de guerre, dans lequel on agita la question de savoir si, au lieu d'attaquer cette forteresse par le côté le plus fort, celui du midi, il ne serait pas préférable de l'attaquer par les fronts du nord et ceux de Steenberg. « Cet habile général observa qu'il serait alors obligé à trois opérations successives, aussi longues que difficiles : la première, de forcer des lignes protégées par des marais et extrêmement fortes; la seconde, de prendre les trois forts de Moermont, Pinsen et Roovers, alors fermés à la gorge, ayant tous des magasins à poudre, des abris à l'épreuve de la bombe, d'amples provisions de munitions et de vivres; la troisième, d'attaquer ces fronts de Steenberg ou du nord, qui, tout faibles qu'ils étaient, exigeraient cependant un siége en règle, en présence d'une forte garnison. Il fit voir que, tandis que son armée, ainsi placée au nord, dirigerait ses attaques sur ces fronts, elle aurait à dos l'armée ennemie, retirée à Steenberg, et lui prêterait le flanc droit vers Tholen, en même temps que ses communications par sa gauche avec Anvers et la France seraient difficiles et précaires. Il se contenta donc de menacer de ce côté l'armée hollandaise qui gardait les *lignes*, simula une attaque contre le fort Roovers, mais l'abandonna bientôt pour attaquer la ville sur un point hérissé d'ouvrages, en prenant, comme il le disait lui-même, le taureau par les cornes [1]. » M. de Lowendal suivait ainsi les exemples que Vauban et Cohorn avaient donnés à Namur, en négligeant les ouvrages extérieurs pour attaquer le corps de la place. Il aurait encore pu appuyer le projet qu'il adopta, sur la conduite du siége de Charleroi, en 1695, par Vauban, car cet officier si habile, si sage, si ménager de la vie des hommes, attaqua cette place par le côté le plus difficile, dans une saison avancée et fort pluvieuse; le succès qu'il obtint ne le fit pas échapper à quelque blâme. Ses ennemis ont dit qu'il avait voulu montrer ses capacités en se permettant une attaque bizarre; ce reproche paraît injuste, mais ici il est démontré que le comte de Lowendal prit le seul parti qui offrît des chances de réussite.

Nous ne copierons pas le journal qu'un lieutenant-colonel du génie [2] a donné du siége de

---

[1] *Relation de la surprise de Berg-op-Zoom en* 1814, par M. Legrand, colonel du génie.

[2] *Journal du siége de Berg-op-Zoom en* 1747, rédigé par un

Berg-op-Zoom; nous n'en suivrons pas les opérations absolument jour par jour, comme il s'y est astreint, mais nous recueillerons dans son ouvrage et plusieurs autres tout ce qui nous paraîtra susceptible de quelque intérêt. Nous engagerons ceux de nos lecteurs qui auront le courage de ne pas nous abandonner à jeter un coup d'œil sur le plan qu'ils trouveront à la fin du volume; il les mettra à même de juger tout ce qu'il a fallu remuer de terre et enterrer d'hommes dessous pour planter le drapeau sans tache sur les remparts de Berg-op-Zoom.

Du 12 au 13, pour démontrer sans doute leur puissance, les ennemis firent jour et nuit une prodigieuse canonnade sur des détachements qui s'étaient approchés des ouvrages extérieurs de la place, mais sans autre effet que de tuer deux hommes et d'en blesser quatre.

Ces deux jours-là M. de Lowendal, à cheval dès la pointe du jour, continua à reconnaître la place; il avait expliqué au ministre de la guerre la position de son camp, et que le prince de

lieutenant-colonel, ingénieur volontaire de l'armée des assiégeants (M. Eggers).

Hildeburghausen campait sa droite à Berg-op-Zoom, sa gauche vers Steenberg, ayant l'inondation et trois forts à la tête de ses lignes. « Cette position, ajoutait-il, rendra ma besogne très-difficile si ces gens veulent se défendre avec vigueur, puisque je ne puis ni investir la ville ni leur couper les communications par eau.... Je me flatte toujours de pouvoir ouvrir la tranchée demain. Le terrain m'a paru très-favorable pour cela. Quoique la place soit extrêmement enterrée et que les feux soient très-rasants, je m'imagine que, malgré tous ces avantages, on en viendra à bout, mais avec plus de temps que je ne l'avais cru d'abord. Tout ce que je crains, c'est qu'après beaucoup de travaux et de pertes, la garnison ne donne le bonsoir à la compagnie. Je ferai tous mes efforts pour les tourner, et alors l'affaire deviendra bonne. »

Le ministre lui répondit, le 16, une lettre qui se termine ainsi : « ..... Votre plan me paraît merveilleux si vous pouvez parvenir à le remplir. L'épouvante une fois mise parmi tous ces gens-là, lorsque vous serez parvenu à vous emparer de Steenberg, vous ne trouverez plus que désordre et que confusion dans la suite de votre opération, surtout en la menant avec la vivacité que nous vous connaissons, et le chef-d'œuvre de Cohorn, qu'ils auraient voulu défendre contre M. de Vauban, tombera en votre possession, comme d'autres que nous vous devons déjà. »

Les alliés prirent de telles mesures, que M. de Lowendal, désespérant de profiter de quelque négligence de leur part, dut renoncer à les surprendre et à les forcer dans leur camp; il fut condamné à ne s'avancer que méthodiquement et lentement vers son but. Après avoir examiné pendant deux jours la position de l'ennemi et le terrain sur lequel il devait opérer pendant que les assiégés soutenaient inutilement leur feu, il s'était de plus en plus convaincu qu'il ne pouvait rien entreprendre sur un camp, couvert par des forts et des retranchements inabordables. Le 14, le feu des assiégés, quelque violent qu'il fût, n'avait tué qu'un seul homme en vingt-quatre heures. Les volontaires bretons chargèrent vivement les hussards ennemis, en tuèrent ou blessèrent quarante, et n'eurent eux-mêmes que six hommes hors de combat.

Deux mille quatre cents travailleurs, dix compagnies de grenadiers auxiliaires et cinq bataillons destinés à les soutenir, furent commandés pour travailler à la tranchée sous les ordres du duc de Chevreuse, maréchal de camp, et du marquis de Vence, brigadier, pendant la nuit suivante, et on ouvrit une première parallèle. M. de Lowendal avait très-sagement fait en se pourvoyant de fascines et de claies préparées à Anvers; il n'aurait pu en faire faire qu'à trois lieues de Berg-op-Zoom. De leur côté, les ennemis travaillaient sans relâche à augmenter encore les batteries qu'ils avaient déjà à nous opposer de toutes parts.

Le 15, on perfectionna et on prolongea les travaux qui devaient nous rapprocher de la place; on ébaucha deux batteries de quatre embrasures chacune; l'une, portant le nom de M. de Bodelot, devait diriger son feu sur le bastion *la Pucelle;* l'autre, commandée par M. de Brehant, était destinée à battre la face gauche du bastion Cohorn, et la face opposée de la demi-lune Dedem.

Le 16, deux cents hommes, les uns armés,

les autres munis d'outils, sortirent pour combler l'extrémité de notre parallèle. Les grenadiers de Normandie les repoussèrent en leur faisant perdre cinq des leurs. On prolongea la première parallèle, on déboucha par quatre zigzags, au bout desquels on commença une seconde parallèle. On ouvrit un boyau partant du centre de la communication et aboutissant à la batterie n° 3 ; elle devait être de huit embrasures, commandée par M. Legrand, et battre la face droite du bastion de la Pucelle. On travailla à une quatrième batterie pour huit pièces de canon et deux obusiers, que M. Person était chargé de diriger sur les ouvrages avancés du front d'attaque. A une heure du matin, le feu des assiégés cessa tout à coup ; huit cents d'entre eux sortirent pour combler la droite de notre parallèle. Six compagnies de grenadiers auxiliaires les reçurent *en enfants de bonnes maisons*, selon l'expression du chevalier d'Hallot ; deux bataillons du régiment Dauphin et le premier du régiment de Lowendal s'étaient avancés pour les soutenir, et avaient marché dans le plus bel ordre, malgré l'inégalité des dunes et la profondeur de la tranchée qu'ils avaient eu à traverser. Le comte de Lowendal, rendant compte de cette sortie au ministre, estimait que le nombre des morts et blessés que les ennemis avaient enlevés du lieu de combat devait être considérable, à en juger par la quantité de fusils et de bonnets de grenadiers qu'ils y avaient laissés.

Des assiégés ne doivent pas négliger d'attaquer les têtes de sape; quand ils réussissent, ils détruisent en quelques instants des travaux qui ont coûté des journées aux assiégeants.

Nous nous contenterons de l'échantillon que nous avons donné des travaux exécutés dans les tranchées, ou pour établir des épaulements et des communications; des opérations analogues se poursuivirent afin d'établir successivement vingt-sept batteries, en les rapprochant de plus en plus des lunettes et des demi-lunes. Ces batteries étaient commandées par MM. Le Couvreur, de La Motte, de Jassin, de l'Épinoy, de Varu, André, de Venet, de Vernay de Mélé et Lamy. M. de Lowendal avait fait un acte de sévérité nécessaire pendant le siége d'Ostende; le 18 juillet, on fusilla un soldat du régiment de Touraine, pris en maraude; le 20 du même mois, on en pendit deux du régiment de Lowendal, coupables du même méfait. Il voulait une exacte discipline, mais la fermeté du général était tempérée par l'aménité de son caractère et une politesse qui ne se démentait jamais. Ses soldats avaient confiance dans ses soins paternels pour eux ; ils savaient combien il était avare de leur sang ; qu'il ne les exposait jamais qu'à regret ; que s'il sacrifiait quelques-uns d'entre eux, c'était tout à fait par nécessité, et pour éviter d'en perdre un plus grand nombre. Ils aimaient et respectaient leur chef ; ils avaient la plus haute opinion de ses talents. De son côté, il savait qu'il pouvait tout espérer, tout attendre de leur valeur et de leur amour pour la gloire. Quand de pareils sentiments existent dans une armée, on peut lui faire entreprendre de grandes choses.

Le siége de Berg-op-Zoom a fourni une des nombreuses preuves qui constatent que les Français, bien commandés, réunissent beaucoup de constance pour supporter les plus grandes fatigues, à une ardeur sans pareille dans les combats. L'opinion de Frédéric II était que la France possédait alors les meilleurs ingénieurs et les meilleurs artilleurs de l'Europe. Le comte de Lowendal pouvait compter sur d'excellents auxiliaires; il lui était permis de ne pas douter de lui-même, et cependant, quand il attaqua Berg-op-Zoom, « les alliés et les Français, les assiégés et les assiégeants, crurent que l'entreprise échouerait; Lowendal fut presque le seul qui ne le crut pas [1]. » « Il avait reconnu d'un coup d'œil combien sa tâche serait difficile et laborieuse ; un autre en aurait été accablé ; il eut une assez grande fermeté d'âme pour ne point s'en effrayer [2]. » De leur côté, les Hollandais avaient une telle confiance dans la sûreté de leurs fortifications, qu'ils avaient fait fixer sur un bastion un tableau peint sur bois représentant un bœuf et un rouet, et on lisait au-dessous : *Quand le bœuf filera, Berg-op-Zoom tombera.*

Le marquis de Contades et le comte de Saint-Germain, lieutenants généraux, commandaient

---

[1] Fieffé a reproduit, comme on le voit, l'assertion de Voltaire.
[2] D'Espagnac.

des corps sous les ordres du comte de Lowendal. Le premier avait rassemblé près de Doël quelques centaines de prames ou bateaux plats, dans le but apparent de s'en servir à réduire les forts situés sur l'Escaut, mais en réalité pour transporter une partie des troupes et de l'artillerie destinées au siége, au-delà de ce fleuve, et à le barrer s'il était possible. M. de Contades fut ensuite chargé d'entretenir les communications d'Anvers à Berg-op-Zoom.

Dès qu'il n'y avait plus eu d'incertitude sur le grand dessein du comte de Lowendal, il avait causé une vive rumeur en Hollande. Les États avaient donné au prince de Waldeck l'ordre de se diriger sur Berg-op-Zoom avec une partie des troupes campées jusque-là sous Maëstricht, et à celles de Hesse et de Wurtzbourg de se joindre à lui. Plus tard, ayant appris qu'il ne devait servir que d'auxiliaire au baron de Cromstrom, avec lequel il avait des contestations dès l'année 1746, le prince de Waldeck quitta l'armée des alliés à Bréda et la remit au comte de Schwartzenberg; mais ce prince reprit dans la suite le commandement d'un corps.

Celui du prince de Saxe-Hildburghausen était en communication, à couvert des lignes, avec la place par un pont situé près de l'écluse Bleue. Le gros de l'armée alliée étendait sa droite à Bervine.

A l'entrée du baron de Cromstrom dans Berg-op-Zoom [1], le prince d'Hildburghausen en était sorti mécontent, comme le prince de Waldeck, de voir le commandement supérieur lui échapper, et s'était retiré avec toute sa suite à Tholen, petite ville fortifiée à une lieue de Berg-op-Zoom. M. de Cromstrom avait fait sortir des lignes la cavalerie qui s'y trouvait pour la réunir au corps d'observation. Cependant, comme l'armée ennemie se renforçait journellement, le marquis de Contades eut l'ordre de quitter le pays de Waes pour se rapprocher du camp.

Nous avons déjà vu que M. de Lowendal avait l'habitude de ne rien commencer avant d'être prêt à agir sur plusieurs points à la fois. Le 20, au point du jour, quarante pièces de canon, quatorze mortiers et vingt obusiers tirèrent ensem-

---

[1] Cet habile et brave général était d'origine suédoise.

ble avec vivacité et succès. Nos bombes mirent le feu au temple, voisin des fortifications; par un sentiment de charité qui doit s'étendre à tous les chrétiens, M. de Lowendal en éprouva du regret et l'exprima dans son rapport. Ce premier incendie fut considérable.

Du 21 au 22, la mousqueterie des assiégés fut très-vive, tandis que le feu de leurs batteries s'affaiblissait. M. de Lowendal fit camper les brigades de Touraine et de Custine, infanterie, celles de mestre de camp dragons, et d'Egmont cavalerie, sous les ordres du duc de Chevreuse, devant les forts détachés de Pinsen et de Rowers. Les feux de mousqueterie et d'artillerie des ennemis furent violents; ils enflammèrent quelques barils de poudre près de nos batteries, et dégradèrent la tête de nos sapes.

M. de Lowendal écrivait le 22 au maréchal-général : « .... Avec l'ouvrage de cette nuit, je serai en état de faire travailler demain le mineur, pour faire éventer ou crever leurs mèches (celles des assiégés); cela mangera du temps, mais je le préfère à l'attaque meurtrière d'un chemin couvert raffiné par M. de Cohorn. On fera quelque fausse attaque, pour voir s'ils ne se presseront pas de faire sauter leurs mines, et pour accélérer la besogne; mais, dans le fond, j'irai avec précaution, et j'attendrai plutôt une couple de jours de plus.... »

Le 23, le comte de Lowendal s'avança avec quatre compagnies de grenadiers, deux cents chevaux et un détachement de volontaires bretons, jusqu'à une demi-lieue de Steenberg et de l'écluse Bleue, et vit que l'inondation augmentait. Les volontaires bretons se jetèrent à l'eau pour tourner un poste ennemi, retranché derrière une coupure et une palissade, et le chassèrent.

M. de Lowendal se dirigea ensuite sur une digue pour mieux reconnaître Steenberg; mais elle était inondée des deux côtés, coupée en plusieurs endroits, et interceptée par une redoute armée de deux pièces qui firent feu sur lui.

Le 24, un convoi de cinquante blessés ou malades fut enlevé par des hussards autrichiens sur la route d'Ossendrecht.

Le 25, le camp français reçut un grand convoi d'artillerie, de munitions de guerre, de riz et d'argent pour la solde de l'armée, et la tranchée fut ouverte par le duc de Chevreuse, devant Rowers, pour partager l'attention de l'ennemi. L'auteur des mémoires manuscrits du maréchal de Lowendal rapporte que trois assauts ayant été donnés inutilement au fort Kick-in-de-Pot, on tenta de s'emparer de celui de Rowers, mais que ce fut inutilement. Le baron Eggers, général suédois, habile ingénieur, envoyé par son gouvernement au siége de Berg-op-Zoom, en a donné le journal; il entre dans tous ses détails, souvent minutieusement, et ne parle pas du tout de ces assauts.

Dans la nuit du 26 au 27, le mineur s'attacha sur le front de l'attaque et s'enfonça en terre sous une grêle de balles, de grenades, de pierres et de bombes; son puits en fut comblé, tous les gabions qui le couvraient renversés; il fallut faire une seconde ouverture à côté de la première; il s'y enterra et s'y maintint. A une heure de la nuit, il y eut une sortie [1]. M. de

---

[1] L'auteur du mémoire manuscrit dit que l'ennemi sortit du fort de Kick-in-de-Pot.

Beauchamp, commandant du troisième bataillon de Lowendal, retira les travailleurs, et avertit dans la batterie la plus à portée de canonner l'ennemi; elle ne lui donna pas le temps de se former en bataille, et le contraignit à rentrer dans le chemin couvert avec perte.

Le comte de Saint-Germain reçut l'ordre de M. de Lowendal de camper à Putte, avec les brigades de Royal et d'Eu infanterie, celles de Bourbon et Royal-Roussillon cavalerie, les régiments d'Harcourt dragons, et Beausobre hussards.

Instruit de l'approche du prince de Waldeck avec son corps d'armée, le comte de Lowendal reconnut, le 27 au matin, le terrain où il pourrait le recevoir, dans le cas où il tenterait de faire lever le siége. Comme le plus probable était qu'il viendrait par Nispen, le général français choisit pour son champ de bataille une grande bruyère au-delà de ce lieu. Sa droite se serait appuyée à Huberghen et sa gauche à la chaussée de Bréda, vers Woude, assurée par deux batteries qu'il fit construire sur la Zoom. Il indiqua sur les dunes l'emplacement de deux autres batteries qui auraient balayé la plaine au besoin. M. de Lowendal expliquait au maréchal-général que ses ailes seraient bien appuyées, et qu'il se trouverait sur un terrain excellent pour combattre; que si l'ennemi venait du côté de Calmtout, il lui ferait encore face dans une autre position également admirable, en plaçant sa gauche à Huberghen et sa droite à Ossendrecht. « Tous ces terrains sont bien reconnus (disait-il); je les fais partager chacun aux troupes selon leur convenance, et je ne me suis pas arrêté à mettre toute ma cavalerie sur mes ailes, mais bien chacun dans un terrain qui lui est propre. Je serai plus embarrassé si le prince de Waldeck s'étudie à me couper la communication avec Anvers; cela chassera les loups hors du bois, et je me résoudrais fort facilement à l'aller attaquer là où il serait. J'ai assez de troupes à laisser ici pour ne rien craindre ni de la garnison ni du corps campé derrière la ville. Ils sont trop bouclés, à l'heure qu'il est, pour pouvoir déboucher aisément sur nous..... Je continuerai à occuper l'ennemi devant le Rouwers-fort; mais cet ouvrage est plus étoffé qu'on ne se l'imagine;....

il n'est pas susceptible d'un coup de main ; l'ennemi y a une vingtaine de pièces de canon et trois mortiers (il s'y trouvait trente bouches à feu le 1ᵉʳ août) et quinze cents hommes..... Ce qu'il y a de certain, c'est que les troupes ont la plus grande volonté, que le siége les aguerrit, et que j'espère qu'avec l'aide de Dieu je battrai les ennemis s'ils osent s'approcher de moi. Chacun sait ce qu'il a à faire, et tout le monde a de la confiance et est uni. La besogne est de nature à ne pas permettre qu'on la brusque ; ainsi j'ose demander encore quelques jours de patience. »

Le 28, la garnison avait reçu un renfort de canonniers, de bombardiers et d'un régiment ; le prince d'Hildburghausen, rétabli de son indisposition ou guéri de sa mauvaise humeur, reprit le commandement des troupes campées dans les lignes, sous celui de M. de Cromstrom. Sa mousqueterie s'était ralentie ; le gouverneur, aussi économe que s'il fût né en Hollande, ménageait ses munitions et faisait jeter beaucoup de pierres ; mal dirigées, elles ne produisaient pas grand effet, mais cela permet de juger du peu de distance qui séparait les combattants.

Du 28 au 29, les assiégés firent pleuvoir sur les assaillants une grêle de balles, de grenades et de bombes, qui tua ou blessa beaucoup de Français dans les tranchées.

Le 30, les mineurs avaient poussé leurs galeries, les unes à trente-deux pieds, les autres à cinquante devant eux, ils entendaient travailler sous leurs pieds.

Le 30, à neuf heures du soir, l'explosion de nos mines forma un entonnoir de quinze toises de tour, à trente-six pieds de la palissade du bastion Cohorn; on entoura cet entonnoir de gabions. Il est à remarquer que beaucoup des mines pratiquées par les Français réussirent, tandis que celles de leurs adversaires ne servirent le plus souvent qu'à préparer des logements aux assaillants; ceux-ci se hâtaient de profiter des excavations produites pour s'y installer, s'y couvrir de gabions, de banquettes, et s'y soutenir. On ouvrit un second puits plus près de la capitale de la demi-lune, et dès le matin le mineur était déjà enfoncé de huit pieds. Lorsqu'il s'enterre, il se prépare à périr dans un duel à coup de pistolet ou de poignard, à être étouffé par un camouflet, à rester enseveli tout vivant sous des décombres, ou à n'en sortir que carbonisé, à moins que sa bonne étoile ne vienne briller au-dessus de son ténébreux travail; il se résigne à mourir sans même pouvoir espérer que son nom soit connu, si ce n'est du petit nombre de ses frères d'armes; son métier exige des actes de dévouement répétés.

La garnison reçut un renfort de troupes fraîches. Le colonel commandant du fort Rowers avait fait dans la nuit une sortie; un magasin à poudre, qui sauta, mit du désordre parmi les Français; le duc de Chevreuse abandonna les sapes de sa tranchée, mais il ne quitta pas sa position devant le fort, d'où il tenait l'ennemi en inquiétude.

Le 31 juillet, un convoi de vingt pièces de canon et six mortiers partit de Bruxelles pour le camp du comte de Lowendal.

Le 1er août, la troisième de nos mines, dirigée sur la capitale de la demi-lune Dedem, ouvrit un entonnoir de trente toises de tour.

CHAPITRE IX.

Le comte de Lowendal au maréchal-général.

« Au camp devant Berg op-Zoom, le 1er août 1747.

« Il est bien *ennuyant*, lorsqu'on attache le mineur, que l'on ne puisse aller en même temps en avant. Vous me voyez depuis quatre jours aller à pas de tortue ; et si je ne le faisais pas, ils me feraient sauter mes batteries de brèche en l'air lorsque je les aurais établies. Je me flatte cependant qu'en deux ou trois jours je n'aurai plus rien à craindre sous moi..... » M. de Lowendal faisait connaître la difficulté d'atteindre le fort Rowers par une crête de dunes, très-étroite et vue des deux côtés du rivage, et continuait : « ..... L'objet principal, qui est la ville, est si important, qu'il attire toute mon attention. Je soutiens la gageure du Rouwers-fort, puisque cela fatigue et distrait extrêmement l'ennemi, dont les piquets sont au bivouac toutes les nuits [1], derrière les lignes palissadées qui touchent au fort ; mais je suis persuadé en même temps que nous aurons la ville aussitôt que le fort.

[1] Pendant que les piquets ennemis étaient au bivouac, ceux de M. de Lowendal étaient baraqués.

« Si je m'obstinais à prendre le fort de vive force, je perdrais la tête de l'infanterie, et je crois que vous souhaitez que je la conserve pour une besogne plus sûre.

« Depuis l'arrivée de M. de Lorme, le travail des mines va à souhait, et, comme je l'ai dit ci-dessus, j'espère pouvoir établir mes batteries de brèche dans trois ou quatre jours.

« Il sera temps de parler de cette besogne lorsqu'elle sera finie; elle est grave. Comme la plupart de nos blessés le sont par des éclats de bombes, j'en gémis, mais je n'y peux remédier. »

Le 2 août, on vit la cavalerie ennemie sortir des lignes et passer sur un pont de bateaux près l'écluse Bleue, pour se joindre à l'armée du prince de Waldeck. Le chevalier d'Hallot informait le ministre qu'on trouvait souvent jusqu'à cent cinquante hommes qui s'employaient de bonne volonté au service des mines, malgré les fatigues journalières du siége. Des coups de vent qui venaient de la haute mer aidaient l'artillerie hollandaise à combler les tranchées, ouvertes dans le sable; elles s'écroulaient quelquefois d'elles-mêmes, malgré la quantité de fascines qu'on y employait; il fallait travailler tous les jours à les réparer.

Du 3 au 4, on éleva une banquette sur l'entonnoir du centre, et l'on plongea dans le chemin couvert. A une heure après minuit, cent hommes, sortis du camp retranché des alliés, se glissèrent le long du rivage de la mer jusqu'à une de nos batteries, tuèrent et blessèrent plusieurs hommes et enclouèrent trois pièces sur quatre avant de se retirer. Cet accident était provenu de la négligence de l'officier d'infanterie de service, qui ne s'était pas fait garder sur sa gauche par un petit poste, comme il en avait eu l'ordre; il appartenait à un bataillon de milice, d'où il fut chassé par ses camarades.

Toutes les batteries françaises, très-habilement servies, faisaient un feu effroyable; celles de la place tiraient régulièrement *cinquante-cinq mille coups* dans les vingt-quatre heures; elles firent sauter plusieurs de nos magasins les plus considérables, dont les ennemis avaient appris la position par des déserteurs. (Mémoires manuscrits.)

Le 4 août, au matin, le comte de Lowendal,

supposant que M. de Schwartzenberg serait peut-être plus prompt et plus résolu que son prédécesseur, voulut reconnaître encore les aboutissants à la plaine de Nispen, et poussa sa reconnaissance vers Rosendall. Il s'était proposé de ne faire jouer ses mines, pratiquées sur les capitales prolongées des ouvrages du front d'attaque, que toutes ensemble, pour s'y loger en même temps ; mais la mine placée contre la capitale de la lunette de Zélande, étant toute chargée, s'enflamma sous le feu d'une quantité de grenades lancées sur nos ouvrages, malgré le soin qu'on avait pris de couvrir son auge et le saucisson de paniers et de sacs pleins de terre. Cela causa une vive contrariété, jusqu'à ce qu'on eût reconnu qu'elle avait crevé la galerie des assiégés, et bientôt on les entendit travailler, dans le chemin couvert, à réparer le désordre que cette explosion y avait produit. Le mineur qui se dirigeait sur la lunette d'Utrecht annonça qu'il avait trouvé la galerie des assiégés ; tous les abords des demi-lunes et des bastions étaient sillonnés de contre-mines, et ces travaux souterrains très-difficiles à découvrir ; le terrain sa-

CHAPITRE IX. 47

blonneux où ils existaient s'écroulait sans cesse, et il fallait l'étayer partout.

Le comte de Schwartzenberg se trouvant à Oudenbosch et à Ruckvenen avec vingt bataillons et trente-deux escadrons, M. de Lowendal fit venir le lieutenant général de Contades à la cense du Pasteur, et le comte de Saint-Germain à Huberghen.

Les volontaires qui occupaient Woude, sur la chaussée de Bréda, se battaient tous les jours avec les troupes légères ennemies; ils furent appuyés par le régiment de La Morlière.

Le régiment de grenadiers de Rechteren était venu renforcer la garnison de Berg-op-Zoom; sa résistance causait un juste orgueil aux Hollandais. Leurs villes se disputaient l'honneur de donner des preuves de reconnaissance à ceux qui défendaient si bien cette barrière de leur pays. Les habitants de Vlaardingue, petite ville, mais importante par le grand nombre de bateaux qu'elle envoie à la pêche, furent les premiers à leur expédier des vivres et des cargaisons de harengs, dont le commerce les enrichissait. Schiedam leur envoya ses eaux-de-vie de genièvre;

Amsterdam, Harlem, Leyde, Bois-le-Duc, leur fournirent une quantité prodigieuse de bœufs, de moutons, de porcs, de vin, de bière, de fromage et de riz. Ces dons patriotiques entretenaient la confiance et la valeur de la garnison. Les Anglais et les Autrichiens lui procuraient des ingénieurs, des mineurs et des canonniers.

Le général Baroniay avait quitté le camp de Maëstricht avec deux mille hussards et de l'infanterie, pour se joindre à M. de Schwartzenberg. M. de Montmorin occupa Eckeren avec les troupes qu'il avait amenées au camp, et la brigade de Royal-vaisseaux vint encore se joindre à celles du comte de Lowendal. Il reconnut par lui-même, le 5, les travaux des mines et ceux de la tranchée, jugea que le moment était venu de s'emparer du chemin couvert, et commanda dix compagnies de grenadiers pour marcher sous les ordres du comte de Lussan, maréchal de camp[1], et du comte de Montmorency[2], briga-

---

[1] Joachim d'Audibert, comte de Lussan, lieutenant-général en 1748.
[2] Joseph-Maurice-Annibal, comte de Montmorency, connu d'abord sous le nom de marquis de Bréval, nommé maréchal-de-camp après le siége de Berg-op-Zoom, et lieutenant-général en 1758.

dier, en mettant à leur disposition les troupes de la tranchée et six piquets. A onze heures du soir, quatre bombes tirées ensemble donnèrent le signal de l'attaque; trois mines pratiquées sur les capitales des deux bastions et de la demi-lune éclatèrent en même temps, et la colonne destinée à l'assaut déboucha précédée de quarante volontaires, de huit ouvriers et huit mineurs qui devaient fouiller les mines des assiégés et en couper les saucissons.

Nos troupes rencontrèrent peu de résistance pour entrer dans le chemin couvert, où elles se jetèrent en escaladant les palissades au cri de : *Vive le roi!* Mais elles s'y trouvèrent sous un feu effroyable partant des remparts et des ouvrages extérieurs. Cependant, grenadiers et travailleurs reprirent leur calme pour asseoir imperturbablement un logement excellent sur le saillant du bastion Cohorn. Celui qui fut pratiqué sur le saillant du bastion Pucelle était moins commode, et on ne put s'installer sur le saillant de la demi-lune, parce que la mine qui devait favoriser cette opération n'avait pas produit l'effet voulu. Tous les grenadiers avaient combattu avec une grande intrépidité. Les ennemis avaient fait jouer sous eux trois mines sans beaucoup d'effets; nos mineurs éventèrent les autres.

Le comte de Lowendal au ministre.

« Au camp devant Berg-op-Zoom, le 6 août 1747.

« Monseigneur,

« Les mines de la droite et de la gauche de notre attaque ayant été en état de sauter hier au soir, et M. de Lorme s'étant proposé de faire des puits pour entrer dans les casemates dessous le chemin couvert, on a jugé à propos de couronner la plupart des angles de ladite attaque, et on a fait toutes les dispositions pour que ce travail se fît avec le moins de perte qu'il serait possible. On avait fait défense, pour cet effet, aux grenadiers de tirer ni de sauter dans le chemin couvert. Il y avait seulement une quarantaine de volontaires qui avaient ordre de fouiller avec les mineurs pour couper les saucissons des mines. Je vois qu'il serait plus aisé d'arrêter le cours d'un torrent que la fougue

CHAPITRE IX.

de nos grenadiers. Grand nombre se sont jetés dans le chemin couvert, d'autres se sont mis à tirailler, ce qui les a exposés au feu de tous les ouvrages de l'attaque, de sorte que plusieurs compagnies ont été fort maltraitées. Il est vrai que les logements ont été faits et parfaits. Il est vrai encore que de trois cents blessés plus de deux cent cinquante le sont si légèrement qu'ils seront en état de faire le service dans huit ou quinze jours; mais il est certain aussi que nous les aurions eus à beaucoup meilleur marché s'ils avaient exécuté les dispositions. . . . . . Nos mineurs ont tué plusieurs mineurs des ennemis, et m'ont rapporté une machine assez extraordinaire qu'ils ont trouvée devant les mines, et par laquelle on donnait de l'air à ces souterrains.

« Je fais partir demain matin M. de Saint-Germain avec trente-deux escadrons et deux pièces de canon. . . . . . pour tourner Bréda et jeter l'alarme jusqu'à Gertruidenberg.

« J'ai fait avancer aussi la brigade de Montboissier pour soutenir Woude qui est occupé par les Bretons, lequel village n'est qu'à un quart de lieue de notre gauche. Il m'importe que l'ennemi ne s'empare point de cet endroit, et le pays est assez coupé pour pouvoir s'y soutenir avec une brigade. »

Dans une lettre écrite, le même jour, au maréchal-général, M. de Lowendal exprimait l'espoir que la diversion opérée par M. de Saint-Germain serait d'un effet avantageux.

« . . . . . Le principal est, Monseigneur, que vous veuillez avoir la bonté de prêcher la patience. La seule nécessité d'être, une fois [1], sur le chemin couvert, m'a coûté trente tués et trois cents blessés; car il ne faut pas toujours être crédule sur le nombre des blessés que les régiments donnent; dans ce nombre ils donnent souvent leur désertion, à plus forte raison aurais-je perdu du monde si j'avais voulu brusquer les choses. . . . . . »

M. de Lowendal avait beaucoup raisonné avec M. de Lage sur la possibilité d'une descente dans le Suyd-Beveland et lui avait prouvé qu'il n'y en avait point, en présence de plusieurs frégates à l'embouchure de l'Escaut; et, « pour

---

[1] Tournure de phrase très-usitée au-delà du Rhin : *einmal.*

la première fois de sa vie, M. de Lage avait montré de la retenue. »

Dans les vingt-quatre heures qui suivirent, on perfectionna le logement dans la place d'armes du chemin couvert du bastion de Cohorn. Le jour suivant les assiégés mirent le feu aux gabions qui garantissaient notre logement dans le saillant de ce bastion, mais on l'éteignit. Une de nos mines éclata à la gauche de ce logement et produisit un excellent effet; notre mineur disait avoir crevé la galerie majeure de l'ennemi. A six heures il fit sauter deux mines, mais sans blesser personne. L'artillerie de la place tonna de plus belle, et quatre cents hommes débouchèrent sur un de nos entonnoirs; ils furent repoussés; la mousqueterie se prolongea violemment, mais sans causer de mal aux assiégeants. Une autre colonne s'était portée sur la gauche de notre logement, et avait aussi été contenue par un feu bien nourri.

Le renfort de huit bataillons et de treize escadrons que M. de Lowendal avait reçu, le 7 août, lui avait permis de détacher M. de Saint-Germain, comme nous l'avons vu, afin d'engager le comte de Schwartzenberg à envoyer aussi des troupes vers la même direction, dans le double but de maintenir ses communications, et de rassurer les populations. Cette expédition ne paraît pas avoir eu d'autre résultat que de contraindre tous les partis ennemis à se mettre à couvert dans Bréda; le 9, M. de Saint-Germain revint au camp.

Il y eut, le 8, un fort engagement entre des détachements français et un gros corps de troupes légères commandé par le colonel Frangipani, qui fut d'abord malmené; mais, étant secouru, il contraignit les nôtres à se retirer avec perte de treize officiers, soixante-douze soldats blessés, deux officiers et sept hommes tués. Dans son rapport sur cette affaire, M. de Lowendal croyait ne pouvoir donner trop d'éloges à M. de Rennenkampff, capitaine de grenadiers dans son régiment, pour sa promptitude à se porter partout où l'ennemi cherchait à pénétrer. On verra plus tard que cet officier était aussi intelligent que brave. Ce même jour-là, M. de Lowendal faisait connaître au maréchal de Saxe les motifs qu'il avait pour ne pas adopter les idées conteunes dans un mémoire dont ce maréchal lui avait fait part, tout en reconnaissant que c'était l'œuvre d'un homme instruit puisqu'il convenait qu'il fallait aller à tâtons et par contre-mines. M. de Lowendal terminait sa lettre ainsi : « ..... Je vous supplie, Monseigneur, d'être persuadé de mon application et de mon zèle. . . . . *Je ménage mon monde, je vais lentement, mais je prendrai Berg-op-Zoom avec l'aide de Dieu.* . . . . »

Maurice de Saxe a écrit lui-même : « A la guerre il faut souvent agir par inspiration. Si l'on était toujours obligé de rendre compte pourquoi l'on prend un parti plutôt qu'un autre, l'on serait souvent contredit. Les circonstances se sentent mieux qu'elles ne s'expliquent, et, si la guerre tient de l'inspiration, il ne faut pas troubler le devin. » Cependant il contribuait aux tourments de M. de Lowendal en lui laissant voir des doutes sur la marche qu'il y avait à suivre.

Des difficultés de toutes espèces auraient désespéré tout autre que M. de Lowendal. Comme le nombre de ses troupes s'était accru, l'approvisionnement de son camp était devenu de plus en plus difficile. Pour contraindre les sujets des états généraux à fournir des vivres malgré les défenses de leur gouvernement, il se fit donner en otages les principaux habitants des lieux qu'il mettait en réquisition.

Le canon, les mortiers et les pierriers des assiégés gênaient beaucoup le travail qui s'exécutait pour réparer les logements de la gauche et du centre.

Le 9 août, vingt grenadiers du régiment de Chantilly furent enterrés par l'explosion d'une mine, et retirés des décombres brûlés et contusionnés. Une troupe ennemie s'étant formée en bataille, sur la droite de l'attaque des Français, on l'obligea de rentrer dans son chemin couvert. M. de Gouru, commandant du deuxième bataillon du régiment de Lowendal, s'était hâté de se porter devant elle, mais en y arrivant il fut tué dans la tranchée; M. de Lowendal exprimait au ministre le regret que lui faisait éprouver cette perte. Le même jour il écrivait que si le renfort que les alliés recevaient leur faisait naître l'envie de l'attaquer, les troupes que le maréchal-général lui envoyait la leur feraient perdre. Il

CHAPITRE IX.

expliquait que les inondations existantes entre lui et Steenberg, en se prolongeant jusqu'à Oudenbosch, ne lui permettaient point de couper les communications entre l'armée ennemie qui y était campée et Berg-op-Zoom, comme il l'eût désiré, mais que cela n'eût jamais empêché les alliés de communiquer avec cette ville par eau.

Du 9 au 10, un magasin à poudre et un autre où se trouvait un amas de grenades sautèrent dans la ville où le feu dura deux heures. M. de Nancé, capitaine de mineurs, et la compagnie de cette arme, qui portait le nom vénéré du général de Lorme, arrivèrent au camp.

CHAPITRE X.

Combat de Woude. — Les alliés refusent la bataille que leur offre le comte de Lowendal. — Il ne se laisse pas détourner de son but par l'appât d'une victoire, et reste sagement à portée de Berg-op-Zoom. — Suite du siége. — M. de Lowendal propose au maréchal un moyen d'abréger considérablement le siége de Berg-op-Zoom. Le comte de Saxe ne l'adopte pas. — Mort du vieux général de Lorme.

Le 10, à la pointe du jour, quinze compagnies de grenadiers, trois bataillons, vingt-deux piquets autrichiens, anglais et écossais, et le régiment de Cornabé-Walon, attaquèrent le village de Woude, où M. de Vaux commandait la brigade de Montboissier et les volontaires bretons. Les troupes alliées assaillirent les trois redoutes qui défendaient Woude; elles revinrent quatre fois à la charge contre celle du centre, mais elles furent rudement repoussées, en laissant sur la place deux cents morts ou blessés et des prisonniers.

Le duc de Chevreuse avait quitté son camp devant Rowers avec les brigades de Touraine, de Custine et les dragons de mestre de camp; il avait masqué les débouchés par où l'ennemi pouvait arriver sur sa position devant le fort qu'il bloquait.

Au petit jour, M. de Lowendal s'était rendu sur le lieu du combat; il vit l'armée des alliés se déployer tout entière dans la plaine de Nispen; il fit battre la générale; toutes ses troupes se portèrent sur le champ de bataille dans l'ordre qu'il avait prescrit d'avance, sauf celles destinées à soutenir les corps de service dans les tranchées.

L'ennemi s'arrêta devant des dispositions si prudemment prises; son but en attaquant Woude était d'engager le comte de Lowendal à dégarnir son camp et de mettre la garnison de Berg-op-Zoom dans la possibilité de s'emparer de ses dépôts. Cette tentative coûta huit cents hommes aux alliés[1].

M. de Lowendal n'aurait assurément pas été insensible à la gloire que procure le gain d'une bataille, mais son ambition était trop bien placée pour l'engager à compromettre le succès du siége de Berg-op-Zoom en s'éloignant de cette place dans l'espoir de rendre la retraite plus fâcheuse à l'ennemi. Il partageait sans doute l'opinion de Berwick qu'il ne faut livrer bataille que quand on ne peut faire mieux. Il acquit plus de mérite, en ne se laissant pas éblouir par l'éclat d'une victoire, que s'il l'eût remportée.

Le lendemain, les assiégeants firent sauter un fourneau qui étouffa un mineur; des troupes légères maltraitèrent un parti détaché de volontaires bretons. La garnison fut rafraîchie par cinq bataillons venus de Zélande.

Le 12 août, cinquante-cinq bataillons et soixante-seize escadrons se trouvaient sous les ordres de M. de Lowendal devant Berg-op-Zoom ou dans les environs.

[1] D'Espagnac.

Le mineur qui travaillait sous le chemin couvert du bastion la Pucelle ayant été étouffé par un camouflet, on mit le feu à la mine, avec assez de précipitation pour qu'elle n'eût point l'effet désirable.

Le 13, deux mines des assiégés sautèrent; l'une d'elles tua neuf Français. La compagnie des mineurs, commandée par M de Lorme, maréchal de camp, ne pouvant suffire, celles de Boulé et de Scholtz étaient arrivées en voiture, pour participer à des travaux de jour en jour plus périlleux et meurtriers.

On eut avis que l'armée alliée était en mouvement. La nôtre eut ordre de se tenir prête à marcher; la cavalerie sella ses chevaux sans boute-selle, et M. de Lowendal était à cheval à trois heures du matin, mais rien ne vint.

Le 14, la brigade des ingénieurs du corps du comte d'Estrées arriva encore. Les travaux devenaient toujours plus laborieux; les assiégés les dégradaient à mesure qu'on les rétablissait.

CHAPITRE X.

Le maréchal de Saxe au roi de Pologne, Frédéric-Auguste.

« Tongres, 14 août 1747.

« Loubendalh [1] est chargé d'une terrible commission ; Berge-op-Zoom est une très-bonne place soutenue par une armée, et elle se défend avec une opiniâtreté sans égale; il en viendra cependant à bout, à ce que j'espère; il a battu le général Schwartzenbourge qui l'a attaqué pour lui faire lever le siége. Nous sommes maîtres du chemin couvert, et l'on va procéder à faire les brèches. M. de Cronstrom emploie tout ce que l'on peut imaginer, il nous en coûte des hommes, mais ils ont beau faire, *ils viendront avec nous*, comme disent les grivois. Il n'y a plus une maison sur pied dans la ville; nous et les assiégés avons fait sauter tant de mines, que l'on ne connaît plus où était le chemin couvert. Le fils d'Erdmansdorf a eu un coup de fusil au travers du

---

[1] L'orthographe des noms était tout aussi antipathique au maréchal de Saxe que celle des mots; il avait sans cesse sous les yeux la signature parfaitement lisible de M. de Lowendal, mais il ne pouvait se dispenser de l'appeler autrement que tout le monde.

visage; il est dans mon régiment d'infanterie. J'y ai perdu quelques Saxons qui sont là à une rude école. Les ennemis consomment par jour trente millions de poudre. Leubendal m'écrit qu'ils lui jettent tant de choses au visage qu'il croit qu'à la fin ils lui jetteront toute la ville [1]..... »

Le comte de Lowendal au maréchal de Saxe.

« 14 août 1747.

« ..... La nuit du jour que les ennemis avaient fait semblant de paraître devant nous, j'envoyai deux officiers avec chacun une trentaine de volontaires, pour se mettre en embuscade dans un petit taillis, à une lieue en avant de notre camp. Mais, au lieu d'en rester là, ces étourdis ont été la nuit au village de Rispen où il y avait les compagnies franches anglaises et quatre cents hussards. Ils ont commencé par en égorger près de deux cents dans le premier sommeil, et, l'*esprit de butiner* les ayant saisis, ils ont donné le temps aux hussards de se reconnaître, et de les

---

[1] C'est M. von Weber qui a fait connaître cette lettre, dans l'ouvrage qu'il a publié à Leipsick en 1863 sous le titre suivant : *Moritz Graf von Sachsen.* Voyez-y la page 107.

reconduire. Il me manque encore une trentaine d'hommes, le reste m'est revenu à cheval. Cela a beaucoup effarouché les compagnies franches qui n'y sont plus. . . . . . Tous mes avis se réunissent, que, dès que vous aurez quitté votre camp d'à présent, une grande partie de l'armée ennemie passera la Meuse pour aller vers ces contrées. Je me souviens toujours d'une certaine position dont vous me fîtes la grâce de me parler à Louvain. Ce qu'il y a de certain, c'est que si vous étiez avec votre armée la droite à Herentals et la gauche vers Gravenwesel, je m'imagine que j'aurais Berg-op-Zoom en trois ou quatre jours. . . . . . »

Le maréchal général n'adopta point ce plan-là, et le siége de Berg-op-Zoom se prolongea jusqu'au 16 septembre. On a vu qu'il ne voulut point que le roi, son maître, parût devant cette ville pour éprouver un affront. Bien plus, le comte de Saxe était fort actif, il aimait à voir les choses de ses propres yeux, et, quoiqu'à petite distance, il ne parut pas un seul instant au siége. quand les troupes du comte de Lowendal et leur chef montraient une persévérance si digne d'être encouragée. Le maréchal voulait, sans doute, montrer ainsi qu'une entreprise qu'il n'avait pas approuvée ne pouvait pas réussir. Il paraît même qu'il attribua au comte de Lowendal une certaine présomption, puisque ce général eut à s'en défendre comme on le verra.

Le général de Cromstrom était bien loin d'encourir un semblable reproche. Il avait témoigné au prince d'Orange, dès le 15 août, que S. A. S. et S. A. R. le duc de Cumberland lui semblaient avoir trop bonne opinion du siége, et croire que Berg-op-Zoom tiendrait plus longtemps qu'il ne serait probablement possible. Il n'avait confié qu'à son fils le soin de copier le mémoire qu'il adressait au stathouder, à la sollicitation du prince de Hesse-Philipstadt, des généraux majors, etc., et d'informer ce prince de l'état où ils seraient réduits sous peu de temps. M. de Cromstrom affirmait qu'il n'était nullement occupé de sa conservation pendant le peu de temps qu'il avait encore à vivre.

La réponse de Guillaume d'Orange exprimait de l'étonnement sans de grands encouragements, et dans une lettre trouvée avec la précédente à Berg-op-Zoom, après sa prise, on voit son vieux et malheureux gouverneur témoigner un chagrin bien naturel chez un aussi fidèle serviteur de son pays d'adoption.

« . . . . . . Je voudrais de tout mon cœur pouvoir faire durer ce siége autant de mois qu'il a déjà duré de semaines, quoique j'y passe mes jours et mes nuits sans repos, et que le grand âge où je suis, sans compter ma surdité fatale, ait bien de la peine à en supporter la fatigue. Je n'ai point demandé le commandement dont on m'a chargé; au contraire, je m'en suis excusé. . . . . . On a voulu que je parte du jour au lendemain. . . . . . J'ai obéi, et je fais tout ce qui est en mon pouvoir, prêt à sacrifier ma vie pour la conservation de la place. . . . . . » Mais il aurait fallu, disait-il, qu'on eût travaillé avant le siége aux mines, et avoir dès le commencement un beaucoup plus grand nombre de mineurs fort experts; il sacrifierait volontiers sa vie, répétait-il encore, pour la délivrance de la place et la fin de ses peines [1].

[1] Lettre de M. de Cromstrom au stathouder, du 25 août 1747.

Les mines des assiégés ne péchaient assurément point par la quantité, mais il est certain aussi que l'explosion de cette multitude de mines était rarement favorable à la défense.

Le stathouder avait témoigné quelque surprise de ce que les assiégés ne faisaient point de plus fréquentes sorties. Le 19 août, un mémoire lui fut adressé par les généraux de Cromstrom, de Lewe et de Delely, où ils démontraient que les mesures des assiégeants étaient tellement prises qu'une sortie n'aurait d'autre chance que d'être écrasée ou de voir sa retraite sur la place coupée.

Le 15, à 10 heures du soir, M. de Lowendal descendit dans la tranchée; il donna ses ordres pour l'assaut de la lunette de Zélande, et pour faire sauter une mine qui en renversa la face gauche. Soixante volontaires, quatre mineurs et une compagnie de grenadiers du régiment de Normandie y firent un bon logement, sous un feu des plus vifs.

Le bon vieux général de Lorme fut tué dans cette occasion, au grand regret de l'armée. M. de Lowendal exprimait le lendemain au ministre combien le malheur qu'il venait d'éprouver lui était sensible. M. de l'Épinoy, disait-il, pouvait à peine se traîner, M. Boulle l'aîné ne voulait rien faire. MM. de Vallière et de l'Épinoy ayant beaucoup de confiance dans M. Séals, capitaine en second, qui, après avoir été fait prisonnier, venait d'être échangé, il conjurait M. d'Argenson d'envoyer un courrier à cet officier à Boucknon, près Phaltzbourg, pour qu'il se rendît en poste, nuit et jour, à son camp.

M. de Lowendal s'était félicité, on l'a vu, de ce que le travail des mines allait à souhait, depuis que M. de Lorme en avait pris la direction; sa perte était jugée irréparable. Sa mémoire mérite d'être conservée. Quoique maréchal de camp, il avait gardé le commandement d'une compagnie de mineurs qui portait son nom si respecté. Mais, après avoir assisté à trente-huit siéges, il vivait dans une retraite à peu près complète à Metz. A soixante et douze ans il répondit à l'appel de M. de Lowendal qui lui avait demandé ses conseils, et ce n'est qu'après avoir rendu de nouveaux et de grands services qu'il termina son honorable carrière. N'oublions pas que c'était un officier âgé de quatre-vingts ans, le général de Cromstrom, qui défendait Berg-op-Zoom avec toute la vigueur de la jeunesse. Le feld-maréchal Radetzky a prouvé récemment qu'à cet âge on peut encore bien faire la guerre. En Angleterre l'éducation se prolonge dans les universités jusqu'à vingt-cinq ans, et cette éducation produit de véritables hommes d'État; aujourd'hui il faut que celle que l'on reçoit en France soit terminée à vingt ans. A vingt et un ans on est libre de faire toutes les extravagances imaginables; beaucoup d'hommes y sont vieux avant d'avoir atteint l'époque de la majorité d'autrefois. Un magistrat à soixante ans, un officier-général à soixante-cinq ans, sont réputés incapables de servir l'État. A force de vouloir nous rajeunir, on nous fera tomber en enfance. A quoi bon augmenter la longévité, si l'on raccourcit le temps où l'homme peut être utile à ses semblables et à son pays?

Le 16, les assiégés essayèrent inutilement d'enlever un logement qui venait d'être fait par une compagnie de grenadiers de Beauvoisis et le piquet de dragons d'Harcourt, dans la lunette de Zélande; des pièces d'artifice avaient mis le feu à notre gabionade à la droite du débouché de cette lunette; la troisième compagnie de Normandie avait beaucoup souffert en s'en emparant, elle y était encore; elle chassa ceux des ennemis qui s'efforçaient d'entretenir le feu et parvint à l'éteindre.

Le 17, M. de Lorme fut enterré avec les honneurs qui lui étaient si bien dus; M. de Lowendal écrivait encore au ministre qu'il était au désespoir de l'avoir perdu. Pendant ce temps-là nos canonniers tiraient à ricochet sur les bastions la Pucelle et Cohorn, avec fureur, comme pour venger une mort si regrettable.

Un renfort de quarante mineurs et d'autant de canonniers arriva; quatre pièces de canon et quatre obusiers battaient le bastion de droite, et deux autres pièces faisaient feu sur celui de gauche du front de l'attaque. On tenta d'enlever le réduit de la lunette de Zélande; mais, tous nos officiers ayant été tués ou blessés à cette attaque, on y renonça. Soixante volontaires descendus les premiers dans le fossé de la demi-lune avaient pénétré dans la galerie majeure des assiégés, ravagé leurs mines, enfoncé leurs portes, coupé leurs saucissons et tué leurs mineurs, excepté un seul qu'ils ramenèrent percé de trois coups de baïonnette. Pendant ce temps l'explosion d'une mine ruina celle qui avait été fouillée par les Français sur l'arrondissement du bastion Cohorn.

Dans la nuit du 18, deux autres mines de l'ennemi enterrèrent M. Prévôt, officier de mineurs, et vingt de nos soldats qu'on retira des décombres meurtris ou brûlés.

La *Gazette de France* signalait une grande inquiétude en Hollande. La province de Westfrise levait à elle seule cent compagnies de cent hommes chacune. Quand Berg-op-Zoom fut pris, on trouva un journal du siége, tenu par le prince de Hesse-Philipstadt, gouverneur de la place. On y lit que, le 18, une mine des assiégeants sauta devant le fort Dedem, qu'une compagnie de grenadiers presque entière fut ensevelie, et quantité de corps jetés dans le fossé des assiégés, entre autres celui d'un capitaine du régiment de La Marck (c'était celui d'un officier de Laval).

Dans la nuit du 18 au 19, « entre dix et onze

heures du soir, les Français firent sauter une mine sous la pointe de la lunette d'Utrecht; elle fit une brèche plus large au pied qu'au haut. Leurs grenadiers y montèrent la baïonnette au bout du fusil; accueillis par un feu roulant, ils revinrent plusieurs fois à la charge inutilement; mais, pendant le plus fort de la mousqueterie, une étincelle tomba dans la lunette, sur un grand tonneau de poudre qui servait à charger les grenades; il en éclata une trentaine; elles enflammèrent une demi-douzaine de tonneaux remplis de cartouches; les palissades de la lunette furent renversées avec les bombardiers. D'autres défenseurs de cet ouvrage furent étouffés ou mis en pièces. Les Français profitèrent du désordre et se précipitèrent avec fougue sur le haut de la brèche où ils parvinrent à se loger, malgré une fusillade violente et dirigée presqu'à bout portant. Un pot-à-feu, lancé pour illuminer le poste qu'ils venaient d'occuper, embrasa les fascines qui garnissaient le parapet de la partie de la lunette occupée par les Français; la violence du feu et une épaisse fumée les contraignit à se retirer.

Une heure et demie après, lorsque l'incendie fut éteint, ils revinrent à la charge, et, quoique les assiégés eussent reçu un secours, les assiégeants se logèrent dans l'épaisseur du parapet des deux faces de la lunette. »

L'armée des alliés continuait à travailler pour rendre les abords de ses lignes de plus en plus difficiles. Le maréchal de Saxe écrivait à M. de Lowendal pour l'engager à faire des tranchées larges et profondes : « . . . . . Je suis fâché, lui disait-il, de ne m'en être pas avisé plus tôt. *Je fis revenir le feu roi de tout son système de mines par ce moyen*[1]. . . . .
. . . .
Employez-le aussi pour vos batteries de brèches, sans cela ils vous désoleront avec le canon et vous tueront bien du monde; mais le canon ne fait plus rien dès qu'on est au-dessous de

---

[1] On pourrait peut-être se permettre de penser que si des tranchées profondes abritent mieux contre les boulets, leur profondeur ne contribue en rien à garantir des bombes et des obus, qui sont bien plus à craindre. Des tranchées très-profondes ajoutent beaucoup à des travaux toujours dangereux, mais dans un terrain spongieux ils auraient entraîné d'autres graves inconvénients. On ne sait quel est le roi dont le maréchal a voulu parler; il n'avait que dix-neuf ans quand Louis XIV mourut.

l'horizon. Vous aurez plus de prise pour le vôtre, qui pourra battre au pied et faire le trou pour loger le mineur. . . . . . . Adieu, mon cher comte; servez-vous plus de la pioche que de la baïonnette, pour ne point rebuter vos gens. » Il avait déjà proposé à M. de Lowendal de renoncer à la guerre souterraine. Laissons de plus experts juger si M. de Lowendal, qui ne pouvait avancer de quelques pas sans se trouver sur des mines, devait se départir du soin de les fouiller et de les éventer, avant de pousser les tranchées plus loin.

Le 19 août, deux soldats maraudeurs du régiment Royal-Corse eurent la tête cassée.

Un officier d'artillerie, nommé Lamy de Bezange, disait, dans une lettre conservée aux archives de la guerre, que sa batterie de mortiers avait fait sauter pour la quinzième fois les magasins des batteries ennemies dont était armé le bastion de droite (par rapport aux assiégeants), et que, le 18, la sienne avait enflammé cinq à six tonnes de fusées et avait donné aux troupes de la tranchée le spectacle d'un feu d'artifice des plus jolis par la variété et l'entrelacement de tous ces jets de feu parcourant l'air.

Le mineur français ayant percé la galerie majeure des ennemis, dans le chemin couvert de la demi-lune, on y entassa des bombes, des grenades et des sacs à poudre; mais, à peine descendus, les assiégés y mirent le feu, les terres voisines s'ébranlèrent et comblèrent l'entonnoir. Des barils de poudre sautèrent aussi dans un autre entonnoir, et maltraitèrent beaucoup un piquet du régiment de Limousin. Le feu fut extrêmement vif de part et d'autre.

Du 20 au soir au matin du lendemain, deux de nos mines renversèrent dans le fossé cinq toises de la contrescarpe du bastion la Pucelle, et ouvrirent un entonnoir sur le chemin couvert de celui de Zélande; il fut couronné.

Les assiégés firent sauter cinq mines, mais elles faisaient explosion en arrière des logements des Français. En instruisant le maréchal de Saxe de ce détail, M. de Lowendal lui disait : « Votre régiment, Monseigneur, et le mien ont servi jusqu'à présent comme des anges, toute l'armée les applaudit; mais cette réputation ne s'acquiert qu'en perdant beaucoup; les hôpitaux en font foi ; ce qui reste est excellent, mais court ; il en est de même avec la brigade du Dauphin. Je n'ai non plus pu faire faire le service à la brigade des vaisseaux, car il n'y a guère au-delà de trois cents hommes par bataillon, et je les garde pour un coup de collier. »

Il n'aurait pas été sans intérêt de voir deux habiles hommes de guerre discuter entre eux sur les opérations possibles et les chances qu'elles présentaient. Malheureusement nous ne connaissons pas la réponse du comte de Saxe à la lettre de M. de Lowendal, qui va suivre, et qui était évidemment destinée à être communiquée au maréchal :

« Du camp devant Berg-op-Zoom, le 20 août 1747[1].

« . . . . . Vous savez combien peu j'aime à tracasser M^r le maréchal ; j'accepte avec reconnaissance tout ce qu'il me donne, et je tâcherai de le bien employer. M. du Vernay m'é-

[1] Cette lettre était adressée à M. Coder, major du régiment de Saxe, employé comme aide-major-général de l'armée du maréchal depuis l'année 1745.

crivait hier une lettre avec des réflexions ; j'y ai répondu ingénument, et l'ai prié de communiquer ma lettre à Mˢʳ le maréchal. Je juge l'armée de M. de Schwartzenberg, qui est à trois lieues de moi, à 24 ou 25,000 hommes; mes bataillons, qui sont déjà venus faibles ici, le deviennent journellement davantage, et je suis obligé d'éloigner un peu de moi la cavalerie pour pouvoir subsister. L'objet important du siége, qui a de quoi occuper un homme, voire deux, l'attention de l'armée voisine, celle de la communication, qui est bien intéressante, et la *bavarderie* d'une nation impatiente, où il y a beaucoup de sentiments différents, tout cela, mon cher Coder, me fait bien souhaiter que Mʳ le maréchal général vienne avec son armée dans mon voisinage. Bien sûr alors de ne rater aucunement ma besogne, j'aurais l'esprit en repos sur tout le reste. L'armée du maréchal trouvera un pays neuf pour les fourrages, des derrières commodes par rapport à Anvers, et, quand ma besogne sera faite, il peut encore faire tel mouvement qu'il lui plairait avec toute l'armée. Et la Hollande et les alliés sont trop intéressés à faire manquer le siége pour ne pas faire tout au monde pour le traîner en longueur ; le travail des mines favorise leur dessein ; mais une armée d'observation les obligerait de dégarnir leurs lignes et empêcherait les rafraîchissements continuels de la garnison. Je vous prie de me mander les idées du maréchal au plus tôt..... »

Au lieu d'entrer dans ses vues, il paraîtrait que le maréchal regardait comme possible que M. de Lowendal se dérangeât *de sa besogne*, quelque avancée qu'elle fût, et c'est ce qui donna lieu à la lettre suivante :

« Au camp devant Berg-op-Zoom, le 23 août 1747.

« Monseigneur,

« Je reçois celle que vous me fîtes l'honneur de m'écrire du 22. Tout ce que vous me faites la grâce de me dire me mit du baume dans le sang.

« L'ennemi a sa droite à Oudenbosch et sa gauche vers Houten ; pour aller à lui, il me faut deux marches, et le pays par Rosendal et Nispen est si couvert qu'il faudrait absolument faire ouvrir les marches. Il y a de gros détachements à Nispen et à Rosendal, qu'ils ont retranchés. Si je pouvais arriver sur eux avant qu'ils fussent même joints par leurs renforts, il dépend d'eux de se retirer sous Bréda, dont ils ne sont qu'à une lieue et demie, et d'y attendre leurs secours.

« Je crois, Monseigneur, que vous me rendez la justice d'être persuadé que je ne demanderais pas mieux que de hâter ma besogne par cette façon ; mais M. de Contades et moi avons jugé que nous nous distrairions inutilement de notre objet, par cette marche, et je crois que vous l'approuverez.

« Dans l'endroit où je suis, ils ne peuvent m'attaquer sans faire la plus haute folie, et, s'ils marchent du côté d'Anvers, je puis marcher sur eux avec cinquante bataillons et quatre-vingts escadrons, ce qui suffira, je l'espère, pour les bien étriller ; je crois même que leur propre communication avec Bréda pourrait être un peu hasardée alors.

« Les maladies se sont mises dans les ingénieurs; le renfort que vous m'avez envoyé est venu fort à propos, mais Gourdon demande toujours la brigade de Lambert.

« La journée d'aujourd'hui a été un bon jour de mines pour moi, car nous avons renversé par les nôtres la galerie casematée des ennemis en trois endroits. J'espère d'être, en peu de jours, en état de placer mes batteries de brèche . . . . »

Cette lettre démontrait suffisamment qu'un mouvement de l'armée de M. de Lowendal en avant n'aurait offert que des inconvénients.

Le comte de Saxe au comte de Lowendal.

« A Tongres, le 30 août 1747.

« J'ai réfléchi, cette nuit, sur votre proposition, mon cher comte; je crois votre camp inattaquable avec des forces proportionnées, et je suis persuadé que les ennemis ne viendront pas vous attaquer.

« Mais, s'ils se portent sur votre communication, peuvent-ils vous en priver avec Anvers? Votre idée est dans ce cas de marcher à eux et de les combattre ; mais, si vous perdiez ce combat, où serait votre retraite ? cela mérite une méditation.

« Je puis marcher à vous et vous délivrer des ennemis qui se seraient placés sur votre communication avec Anvers ; mais, dans ce cas, il faudrait que vous me laissiez au moins vingt-cinq ou trente bataillons avec quarante escadrons qui pussent se retirer dans Anvers, et que je pusse prendre en passant pour aller attaquer les ennemis qui se seraient placés sur votre communication ; car sans cela nos deux parties séparées pourraient être plus faibles que leur tout réuni, qui se trouverait entre nous deux, et que je ne pourrais attaquer sans désavantage, et, ma partie défaite, que deviendrait la vôtre ?

« Ceci mérite bien d'être pesé. Écrivez-moi au plus vite ce que vous en pensez, et agissez en conséquence. Je ne puis même avoir, tout au plus, que cinquante bataillons, si le corps du duc de Cumberland passe la Meuse, et suit ma marche, parce qu'il faudra que je laisse au moins vingt bataillons sur la Dyle. Adieu, mon cher comte. »

Le comte de Lowendal au maréchal général.

« Devant Berg-op-Zoom, le 31 août 1747.

« Monseigneur,

« En conséquence des ordres dont vous m'avez honoré hier, j'ose vous répondre selon la portée de mon esprit et ainsi que je puis voir les choses sans la moindre prévention.

« Vous m'avez mis, Monseigneur, dans une situation, par vos renforts, à ne rien craindre que mes propres fautes [1].

« J'ai examiné avec attention les troupes de nos ennemis. La plupart de leurs bataillons sont réduits à la moitié; les troupes de Wurtzbourg ne veulent pas se battre. Les Bavarois sont presqu'à rien; M. de Chanclos, trop circonspect pour vouloir, avec les seules troupes

---

[1] Les nouveaux renforts que M. de Lowendal devait recevoir consistaient en dix bataillons, deux régiments de grenadiers royaux, une brigade suisse, et deux brigades de cavalerie.

autrichiennes, m'attaquer; M. de Schwartzenberg avec les Hollandais, non plus dans le goût, avec M. Van Haren, de lutter contre les troupes aguerries du Roi. La moitié des bataillons qui sont dans les lignes de Berg-op-Zoom ne sont qu'à 150 ou 200 hommes par bataillon. Je crois pourtant, Monseigneur, que vous les comptez parmi les soixante bataillons que vous jugez être contre moi.

« Mais posons le cas qu'ils veuillent bien s'éloigner de Bréda pour me couper la communication avec Anvers; ils ne sauraient le faire qu'en se mettant entre Ossendrecht et Stabrock, car toutes les troupes qui sont à Stabrock, Hovel et Ekeren ont leur retraite sûre à Anvers par la tête des digues, qui les conduit sous les canons d'Anvers, sans pouvoir être entamées.

« Entre Stabrock et Ossendrecht ce ne sont que des sables et des dunes, et l'ennemi ne saurait presque y prendre aucune position. S'il en prend, le moment que je me développerai devant lui, je lui ôte déjà toute sa communication avec Bréda, et je suis dans un camp aussi avantageux que celui entre Woude et Huberghem.

« Avec ce que vous me faites passer, Monseigneur, de biscuit et de pain biscuité, je suis en état de me passer dix jours de la communication d'Anvers, et je n'espère pas que la prise de la ville aille au delà. Comme je désire que les trois brèches soient faites à la fois, je crains ne pouvoir commencer à tirer que le 2 ou le 3 au plus tôt. Les brèches seront faites en vingt-quatre heures, et je ne crois pas que ces gens-là en viennent au coup de collier.

« Si vous saviez, Monseigneur, combien je voudrais éviter d'être suffisant, ou paraître trop en sécurité, vous verriez dans quel embarras je suis en vous exposant ainsi tout ce que je pense. Ce qu'il y a de certain, c'est que je tâcherai de ne faire aucune étourderie. Ma position me permet de ne hasarder rien de douteux, et l'esprit de mes troupes me promet tout.

« L'ennemi n'a fait jusqu'à présent aucun mouvement qui puisse me faire juger quelque chose de ses desseins; il se retire dans les environs de Bréda et d'Oudenbosch.

« Si malgré cela, Monseigneur, vous êtes dans

la résolution de marcher à moi, je puis, en moins de trois heures ou quatre, rendre les vingt-cinq bataillons et quarante escadrons à même d'être à Anvers, sans pouvoir être coupés, et c'est sur quoi j'attends l'honneur de vos ordres. »

Une note écrite de la main de Maurice de Saxe, au bas de cette lettre, indique seulement que l'armée de siége était de soixante-quatorze bataillons et de cent deux escadrons; il fallait y ajouter les volontaires bretons qui pouvaient bien compter. Le peu d'espoir que M. de Lowendal avait d'employer toutes ces vaillantes troupes en rase campagne devait lui échapper avec celui de voir les ennemis faire quelque mouvement hasardé qu'il épiait avec le plus ardent désir d'en profiter. Il trouvait que le général de Cromstrom ne faisait point tout ce qu'il aurait fait à sa place. On n'a cependant pas reproché au général hollandais de ne point s'être défendu avec courage; mais ses troupes étaient démoralisées, tandis que celles de M. de Lowendal lui donnaient autant de confiance qu'elles en avaient en lui. Il ne pensait point que la garnison en vînt au *coup de collier*, c'est-à-dire qu'il espérait ne point avoir à livrer l'assaut parce qu'il désirait éviter de trop grands sacrifices.

Du 21 au 22, quatre mines des assiégés firent explosion et ruinèrent plusieurs de nos communications qu'il fallut travailler à rétablir. Nos artilleurs préparèrent, sur des entonnoirs, des emplacements pour douze pierriers et sept petits mortiers. Leur effet obligea les assiégés qui défendaient la demi-lune à s'y blinder.

« Le 22, quarante volontaires avaient remarqué que le logement des Français dans la lunette d'Utrecht n'était pas assez garni de monde ; ils allèrent de leur propre mouvement ruiner ce logement. Celui des assiégeants devant le bastion la Pucelle fut aussi culbuté le soir par trente de ces volontaires qui effectuèrent encore d'autres sorties et toujours très-vaillamment (Journal du prince de Hesse). »

L'armée ennemie pouvait, par sa position, dérober pendant quarante-huit heures la connaissance des détachements qu'elle mettait en mouvement. Pour y remédier, autant que possible, et tenir l'armée du comte de Lowendal constamment en communication avec celle du maréchal de Saxe, M. de Courten, maréchal de camp, vint occuper une position intermédiaire avec les régiments de grenadiers royaux de Coincy et de La Tresne, celui de La Morlière, la brigade suisse de la Cour-au-Chantre, et les deux brigades du Roi et de Royal-Pologne cavalerie.

Du 23 au 27, les Français firent jouer quatre mines, et les ennemis deux; l'une des nôtres bouleversa dix toises de la contrescarpe du bastion Pucelle; une autre culbuta sept toises de la contrescarpe, vis-à-vis de la face de la demi-lune, et prépara la position de la batterie de brèche qui fut assurée par le renversement total de cette contrescarpe, qu'une autre de nos mines encore acheva de détruire dans la journée du 29.

Le 25, la brigade de Saxe, qui avait beaucoup souffert, fut remplacée par celle de Montmorin, commandée par le chevalier de Pons, maréchal de camp, qu'elle releva dans le poste

CHAPITRE X.

d'Huberghem. La fête du roi fut célébrée avec force coups de canon. Le lendemain, un gros magasin de grenades sauta dans le bastion Cohorn. Le maréchal-général, sachant que deux corps des alliés avaient descendu la Meuse pour la passer à Wenloo, détacha dix bataillons, seize escadrons et le régiment de la Morlière, les posta à Leaw et Halem, entre son camp de Hamal et M. de Lowendal pour marcher à lui ou revenir à ce camp selon l'occurrence.

Le 27, les hussards ennemis enlevèrent M. de Villeneuve, aide de camp du comte de Lowendal, MM. de la Bretonnière et Florens, ingénieurs, logés dans un village écarté du camp, malgré des ordres contraires. M. de Villeneuve revint, le 28, sur sa parole.

Nouvelle sortie des assiégés, pour tenter d'arracher des gabions destinés à assurer le logement de nos grenadiers dans un entonnoir; elle fut sans succès.

De même qu'à la dernière heure d'un malade, on appelle souvent un nouveau médecin, les alliés venaient de donner le commandement en chef de leurs troupes au comte de Chanclos. Le comte de Lowendal en avait assez à lui opposer ; mais, dans l'opinion que son nouvel adversaire pourrait être plus entreprenant que son prédécesseur, il demanda de l'artillerie légère dont il n'avait pas assez. Cependant ce ne fut que le 10 septembre qu'il reçut vingt pièces de quatre. A la fin d'août, il remerciait le ministre de tous ses compliments, et ajoutait à ses remercîments : «..... Les bulletins ne vous cachent rien, et, malgré la *Gazette de Hollande*, je puis vous assurer que, depuis le commencement du siége jusqu'à ce moment, les ennemis n'ont pas marqué la moindre vigueur, ni en sortie, ni à reprendre quelque poste tel qu'il puisse être. Ce n'est donc qu'à défunt Cohorn que nous avons à faire, et je crois que lorsque nous aurons ouvert la place, la vigueur ne reprendra pas, tout d'un coup, à une garnison ennuyée et amoindrie; car tous les bataillons qui sont dans les lignes, et dont il entre chaque jour trois dans la ville, le sont de même..... »

A la manière dont Berg-op-Zoom fut défendu, on pourra trouver que M. de Lowendal était fort difficile en fait de vigueur. Il ne cherchait pas à rehausser sa gloire, en faisant l'éloge de l'énergie de ses adversaires. Il n'y avait pas apparence de charlatanisme chez lui, même quand il proposait des choses impossibles en apparence.

Du 28 au 29, le mineur français échappa à l'explosion d'un fourneau qui ruina en partie son travail; mais sur le matin il le reprit et perça contre le haut de la galerie hollandaise ; une sentinelle ennemie aperçut la lumière à travers l'écoute que le mineur avait ouverte et le renversa d'un coup de fusil.

Pendant la nuit du 29 au 30, le mineur ennemi essaya d'étouffer le nôtre par un camouflet sans y réussir. Nos mineurs ouvrirent la galerie des assiégés, à l'extrémité de la face gauche de la lunette d'Utrecht; ils se battirent à coups de pistolets avec les mineurs ennemis, et les étouffèrent en mettant le feu à cinq cents livres de poudre qu'ils avaient entassées et qui éclatèrent dans cette galerie; il ne restait plus qu'une quille de la contrescarpe. Une de nos mines fit encore écrouler les escaliers voûtés, pratiqués à l'angle de la lunette d'Utrecht. Les assiégés ne pouvaient plus y revenir.

Du 30 au 31, on commença la descente du fossé à l'angle rentrant, entre la demi-lune et la lunette de Zélande.

M. de Chanclos était arrivé dès le 28 à Walwick pour réunir son corps, que l'on portait à quinze mille hommes, à l'armée de M. de Schwartzenberg, et les troupes légères du comte de Tornaco l'avaient rallié. Le Roi, instruit de ce mouvement, avait fait partir, le 29, le duc d'Havré, maréchal de camp, pour Berg-op-Zoom avec les brigades d'Orléans et de Monnin et le régiment de hussards de Polleresky. Ces troupes joignirent celles du comte de Lowendal le 31, excepté les hussards; ils restèrent à Eckeren, pour contenir les partis ennemis qui battaient l'estrade jusqu'aux portes de Malines et d'Anvers.

Le Roi avait donné des ordres pour que le camp devant Berg-op-Zoom fût constamment approvisionné de biscuits et de fourrage, au moins pour dix jours. Cependant tout y était très-cher; les hommes et les chevaux y souffraient de fortes privations; pour y échapper, ainsi qu'à des fatigues incessantes, des déserteurs allaient chercher l'abondance qu'ils trouvaient dans la place; il y en eut malheureusement assez pour diminuer l'effectif des combattants, déjà réduits par le nombre des blessés et des malades; que de travaux pénibles pour asseoir les batteries et préparer des descentes de fossés, où l'eau augmentait toujours! Ces divers ouvrages continuèrent à avancer, malgré tous les efforts des assiégés, qui ne réussissaient cependant que trop souvent à les endommager. Comme le 1er septembre était le jour de la naissance du stathouder, les Hollandais firent, à minuit, au jour et le soir, une triple décharge de toute leur artillerie et mousqueterie et lancèrent plus de trois cents bombes dans le camp français, sans interrompre leurs travaux.

Le 2 septembre, M. de Cromstrom, le prince de Hesse-Philipstadt, MM. de Chanclos et de Tornaco se réunirent en conseil de guerre au château de Cruyslande; à la suite de ce conseil, ils firent entrer trois nombreux bataillons et six compagnies de grenadiers dans Berg-op-Zoom. Dix bataillons hanovriens, qui étaient en marche, eurent ordre de doubler les étapes, quoiqu'ils fussent suivis d'un gros train d'artillerie.

Au mois d'août, le général de Cromstrom informait le stathouder des désagréments qu'il éprouvait du fait des troupes étrangères chargées de partager la défense de Berg-op-Zoom avec les Hollandais; il redoutait qu'il ne lui en survînt encore d'ailleurs, sans s'expliquer autrement.

Si M. de Lowendal n'avait qu'à se féliciter de l'union qu'il savait maintenir entre les différents corps de son armée, même entre l'artillerie et le génie, si souvent en querelle ensemble, il éprouvait aussi de très-vives contrariétés. On répétait sans cesse au maréchal de Saxe que le siége était mal conduit, que la guerre souterraine marchait trop lentement et faisait perdre trop de monde. A force d'avoir les oreilles rebattues de ces propos, il proposait parfois à M. de Lowendal de s'écarter de la marche méthodique et prudente, qu'il était lui-même bien décidé à abandonner quand il en serait temps, mais seulement lorsqu'il serait en mesure de couronner son œuvre par un coup d'éclat. Il finit par se contenter d'écrire au maréchal général, le 4 septembre : « ..... Je choisirai un autre temps pour plaider ma cause devant un juge aussi éclairé que vous..... » L'événement la lui fit gagner devant le maréchal et l'Europe, qu'il avait tenue dans une si longue attente

Un détachement avait été envoyé au-devant d'un convoi venant de Malines à Anvers pour approvisionner l'armée de siége. Le commandant de ce détachement avait laissé M. de Ruvényé, capitaine dans le régiment Dauphin étranger cavalerie, avec cinquante carabiniers à cheval, au Vieu-Dieu, sur la chaussée de Malines à Anvers, à la jonction de celle de Lier. M. de Ruvényé fut enveloppé par un gros corps de Croates et de hussards. Il s'était retiré dans une maison en construction dont les murs, peu élevés encore, lui servaient de retranchement. Les étrangers découvrirent une maison voisine pour jeter plus commodément des matières enflammées sur nos braves carabiniers, et les obligèrent à se rendre, après avoir perdu plusieurs des leurs, le lieutenant et le maréchal des logis de leur détachement. Le comte de Chanclos honora leur courage en renvoyant sur parole tous ceux qui avaient survécu; mais il n'en rentra que seize au camp, trente d'entre eux avaient été tués. Pendant ce temps, un déserteur du régiment de Custine fut fusillé.

Le 7 septembre, les ennemis vinrent, par le réduit de la lunette d'Utrecht, mettre le feu aux gabions qui couvraient l'épaule gauche d'une batterie qu'on établissait à la droite; on l'éteignit: cependant une grenade enflamma des sacs à poudre que les Français avaient pris pour des sacs à terre. Un lieutenant de Royal-Artillerie et neuf soldats furent tués, huit officiers et soixante et onze hommes blessés.

M. de Lowendal avait annoncé au maréchal de Saxe qu'il allait mettre des ouvriers mineurs liégeois à l'œuvre : habitués aux travaux des houillères, ils auraient pu lui être fort utiles; mais, quand ils étaient attendus à son camp, ils avaient fui en route. M. de Lowendal mandait au maréchal : « ..... Le chevalier de Courten est arrivé hier ; il avait beaucoup de noir dans l'esprit; il voit beaucoup plus blanc actuellement, et vous rendra compte de l'esprit des troupes. Je redoublerai mes attentions à mesure que la fin approchera; j'en connais les conséquences.

« Le côté de l'attaque est horriblement dégradé; l'ennemi a perdu beaucoup, il est entièrement découragé. Six de mes grenadiers ont fait rentrer hier cinquante des leurs à coups de crosse. Dans six jours les choses seront bien avancées, et si je donne un coup de colliér, je le donnerai bien, avec les drapeaux, et le reste de mon armée sera en bataille....... »

Pendant que la confiance s'éteignait de plus en plus chez l'ennemi, M. de Lowendal était persuadé que nos drapeaux seraient plantés sur les remparts, et qu'ils n'y seraient point abandonnés : l'assurance d'un général fait celle de ses soldats. Cependant il ne trouvait d'encouragements que de la part des siens; ils lui manquaient, jusqu'à un certain point, de celle du maréchal de Saxe, son ami, et c'était ce qui devait lui être le plus sensible.

Le 9 septembre, cinq batteries commencèrent à battre en brèche à la fois; elles furent en partie démontées par l'artillerie de la place; mais le 10, dès le matin, elles recommencèrent le feu de plus belle.

Le même jour M. de Lowendal écrivait au maréchal général qu'il aurait beaucoup de peine à lui proposer un commissaire de guerre, parce que c'était un pays inconnu pour lui, mais que M. Guignard, qui était auprès du maréchal de Noailles, avait fort bien servi à Ostende; il disait que les demi-revêtements dont les ouvrages de Berg-op-Zoom étaient pourvus rendaient difficile de prendre le pied de la muraille, ce qui fait les meilleures brèches.

Pour assurer davantage la marche des convois, le Roi envoya le marquis d'Armentières et le chevalier du Muy à Herentals avec la brigade de Royal-Piémont cavalerie et le régiment de hussards de Berchiny, auxquels le comte de Lowendal eut ordre de réunir la brigade du Roi cavalerie, le régiment de la Morlière et quatre cents volontaires à pied. Ces volontaires venaient de pourchasser tellement les hussards ennemis, dans la forêt de Soigne, qu'ils les avaient obligés à abandonner leurs chevaux, pour s'échapper à travers les plus épais fourrés. M. d'Armentières se trouvait ainsi en mesure de se concerter avec M. d'Hérouville, cantonné à Eckeren, et de s'opposer avec lui à toutes les incursions du général Baroniay qui était à Hoogstracten.

L'armée ennemie, toujours campée autour d'Oudenbosch, se renforçait journellement.

Une bombe éclata dans le parc de l'artillerie française et blessa vingt-deux hommes.

Le mineur donna dans une galerie des assiégés, la perça et coupa le saucisson d'une mine prête à éclater; elle aurait fort endommagé la batterie de droite, déjà très-incommodée par le feu des ouvrages latéraux qui la flanquaient.

Le rempart de la demi-lune n'était revêtu que jusqu'à la moitié de sa hauteur; on a signalé cela comme une faute de Cohorn. En était-ce bien une? M. de Lowendal avait reconnu que, le reste du rempart étant en talus, le canon y avait peu de prise, et l'on ne plongeait que difficilement jusqu'au cordon pour entamer le revêtement.

M. de Lowendal donna l'ordre au marquis d'Armentières de camper le 12 à Braxaten, et de se tenir prêt à se rendre à Putte.

Le 13, après midi, les assiégés aidèrent beaucoup la besogne ; une de leurs mines creva si malheureusement pour eux qu'elle combla la moitié du réduit où ils ne pouvaient plus pénétrer.

Une autre mine fit un entonnoir où les Français se logèrent immédiatement, mais il y en eut six d'enterrés. On écrêta les brèches qui étaient jugées praticables, et on concerta des mesures pour donner l'assaut du 14 au 15 ; il fut pourtant remis au lendemain.

CHAPITRE XI.

Préparatifs de l'assaut. — Berg-op-Zoom est emporté. — Efforts du comte de Lowendal et des autres généraux pour prévenir le sac et le pillage de la ville. — Consternation des alliés. — M. de Lowendal est nommé maréchal aux applaudissements de la France.

M. de Lowendal sentait tout le désir que les alliés devaient avoir de dégager Berg-op-Zoom qu'il serrait de si près. Dans la pensée qu'ils feraient les derniers efforts pour y réussir, il avait rapproché encore plus de lui le corps du marquis d'Armentières, pour avoir de la cavalerie à opposer au comte de Chanclos, si son infanterie tentait d'entrer dans la place. Heureusement le feld-maréchal Bathiani ne voulait point dégarnir sa position qui couvrait Maëstricht et ses communications avec les provinces de l'empire, pour prêter main-forte à M. de Chanclos. On a vu comment M. de Lowendal avait su imposer beaucoup de prudence aux alliés par ses dispositions lors du combat de Woude. Le journal du siége de Berg-op-Zoom fait connaître celles qu'il prit pour l'assaut qu'il ne croyait plus pouvoir éviter.

L'attaque de droite devait être dirigée contre le bastion Pucelle par M. de Raind, major de tranchée, sous les ordres de M. Faucon, brigadier, à la tête de six compagnies de grenadiers, et des piquets de Royal-dragons. Trois bataillons avaient ordre de marcher à la suite des grenadiers, suivis eux-mêmes de trois brigades de sapeurs, de vingt canonniers commandés par un officier, de huit ouvriers munis de haches, de pinces, de masses, de trois cents travailleurs conduits par des ingénieurs, et enfin de trois bataillons de réserve.

L'ordre du comte de Lowendal était divisé en six parties. Dans la première, il prescrivait au commandant de cette colonne de marcher immédiatement après celle qui était destinée à l'attaque de la demi-lune, et lui indiquait comment il devait occuper le débouché dans le fossé, s'étendre autant qu'il pourrait à sa droite, et attendre le signal de deux salves de tous les mortiers, dont les bombes portant de longues mèches ne seraient chargées que de sable à la seconde salve; les troupes instruites de cette circonstance pourraient s'approcher de ces bombes sans rien craindre.

Le comte de Lowendal expliquait que les grenadiers déboucheraient lorsque les projectiles qui ne pouvaient éclater seraient encore en l'air, qu'ils se formeraient au pied de la brèche de droite, y monteraient avec vivacité, enfonceraient tout ce qui se trouverait devant eux, et se mettraient en bataille sur le rempart sans dépasser un point déterminé. Les six bataillons avaient ordre de se mettre aussi en bataille derrière eux, et d'attendre les ordres du général ou du commandant de la colonne.

Les troupes étaient prévenues de ne pas tirer dans le fossé entre les deux bastions attaqués, afin de ne pas atteindre les volontaires et les grenadiers qui devaient s'y jeter pour enlever la communication entre la caponnière et la demi-lune.

M. Tondu, brigadier-général, qui fut blessé dans l'action, commandait l'attaque de gauche, conduite par M. de Saint-André, contre le bastion Cohorn; ils eurent des instructions analogues. Composée de six compagnies de grenadiers, de sapeurs, artilleurs, ouvriers et travailleurs, cette colonne n'était soutenue que par trois bataillons. Tous les mouvements à faire, toutes les positions à prendre successivement, lui étaient prescrits minutieusement.

Les commandants des attaques avaient reçu la recommandation expresse de ne pas permettre à un seul homme de sortir de son rang sous quelque prétexte que ce fût.

L'attaque de la demi-lune était confiée à M. de Courtbuisson, brigadier, accompagné de M. Duverdier, major de tranchée. Cent volontaires, partagés en deux troupes, commandés par M. de Surand, lieutenant du régiment Royal, par MM. Raillon et Godart de Rincourt[1], devaient

---

[1] M. d'Espagnac a écrit d'Holincourt, et de Vallon au lieu de Raillon.

précéder partout quatre compagnies de grenadiers et un bataillon suivi aussi de sapeurs, de canonniers et de trois cents travailleurs. Les deux troupes avaient ordre de se réunir derrière la demi-lune. Le comte de Lowendal exigeait la plus grande attention pour ne point tirer les uns sur les autres, en tâchant de s'emparer de la poterne sous la courtine et de s'y maintenir. Les volontaires une fois dans le fossé, M. de Courtbuisson était chargé de monter à la brèche de la demi-lune, à la tête du premier bataillon du régiment Dauphin, et d'attaquer le réduit.

M. de Lowendal, dont les formes étaient toujours polies dans le service comme dans le monde, *priait* M. de Relingue, maréchal de camp, de porter un bataillon tout à fait à la droite des parallèles, et deux autres tout à fait à leur gauche, pour observer les mouvements des assiégés sans embarrasser les siens. M. de Relingue *aura la bonté*, disait-il, dans son ordre écrit, de se dégarnir d'une compagnie de grenadiers de Montmorin et d'une autre de Coincy, destinées à marcher avec les volontaires à l'attaque du centre.

M. de Lowendal s'était réservé d'attaquer lui-même le ravelin Dedem avec le régiment de son nom. « Fidèle à son système de discrétion, il ne communiqua à personne les dispositions qu'il avait prises, le succès les révéla. Le 15 septembre, personne ne pensait que l'assaut fût si proche. » A minuit, tous les officiers réunis au quartier général reçurent des instructions admirablement combinées, et rédigées de la manière la plus claire; elles furent suivies avec la plus grande ponctualité. Tous sentirent qu'il y allait de l'honneur des armes françaises et de leur gloire. Quelques-uns hasardèrent des objections assez fondées sur le peu de largeur des brèches, où quatre hommes de front, tout au plus, pouvaient passer; mais connaissant mieux que personne les souffrances de l'armée et le danger de la laisser atteindre par les fièvres d'automne, M. de Lowendal les engagea à faire tous leur devoir, et à s'en remettre à lui pour le reste.

On avait pendant la nuit comblé la cunette et déblayé le pied des brèches.

Le grand moment approche, l'armée est dans l'attente. Quand les nuages sont prêts à entrer en convulsion, l'absence de bruit précède l'orage, de même que dans tous les instants solennels le silence règne dans le camp français. Les soldats, réveillés avec précaution, devinent le projet du général; en prenant leurs rangs, à peine quelques bons mots, assaisonnés au gros sel, sont-ils prononcés à voix basse; s'ils excitent chez les voisins quelque hilarité mal contenue, la voix sévère des officiers la réprime.

Que de contrastes sur toutes ces mâles figures de grenadiers! Les unes ne font voir que le calme du courage réfléchi; d'autres laissent apercevoir quelque mélancolie; c'est le souvenir d'une tendre mère, de sœurs chéries ou d'une promise qui les assombrit un peu. De jeunes soldats pressent la main sur leur poitrine; c'est qu'ils y portent les médailles bénies qu'ils ont reçues en quittant le foyer paternel. Pendant ce temps-là leurs anciens consultent l'état de leurs gourdes qu'ils espèrent remplir bientôt gratis.

De jeunes officiers, aux lèvres souriantes, rêvent gloire et avancement. Les capitaines, aux cheveux grisonnants, restent impassibles; les colonels, souvent leurs cadets, vont communi-

quer leur ardeur à ceux qui doivent les suivre.
Les généraux vieillis sous le harnais s'apprêtent à exécuter les ordres de leur chef, et à modérer une témérité qui pourrait trop entreprendre.

Les assiégés se reposaient sur la sûreté de leurs fortifications, ils étaient excédés de fatigue; à peine avaient-ils trois cents hommes dans tous les ouvrages du front d'attaque, et ils s'y gardaient mal.

Au point du jour le signal fut donné, et la seconde salve de nos mortiers avait à peine ébranlé la terre et l'air que toutes les troupes débouchèrent dans le plus bel ordre du monde, selon l'expression de l'auteur du journal, qui assistait à ce grand événement (M. Eggers).

Les premiers grenadiers descendirent dans les fossés sans qu'une sentinelle ennemie eût donné l'alarme; ils gravirent le haut de la brèche, s'y firent jour, se portèrent vaillamment en avant, forcèrent les retranchements que les assiégés avaient pratiqués dans leurs bastions, et ne s'arrêtèrent qu'à leurs gorges [1]. Les bataillons

---

[1] Parmi les douze grenadiers du régiment Dauphin qui montèrent

accoururent, et se déployèrent sur le rempart du front d'attaque en y plantant leurs drapeaux victorieux. Rien n'échappa de ceux qui défendaient la demi-lune, la retraite leur ayant été coupée.

Des volontaires et des grenadiers, chassant ce qui était devant eux, s'étaient déjà introduits par la poterne dans la ville; les bataillons, devenus maîtres des portes d'Anvers et de Bréda, pénétrèrent dans les rues. Les grenadiers, qui marchaient en tête, gagnèrent celles qui aboutissaient à la place où les ennemis étaient barricadés; ils culbutèrent les barricades et leurs défenseurs, et les contraignirent de fuir devant eux dans la direction de la porte de Steenberg. Poursuivis jusqu'au-delà de la contrescarpe, ils laissèrent le chemin qu'ils suivaient jonché de morts ou de blessés, et quinze cents prisonniers. Le régiment de Deutz, après avoir beaucoup souffert dans la ville, avait été relevé, et il était sous les armes de grand matin pour entrer dans le camp d'Oudenbosch. Au bruit

---

les premiers à l'assaut, se trouvait Battin; il devint sergent en 1756, sous-lieutenant en 1768, capitaine en 1792, colonel et général de brigade en 1793.

des effroyables détonations qui se faisaient entendre, il se mit en bataille près de cette porte de Steenberg pour couvrir la communication avec le camp; bientôt rejoint par un corps écossais, ils combattirent ensemble comme des lions, lorsque les Français fondirent sur eux, et sauvèrent la plus grande partie de la garnison; ces deux régiments firent les pertes les plus sensibles, dans un combat assez acharné pour qu'il n'y eût point de quartier de part et d'autre dans certaines parties de la ville. Le colonel Deutz fut blessé, la plupart des officiers de ces deux corps furent mis hors de combat. Un certain nombre des assiégés s'étaient renfermés dans des maisons d'où ils tiraient sur les assaillants, ils se montraient si résolus à ne pas en sortir qu'il fallut y mettre le feu. Le brave prince de Hesse-Philipstadt[1] retarda longtemps dans les rues l'impétuosité des Français en les repoussant depuis la place d'armes jusqu'à la porte de Steenberg. Le prince d'Anhalt eut

---

[1] Le prince Louis appartenait à cette branche de la maison de Hesse qui a continué d'illustrer son nom par la magnifique défense de Gaëte contre les troupes de Napoléon 1er, en 1806.

infiniment de peine à s'échapper. C'était toute
une bataille qui avait eu lieu dans la ville. Vingt
régiments des alliés avaient combattu avec furie
dans les rues.

M. de Leuwe, général-major, les deux Rechteren, le prince de Hohenloë, le comte de Hompech, lord Gordon, les colonels Stuart et de
Watteville, cent soixante-quinze officiers et
plus de deux mille trois cents hommes furent
faits prisonniers.

Le comte de Rechteren s'était maintenu, avec
son régiment de grenadiers, pendant plus d'une
heure dans le camp retranché qu'il occupait;
mais, coupé, enveloppé, il avait dû se rendre
à discrétion avec ce qui lui restait de monde.

M. de Cromstrom, qui avait montré tant
d'énergie, malgré son grand âge, faillit être
pris dans son quartier; quatre cents Français y
avaient marché à la hâte; mais les Hollandais
avaient si vaillamment défendu leur vieux général que pas un de ces Français ne reparut vivant. Cela fait dire à l'auteur des mémoires manuscrits, que les relations françaises n'ont pas
accusé exactement les pertes de nos troupes,

qu'elles réduisaient à cinq cents hommes. M. d'Espagnac porte celle des alliés à quatre mille hommes tués, blessés ou pris. Le comte de Lowendal estimait qu'ils en avaient perdu cinq mille pendant le siége et à peu près autant le jour de l'assaut. Quand on lit le journal du siége, on voit que les pertes des Français pendant sa durée furent beaucoup moins grandes qu'elles ne le sont souvent en pareil cas. Ainsi, chaque journée de tranchées devant Fribourg (en 1744) coûtait cinquante et jusqu'à cent hommes. Ceux des ennemis qui échappèrent à la boucherie se retirèrent en désordre, et entraînèrent les troupes qui étaient dans les lignes où il y eut une telle panique que plusieurs régiments laissèrent leurs armes en faisceaux.

Les volontaires s'étaient emparés du camp le plus voisin de la ville sans perdre plus de quinze hommes. Ils y firent du butin ; mais d'autres volontaires donnèrent malheureusement l'exemple du pillage dans la ville; on verra le comte de Lowendal s'en plaindre[1]. C'est la seule oc-

---

[1] Les volontaires ont montré de tout temps une impatience de combattre qui n'était pas sans inconvénients. Dans la campagne de

casion où ses troupes manquèrent de discipline. Avant le maréchal de Saxe et lui, le maréchal de Noailles en déplorait l'absence dans l'armée.

Pour occuper les alliés pendant l'action principale, le comte de Lowendal avait chargé M. de Custine d'attaquer avec les trois bataillons de son régiment et un bataillon de Lorraine les forts Pinsen, Moermont et Kick-in-de-pot qui se rendirent sans condition. La garnison du fort de l'Eau construit à l'entrée du port fit de même. Quant à celle du fort Rowers, après avoir encloué ses canons, elle avait fui vers Steenberg, et M. de Maillard, lieutenant-colonel, de tranchée ce jour-là devant ce fort, fut agréablement surpris d'en recevoir les clefs des mains d'un déserteur.

Le prince de Holstein-Beck et M. de Lœwenhaupt, neveux du maréchal de Saxe, servaient comme volontaires; ils avaient fait le service des tranchées avec les colonels français, et M. de

Flandre, en 1667, ils abondaient dans l'armée française; M. de Chazeron, lieutenant des gardes-du-corps, qui en avait un certain nombre sous ses ordres, ne pouvait venir à bout de les contenir; ils attaquèrent un autre corps français avec une telle précipitation qu'on ne parvint à s'expliquer et à s'entendre que quand M. Royer du Breuil, capitaine du régiment colonel-général, eut été tué.

Lœwenhaupt monta à l'assaut du bastion de Cohorn. Il se plaisait à témoigner de l'humanité de nos soldats, qui laissaient la vie sauve à tous ceux qui se rendaient prisonniers. Les braves volontaires bretons, commandés par le baron du Blaizel[1], furent lancés à la poursuite des fuyards; ils en prirent beaucoup. Le comte de Montmorin, maréchal de camp, le duc d'Olonne, brigadier-général, les comtes de Montboissier, de Périgord, de Castellane, de Lillebonne, de Gramont, de Civrac, de la Tresne, les chevaliers de Coincy, de Chabrillant, de Chantilly, les marquis de Laval et de Puisigneu, les princes de Robec et de Rochefort, et nombre d'autres officiers se conduisirent avec la plus grande distinction[2]. MM. d'Argout et Duplessis commandaient chacun deux cents volontaires, qui faisaient partie de l'armée du roi, et étaient cantonnés sur les Nèthes. Ayant su que le comte de Lowendal s'apprêtait à livrer l'assaut, ils étaient arrivés à marche forcée, assez à temps

---

[1] Voyez la note I.
[2] La note II contient les noms de tous les généraux employés au siége.

CHAPITRE XI.

pour monter à l'attaque de la droite avec les bataillons de Royal Vaisseaux et de Beauvoisis, sous les ordres de M. de Lugeac, et ce furent ces mêmes volontaires qui chargèrent à la baïonnette les troupes du colonel de Rechteren.

On s'étonne de ce que la tour du château de Berg-op-Zoom, plus large à son sommet qu'à sa base, et quiétait ébranlée par le moindre vent, ait résisté aux commotions de l'air, et aux ébranlements de la terre occasionnés par l'épouvantable feu des assiégés et des assiégeants.

« Les batteries de brèche avaient été rasées deux fois par le feu de la place, dont il était impossible de battre le corps ni le revêtement de la demi-lune, à cause de la profondeur et du peu de largeur du fossé; mais le comte de Lowendal mit un grand talent à ne pas exposer inutilement ses troupes; il sut profiter pour cela des accidents du sol. Le terrain du front d'attaque était parsemé de dunes; il plaça derrière elles, à couvert du feu de la place, les bataillons qui montaient la tranchée, où il ne laissait que les compagnies de grenadiers et les piquets destinés à garder les parallèles. Ces bataillons pouvaient attendre sans péril l'occasion de repousser les sorties de la garnison. » Le grand ingénieur Cohorn, qui avait pris tant de précautions pour rendre Berg-op-Zoom imprenable, en avait négligé une, dont la difficulté n'aurait pas dû l'arrêter, ce semble : c'était de faire disparaître celles de ces dunes qui étaient les plus rapprochées des remparts. On a fait de plus grands travaux pour percer le boulevard Malesherbes.

Nous nous sommes plu à rapporter ce qui a mérité de si justes louanges à M. de Lowendal. Que l'on compare le soin qu'il mettait à ne pas prodiguer la vie de ses soldats, avec l'insouciance de généraux que nous avons vus se jouer de l'existence de ceux qui leur étaient confiés, et l'on jugera qu'il avait su comprendre tout autrement ses devoirs. Cependant la liste si longue des officiers tués ou blessés pendant un siége qui a duré soixante-sept jours, ne prouvera que trop combien les nécessités de la guerre sont rigoureuses.

Pendant ce mémorable siége, on fit jouer de part et d'autre soixante-dix-neuf mines.

CHAPITRE XI.

On prit à Berg-op-Zoom cent soixante-six pièces de canon de bronze, et soixante-douze en fer, beaucoup de mortiers de différents calibres. Les trente-six pièces d'artillerie du fort Rowers, les quatorze bouches à feu du fort Pinsen, et celles des forts Moermont et de l'Eau, tombèrent aussi dans nos mains, avec une grande quantité de vivres dans les magasins, les munitions de guerre qu'ils contenaient, et celles dont étaient chargées les dix-sept barques, et qui ne purent s'échapper[1].

Le comte de Blet, maréchal de camp, eut le commandement de Berg-op-Zoom et des forts détachés. M. de Comcyras, brigadier, servit sous lui en qualité de lieutenant de roi, et M. de Saint-André comme major de la place. Elle

[1] L'auteur des Mémoires manuscrits du maréchal de Lowendal a donné le détail de toutes les captures faites dans la ville : « 2,050 quintaux de poudre, 340,000 grenades, 50,000 fusils (on en prit encore 8,000 dans les lignes), 1,500 paires de pistolets, 900 carabines, quantité de sabres et de baïonnettes, 76 caisses à cartouches, 2,600 tentes tendues, 1,500 mulets ou chevaux d'attelage, 40,000 paires de souliers, 1,800 uniformes, 140,000 sacs de farine, 300 barils d'eau-de-vie, 1,800 tonneaux de bière, et 200,000 pièces de viande fumée. » On a évalué à 10,000,000 les espèces existantes dans les caisses militaires et dans les maisons, la vaisselle d'argent et les bijoux, qui devinrent le butin du soldat français ; et le vainqueur, le maréchal de Lowendal, ne laissa que des dettes pour héritage à ses enfants.

était peuplée et florissante deux mois avant, mais alors elle n'offrait plus aux regards qu'un monceau de ruines. M. de Blet et son état-major y trouvèrent à peine de quoi se mettre à couvert. Les troupes destinées à garder Berg-op-Zoom campèrent sur les glacis, en attendant qu'on pût déblayer quelques restes de constructions enfouies sous les décombres.

M. d'Espagnac fait observer que « le comte de Lowendal montra du génie, en franchissant les bornes de l'art, pour hâter la fin d'un aussi pénible siége, en faisant battre en brèche, en même temps, la demi-lune et les faces de deux bastions du polygone, puis en donnant l'assaut à la fois à la demi-lune et au corps de la place, entreprise qui n'avait jamais été tentée par MM. de Vauban et de Cohorn. Pratiquer une chose sans exemple et réussir, quoiqu'en s'écartant des principes, prouve le courage de celui qui ose l'entreprendre, c'est fait pour déconcerter l'ennemi. Aussi les assiégés, suivant les systèmes connus, jugeaient la prise de la demi-lune comme devant précéder inévitablement l'attaque du corps de la place. D'après ce préjugé, les assiégeants trouvèrent la demi-lune garnie de soldats prêts à repousser l'assaut de la brèche, et les saucissons disposés pour faire sauter cette demi-lune dès que les Français y seraient entrés. Mais, attaqués à la fois sur le front de la demi-lune, et tournés par sa gorge, voyant, en même temps, la poterne occupée et les colonnes monter sur les brèches des deux bastions, tout ce qui était dans cette demi-lune mit bas les armes. Le malheureux gouverneur de Berg-op-Zoom, trompé par la routine, persuadé que l'on ne monterait à l'assaut du corps de la place qu'après s'être logé dans la demi-lune, n'avait laissé que la garde ordinaire de cent hommes dans chaque bastion. »

Les équipages et la secrétairerie de M. de Cromstrom ayant été pris, on vit dans sa correspondance avec le stathouder, le prince de Waldeck et le duc de Cumberland, que ce brave général avait d'abord refusé le commandement de Berg-op-Zoom. Il avait cédé aux instances du stathouder, plein d'une juste confiance dans son expérience et ses talents; mais, ce prince avait surtout voulu écarter le prince de Waldeck, généralissime des troupes hollandaises, malgré sa réputation et le nombre de ses partisans en Hollande, ou peut-être à cause de cela même.

Les lettres du baron de Cromstrom fournissent les preuves de son mécontentement de quelques officiers généraux, ses subordonnés, qui, dans des conseils de guerre, avaient opiné contre les sorties, sous prétexte que les parallèles des tranchées étaient flanquées par des redans. Le vieux gouverneur se plaignait aussi du peu de vigueur des troupes de sa garnison, découragées par le mauvais succès des sorties qu'il leur avait fait faire ; il craignait qu'en les exposant davantage, elles ne manquassent enfin du courage nécessaire pour la défense de la place, lorsqu'elle viendrait à être attaquée elle-même.

Voilà ce qui explique la rareté des sorties de la garnison. Cela tenait au respect que le comte de Lowendal avait su lui imposer. L'assiégeant fut heureux de ne pas voir suivre son principe sur l'avantage qu'un gouverneur trouve à en faire de fréquentes.

Dans une lettre de sa main, M. de Cromstrom disait au duc de Cumberland qu'il ne fondait sa défense que sur ses mines et ses lunettes,

CHAPITRE XI.

qu'il défendrait le chemin couvert et le ravelin autant qu'il pourrait le faire, et il en fixait à peu près le temps. Il prévenait le duc de Cumberland que, dès que la descente des fossés serait faite, ainsi que la brèche au corps de la place, il se retirerait avec sa garnison et les troupes campées derrière les lignes, et laisserait les clefs de la ville aux magistrats, pour rendre la place dès qu'il se serait éloigné, ne voulant pas s'exposer au déshonneur de mal soutenir l'assaut au corps de la place, ni abandonner Berg-op-Zoom au pillage. M. de Cromstrom finissait, en proposant au prince anglais de renforcer l'armée d'observation, avec ordre à celui qui la commanderait d'attaquer le camp des assiégeants pendant qu'il ferait une sortie considérable avec les troupes de sa garnison et celles campées derrière les lignes, ne voyant pas d'autre moyen pour sauver Berg-op-Zoom que d'en faire lever le siége.

Le duc de Cumberland n'osa pas aventurer le sort d'une bataille, et M. de Lowendal n'attendit point que les règles de l'art fussent accomplies pour donner son *coup de collier*. M. de

Cromstrom avait défendu son territoire pied à pied; il n'eut qu'un tort, bien pardonnable assurément, celui de croire à la tactique de MM. de Vauban et Cohorn, et de ne s'être pas assez méfié du caractère entreprenant de son adversaire.

Laissons un homme du métier parler de l'événement[1] :

« .... Après deux mois de tranchée ouverte, le corps de la place et les deux demi-lunes étaient encore intactes, spécialement celle du front d'attaque; c'était à désespérer tout le monde du succès. Cependant les Français s'emparèrent d'une demi-lune par la gorge revêtue en maçonnerie, où il n'y avait qu'un passage voûté et très-étroit; en même temps, ils escaladèrent avec des échelles les flancs bas du front d'attaque; mais ce fut moins à cette escalade que fut due la conquête, qu'à l'ouverture de la grande poterne, située au milieu de ce front, par où les Français pénétrèrent dans la ville. Or, escalader avec des échelles une place quand il n'y a de brèche ni à la demi-lune ni au corps

[1] Le colonel du génie Legrand.

de place, pénétrer en même temps dans cette demi-lune par la porte et dans l'intérieur de la ville par la poterne, voilà une véritable surprise. C'est un hardi coup de main qui fait autant d'honneur au comte de Lowendal que s'il fût parvenu au même but en continuant les lentes opérations du siége. Cette audace prouve que, quoique étranger, il connaissait bien les troupes qu'il commandait..... » Il les connaissait si bien, qu'il ne cessait de dire et d'écrire qu'on pouvait tout attendre, tout tenter avec des soldats français. « Ainsi (continue l'auteur cité) tout le génie de Cohorn, tout l'argent de la république et la bravoure personnelle du gouverneur ne purent défendre cette forteresse, surprise et assiégée tant de fois inutilement, avant qu'on y eût accumulé un aussi grand nombre de matériel de défense. »

On porte à vingt mille le nombre des malades, des tués ou des blessés dans l'armée française pendant le siége de Berg-op-Zoom.

M. Eggers, dans son journal, donne jour par jour le nombre de ceux qui ont été atteints par le feu.

	Tués.	Blessés.
Soldats..............	789	3,742
Officiers de la ligne...	39	202
Officiers du génie....	9	25
Officiers d'artillerie...	2	28
	983	3,997

Au siége du fort Rowers.

Soldats..........	69	251
Officiers.........	8	21
Total....	916	4,269[1]

Les officiers ne s'épargnaient point. M. Eggers a tenu un journal particulier du siége du fort Rowers, dirigé par le duc de Chevreuse. On y voit que le major du régiment commandé par le prince de Rochefort et M. de Saint-Afrique, lieutenant-colonel de ce régiment, furent blessés, et que ce dernier reprit cependant son service à la tranchée onze jours après.

M. d'Hallot, major du régiment de Normandie, avait fait avec distinction les fonctions de

---

[1] La note III indique les noms de tous les officiers tués ou blessés pendant le siége.

major général de l'armée de siége. Il était devenu assez malade pour ne pouvoir plus que signer les rapports que M. Chabrié continuait à envoyer au ministre. La joie du succès lui rendit des forces. Il fut chargé de porter au Roi la grande nouvelle de la prise de Berg-op-Zoom. M. de Périgord, colonel de ce régiment de Normandie, alla le lendemain présenter à Louis XV les cinq drapeaux tombés dans nos mains.

Il semblerait que plus M. de Lowendal approchait du but, et plus on se méfiait du résultat de ses laborieux efforts. Le prince de Pons, connu depuis sous le titre de prince de Marsan[1], s'est fait l'écho de ce qui se disait dans l'armée française. Il écrivait du camp de Hamel, le 14 septembre : « .... M. de Lowendal s'attendait à être attaqué, mais le soupçon n'est pas fondé. Les ennemis ont un trop beau champ de bataille dans Berg-op-Zoom pour en choisir d'autres. L'on attend des nouvelles du siége

---

[1] Camille-Louis de Lorraine, prince de Pons, n'avait quitté l'état ecclésiastique qu'en 1741, pour entrer aux mousquetaires. Il servit très-bien et longtemps.

avec autant d'impatience que de crainte. Un assaut contre une armée déterminée à se défendre est une terrible entreprise, quand on considère la certitude du danger et l'incertitude du succès. »

On comprend la déconvenue de tous les prophètes de malheur, quand M. de Lowendal recueillit le fruit de ses veilles et de la persévérance avec laquelle il avait exercé tous ses talents.

Le vieux maréchal de Noailles vint à Berg-op-Zoom le 24, et coucha dans la ville. Il avait assez contribué à en décider le siége pour s'y trouver avec bonheur.

Le comte de Lowendal à M. le maréchal comte de Saxe [1].

« Du camp devant Berg-op-Zoom, le 17 septembre 1747.

« Monseigneur,

« J'espère que le chevalier d'Hallot sera arrivé à bon port, et que les circonstances de la

---

[1] Nous avons copié la lettre suivante telle qu'elle a été imprimée dans le journal du siége de M. Eggers.

prise de Berg-op-Zoom n'auront pas manqué de vous être agréables. S'il avoit été possible de prévoir les événements, nous aurions pu prendre M. de Cromstrom, le prince de Hesse-Philipstadt, et le prince d'Anhalt. Ils en ont été quittes pour n'avoir pu rien emporter avec eux.

« Comme dans mes dispositions j'avois voulu obvier à l'éparpillage des troupes, j'avois ordonné que les bataillons restassent sur les remparts en bataille. C'est ce qui a donné le tems à beaucoup de monde de se sauver; tout ce qui s'est trouvé dans les ouvrages a été tué ou pris. Jusqu'à présent j'ai environ 1500 prisonniers outre une centaine d'officiers, sans compter les blessés qui sont dans la ville, dans les forts et dans les hôpitaux. M. de Lewe, maréchal de camp, est parmi les derniers, avec plusieurs colonels et lieutenans-colonels; j'aurai l'honneur de vous en envoyer les états.

« Comme j'avois suivi, Monseigneur, en tout vos idées, j'avois détaché M. de Custine avec deux bataillons et quelques compagnies de grenadiers pour faire des démonstrations vis-à-vis les forts de Rovers et de Mormont. Cela a si bien réussi, que l'ennemi, attentif à ces démarches, n'a point observé le redoublement des feux dans la ville, et, lorsque la garnison est sortie en déroute, M. de Custine a saisi le moment de brusquer les forts de Mormont et de Pinsen, et de s'en emparer. Il a fait prisonniers 20 hommes à Mormont et 171 à Pinsen, après en avoir tué une cinquantaine. L'ennemi en fuyant a abandonné de même le fort Rovers.

« Vous verrez, Monseigneur, par le détail de l'artillerie, la quantité de pièces de canon que nous venons de prendre, et on peut dire avec vérité que fort peu de places en Europe sont si formidables et si bien pourvues de tout que Berg-op-Zoom. *J'avois voulu garantir cette misérable ville du pillage, mais il n'a pas été humainement possible de le faire.* Trois cens volontaires de votre armée, qui me sont tombés des nues, ont donné de si mauvais exemples, qu'il n'y a pas eu moyen d'empêcher que tous les équipages des généraux et des officiers, les approvisionnemens, et ce que les habitans y avoient laissé encore, ne fussent entièrement pillés. Cela a enrichi l'armée prodigieusement, et j'espère que cela la rendra aussi audacieuse que cela humiliera celle des ennemis.

« La caisse et les trésors des régiments, arrivés quelques jours auparavant, joints aux vaisselles et aux cassettes des généraux et princes, ont fait une grande partie de ce butin.

« J'ai envoyé tout de suite les volontaires bretons aux trousses des ennemis, qui certainement augmenteront le nombre des prisonniers; et je me flatte qu'à leur faveur je tirerai des connoissances de Steenbergue, et des environs.

« J'espère, Monseigneur, pouvoir vous en rendre compte dans peu. M. de Lewe, maréchal de camp, étant très-malade, m'a demandé la permission d'aller à Tertolen sur sa parole d'honneur avec trois officiers de sa maison, de même que le major Nielle, blessé depuis quinze jours; j'espère que vous approuverez que je le leur aie accordé. Tous les autres, je les ai envoyés à Anvers, et je vous supplie, Monseigneur, de faire dire où vous voulez qu'ils soient transportés. Plusieurs d'entre eux m'ont demandé à être renvoyés sur leur parole. Vous aurez la bonté, Monseigneur, de me faire savoir si vous voulez m'autoriser à leur accorder leur prière sur leur billet d'honneur.

« M. de Périgord, le prince de Robecq, le prince de Rochefort, M. de Puisigneux, et surtout M. de Lujeac, ont fait des prodiges de valeur. Les brigadiers Faucon et Courbuisson s'y sont parfaitement bien comportés. M. Tondu a eu le malheur d'être blessé en débouchant. Je vous rendrai un compte plus circonstancié de tous les officiers des différens corps qui se sont le plus distingués pendant le cours de cette expédition, et je vous supplie, Monseigneur, de vouloir bien être leur protecteur, pour leur faire obtenir des grâces, qu'ils ont si bien méritées. J'ai chargé M. d'Hallot de vous rendre compte des dispositions que j'ai faites pour cet assaut, et j'avoue que je dois une grande partie du succès de cette expédition à l'intelligence supérieure de M. de Vallière, et généralement de tout le corps d'artillerie.

« J'oubliois, Monseigneur, de vous dire que M. de Piat, lieutenant-colonel du régiment de

Berry, et Saint-Afrique, lieutenant-colonel de Rochefort, se sont extrêmement distingués à la tête des grenadiers qu'ils conduisoient.

« M. de Cromstrom, à son arrivée à Halteren, m'a écrit en fort grande hâte le billet ci-inclus, qu'il m'a envoyé par un tambour. Un moment après j'ai reçu la lettre ci-jointe de M. le prince de Hesse.

« La déroute du corps qui étoit campé dans les lignes a été si complette, que tout leur camp a été pillé sans qu'ils ayent pu sauver une tente. Plus de 20 bataillons, tant de ceux de la garnison, que de ceux qui étoient dans les lignes, ont laissé leurs armes aux faisceaux. Les officiers prisonniers avouent unanimement qu'ils ont perdu plus de 5ooo hommes pendant le siége, et je taxe leur perte à peu près à autant le jour de l'assaut en y comprenant les prisonniers. La nôtre de hier ne va pas à 100 hommes tués et 200 blessés, parmi lesquels il s'en trouve beaucoup qui le sont légèrement.

« *Ce qu'il y a de plus affligeant pour moi, c'est qu'il y a eu le feu toute la nuit dernière dans la ville. On a fait* unanimement[1] *tout ce que l'on a pu pour l'éteindre, et j'y ai envoyé pionniers et travailleurs*[2]. »

Il n'est que trop vrai que « nos soldats s'étaient abandonnés au pillage, comme à une chose qui leur revenait de droit » (disent MM. Funck et Dillens), témoins oculaires[3]. « M. de Lowendal prit cependant (ajoutent-ils) toutes les précautions nécessaires pour diminuer ce mal, et le faire cesser le plus tôt possible. » Les soldats étaient ivres de gloire, de curaçao, d'anisette de Hollande et de bien d'autres choses encore. Ils regorgeaient dans la ville ; ils s'étaient répandus dans les hameaux et les villages qui l'avoisinent pour y chercher du butin. On battait la générale pour les faire rentrer au camp ; mais ils restaient sourds au roulement des tambours ; on eut mille peines à les rallier. Un retour agressif des alliés aurait pu avoir des résultats funestes ; mais ils

---

[1] Lisez *humainement*, comme M. de Lowendal l'a écrit.
[2] Le comte de Lowendal avait d'abord envoyé 300 fusiliers et 300 maîtres pour aider les troupes qui étaient déjà dans la ville à éteindre l'incendie ; comme il continuait, à la pointe du jour il y envoya encore 1200 pionniers et une compagnie de mineurs.
[3] MM. Funck et Dillens, officiers suisses au service de la France, ont fait imprimer une relation de la prise de Berg-op-Zoom

ne songeaient plus qu'à s'éloigner. Pendant plusieurs jours il se tint, près de la porte d'Anvers, un véritable marché, où se faisait le trafic des objets qui embarrassaient les pillards. Cela ne prouve qu'une chose, c'est qu'il y a des moments où les soldats n'écoutent pas la voix de leurs chefs; mais, hélas! les peuples n'écoutent pas toujours, non plus, celle de la sagesse! Ils ont aussi des moments d'enivrement, et même d'effroyables débauches.

On lit dans la *Biographie universelle*, ce qui a été répété depuis, qu'en apprenant le succès mémorable que le comte de Lowendal venait d'obtenir, le roi demanda au comte de Saxe comment il devait le récompenser, et que le comte lui répondit : « Il n'y a pas de milieu, *il faut le pendre ou le faire maréchal,* » et que le comte de Lowendal reçut le bâton. Il s'est trouvé des auteurs qui ont attribué la demande et la réponse au mécontentement que le roi aurait éprouvé contre lui du pillage de la ville de Berg-op-Zoom. Quand on sait combien il est difficile de contenir des troupes victorieuses après un assaut, on ne comprend point qu'on ait présenté cette supposition comme autre chose qu'une plaisanterie; mais elle est controuvée. Le maréchal de Saxe ne pouvait proposer, même en riant, l'alternative d'une punition ou d'une récompense exemplaires. Le marquis de Valfons raconte les choses différemment; il dit que le maréchal-général sollicita vivement le roi en faveur de son ami. Le comte d'Argenson, placé derrière Louis XV, gardait un silence absolu, et ce prince répéta par deux fois : « Que dirait ma noblesse? » — « Elle dira, Sire, lui répliqua le comte de Saxe, que V. M. sait récompenser les grandes actions. » Le roi refusait toujours, en gagnant la porte de son cabinet; il y était même à demi entré, et allait s'y enfermer; le maréchal redoubla ses instances, et le roi finit par dire : « Eh bien ! c'est à vous qu'il le devra, je le fais maréchal de France. » L'auteur de la *Vie du comte de Saxe*[1] attribue à M. de Valfons d'autres détails qui ne se trouvent point dans ses souvenirs; il lui fait rapporter que Maurice lui aurait dit, en parlant des courtisans : « Les voilà bien attrapés ! Ils ont

[1] M. von Weber.

CHAPITRE XI.

cru que je ne l'aimerais plus, » ce qui se serait rapporté à M. de Lowendal. Il est très-probable que le maréchal de Saxe l'a pensé, mais s'il s'en est expliqué avec M. de Valfons, celui-ci ne l'a pas écrit.

M. de Valfons, dont nous ne soupçonnerons pas la véracité, était toujours, à ce qu'il dit, dans les bons endroits à la guerre, et en bonne fortune quand il n'était pas à l'armée; pas plus que M. de Montbarey, il n'aurait point été de son temps, s'il n'avait laissé à la postérité des traces de ses aventures galantes. Nous ferons observer seulement que les amours d'Énée et de Didon nous occuperaient fort peu, si Virgile n'en avait pas parlé en aussi beaux vers.

CHAPITRE XII.

Lettres du roi à Monseigneur l'archevêque de Paris et au maréchal de Saxe. — *Te Deum* chanté à Notre-Dame et dans le camp de la grande armée. — Le roi accorde deux pièces de canon au maréchal de Lowendal. — Prise des forts Frédéric-Henri, de Lillo et de la Croix. — Honneurs rendus à madame la maréchale de Lowendal. — Le maréchal veille à la réparation des fortifications de Berg-op-Zoom et à l'approvisionnement de la place avant de s'en éloigner.

Si je n'ai pas été complétement abandonné, s'il me reste un seul lecteur, je lui dirai : Dieu soit loué! ma tâche et la vôtre sont terminées, Berg-op-Zoom est pris, j'en suis presque aussi satisfait que M. de Lowendal a dû l'être. Nous n'aurons plus à nous occuper que de la joie produite par cet événement en France et chez nos alliés; je proposerai, à ce fidèle et courageux lecteur, d'oublier les canons, les mortiers, les balles, les bombes, les boulets, la mitraille, et de suivre avec moi le maréchal de Lowendal à Versailles et à l'Opéra, lorsqu'il aura eu mis sa conquête en sûreté.

Dans sa relation du siége de Berg-op-Zoom, M. Sarazin de Belmont s'exprime ainsi :

« . . . . . La nouvelle de cette conquête combla de joie le roi et toute sa cour militaire. On en sent mieux l'importance qu'on ne peut l'exprimer ; la gloire de S. M., la réputation de ses armes et le succès de cette campagne y étaient attachés. Ce monarque aurait en vain gagné une bataille, il fallait en recueillir les fruits, et emporter Berg-op-Zoom, dont la prise concourait également à déterminer les ennemis à la paix, ou à nous mettre en état de continuer la guerre avec plus de succès que jamais.

« Cette place était la clef de la Zélande ; elle nous mettait à portée de nous emparer de celles qui pouvaient ouvrir les passages des eaux, et elle obligeait par là les Hollandais à avoir un corps considérable de troupes en Zélande et même en Hollande pour la défense de ces provinces. Quelle impression ne devait point faire d'ailleurs sur les ennemis la perte de celle de leurs places qui était la mieux fortifiée, où aucune espèce de secours n'avait manqué, et où l'on avait rassemblé inutilement une armée et tout ce que la Hollande et l'Angleterre avaient de canonniers!

« Pour mieux sentir les difficultés, la gloire et les avantages de cette conquête, il n'y a qu'à jeter les yeux sur la lettre que le roi écrivit, le 17 septembre, du camp de Hamal, près de Tongres, à Mgr l'archevêque de Paris, et aux autres prélats du royaume :

« Mon cousin, la prise de Berg-op-Zoom est le fruit de ma victoire. Après la journée du 2 juillet, mes ennemis s'étant retirés à la droite de la Meuse, pendant que je les contenais dans cette position, j'ai fait marcher sur le bas Escaut le comte de Lowendal, l'un de mes lieutenants généraux en mes armées, et cette place formidable, environnée de forts, de retranchements et d'inondations qui empêchaient l'investissement, défendue par une armée, et rafraîchie continuellement de troupes et de munitions, vient d'être emportée par la valeur de mes troupes, dirigées par l'expérience du chef qui les commandait. Ce siége, qui sera à jamais mémorable, a commencé le 14 juillet, par l'ouverture de la tranchée. Les approches ayant été poussées avec toute la vivacité possible, les ennemis voulurent tenter d'en arrêter le progrès, la nuit du 9 au 10 août; mais, ayant été repoussés du village de Woude, et ayant trouvé mon armée en bataille, ils jugèrent que la prudence ne leur permettait pas de s'engager plus avant dans une entreprise dont ils n'avaient pas senti d'abord tout le danger. Cependant la fermeté de mes soldats devait passer par d'autres épreuves. Les logements, à peine établis, étaient renversés par une multitude de fourneaux. Enfin, après un long et pénible travail, le mineur ayant assuré des établissements sur la contrescarpe, en ruinant les principales galeries des assiégés, les batteries de brèche se sont trouvées en état de tirer le 9 de ce mois, et la place ayant été ouverte en peu de jours, mes troupes y ont monté à l'assaut, le 16, avec tant de bravoure et de rapidité, qu'elles y sont entrées l'épée à la main ; en sorte

CHAPITRE XII.

que je dois à leurs efforts le peu qu'elles ont perdu, dans une occasion où tout ce qui s'est présenté, du côté des assiégés, a été détruit ou fait prisonnier. Les forts qui dépendent de la place ont été attaqués avec le même succès. Les troupes, qui campaient sous leur protection, ont abandonné leurs armes et leurs équipages, et leur fuite m'a rendu maître d'une artillerie considérable, que mes ennemis avaient contribué à rendre encore plus nombreuse.

« L'importance de cette conquête, qui doit achever de m'assurer de tout le cours de l'Escaut, doit faire connaître, de plus en plus, aux alliés de mes ennemis, qu'ils auraient dû plutôt se porter à concourir aux vues pacifiques dont je les ai rendus tant de fois dépositaires, qu'à fomenter, comme ils le font, une guerre dont leur pays devient nécessairement le théâtre, quelque désir que j'aie eu (s'il m'avait été possible) de l'éviter. En attendant qu'ils ouvrent les yeux sur leur véritable intérêt, je dois renouveler à Dieu mes actions de grâces et mes prières, pour mériter la continuation de ses bienfaits. C'est dans cette vue que je vous fais cette lettre, pour vous dire que mon intention est que vous fassiez chanter le *Te Deum* dans l'église métropolitaine de ma bonne ville de Paris et autres de mon diocèse, avec les solennités requises au jour et à l'heure que le grand-maître des cérémonies vous dira de ma part. Sur ce, je prie Dieu qu'il vous ait, mon cousin, en sa sainte et digne garde. »

Le roi au maréchal de Saxe [1].

« Mon cousin, la conqueste de Berg-op-Zoom, cette place formidable que mes troupes viennent d'enlever d'assaut, à la suite d'un siége des plus difficiles, est le fruit de la victoire que j'ai remportée sur mes ennemis à la journée de Lauwfeld. Après les louanges qui sont dues à leur valeur et à leur intrépidité, ainsi qu'à la sagesse et à la capacité supérieure de leur général, je dois reconnoître dans un événement aussi glorieux qu'important pour le succès de mes armes, les effets de la main de Dieu qui les protége; et, en attendant que mes ennemis, ouvrant les yeux sur

[1] Vol. 3211 de la collection des Archives du dépôt de la guerre.

leurs véritables intérêts, se portent enfin aux vues pacifiques dont, jusqu'à cette heure, je leur ai fait inutilement les ouvertures, je ne cesserai de lui renouveler mes actions de grâces et mes prières, pour mériter la continuation de ses bienfaits. C'est dans cet esprit que je demande, aux archevesques et évesques de mon royaume, de faire chanter le *Te Deum* dans les églises de leurs diocèses; et, mon intention étant qu'il en soit usé de même dans l'armée que vous commandez, je vous fais cette lettre, pour vous dire que je désire que vous y assistiez, avec tous les officiers dont elle est composée; et que cette cérémonie soit célébrée par des salves générales de l'artillerie et de la mousqueterie de ladite armée, et par toutes les autres marques de réjouissance publique usitées en pareil cas. Sur ce, je prie Dieu qu'il vous ait, mon cousin, en sa sainte et digne garde. Écrite, au camp de Hamal, le 17 septembre 1747.

Signé, Louis.

Contre-signé :

Le Voyer d'Argenson. »

Le jour même de la prise d'assaut, M. de Lowendal visita les forts, les lignes des alliés, et se rendit par Halteren à Tertolen; le lendemain, on commença sans plus tarder à combler les tranchées. Les paysans des environs y furent employés pendant plusieurs jours. Le malheureux général de Cromstrom, qui aurait mérité un meilleur sort que celui réservé à sa vieillesse, avait laissé sur sa table un journal rédigé pour lui seul en langue suédoise (c'était la sienne). Comme il y drapait un peu messieurs les officiers généraux hollandais, le maréchal de Saxe eut l'attention délicate de ne le lui adresser que par une voie sûre [1].

Après la prise de Berg-op-Zoom, le maréchal de Lowendal rendait un assez triste compte de l'état de ses troupes, harassées par les fatigues d'un si long siége. Les régiments de dragons n'avaient pas soixante hommes à mettre à cheval; le régiment de la Morlière n'en avait point cinquante en état de marcher; le maréchal renvoya tous les corps qui avaient le plus souffert

---

[1] Correspondance ministérielle, t. 3281.

CHAPITRE XII.

sur les derrières. En adressant au comte de Saxe un état de la nombreuse et belle artillerie prise à Berg-op-Zoom, il lui disait : «..... J'ai pensé vous demander une couple de ces pièces pour les faire conduire à la Ferté, en souvenir de cette expédition, mais je n'ai pas osé.......»
Il est probable que le maréchal de Saxe en fit la demande, en son nom, car ces deux pièces de canon furent octroyées, par le roi, au maréchal de Lowendal, avec l'autorisation, pour lui et ses héritiers, de les conserver dans le château de la Ferté, en vertu de lettres patentes dont la copie existe aux archives de la guerre.

Dans une lettre adressée au maréchal de Saxe, le 7 juillet 1748, M. d'Argenson lui écrivait :

« J'ai rendu compte au roi de la lettre que vous m'avez fait l'honneur de m'écrire..... Sur la demande que fait madame la duchesse de Chevreuse, de deux petites pièces de canon pour les mettre au château de Dampierre. S. M. aurait désiré pouvoir, sans que cela tire à conséquence, marquer en cette occasion, à Mme de Chevreuse, ses dispositions à lui faire plaisir; mais elle m'a chargé de vous mander de sa part que ces sortes de distinctions, qui ont été antérieurement abolies, sous le règne du feu roi, n'ont été depuis accordées que très-rarement et seulement en considération de services rendus par des généraux d'armées. S. M. vient même, en dernier lieu, de la refuser à des officiers généraux qui croyaient pouvoir y prétendre, par rapport à des actions heureuses qui avaient *roulé* sur eux en chef; mais elle a pensé que les exemples de ce genre ne pouvaient se multiplier, sans retomber dans des inconvénients qu'il est de sa sagesse et de sa prudence d'éviter...... »

M. de Chevreuse avait bien fait la guerre; mais on conçoit qu'une aussi sage décision ait été opposée à la demande de la duchesse, sa femme. Seulement, il eût été à désirer que cette règle fût la même pour tous. M. d'Argenson avait pu rendre de vrais services à l'État, en administrant bien le département que le roi lui avait confié, mais *un robin,* comme l'appelait Frédéric II, n'avait observé que parfois, et toujours d'assez loin, les effets de l'artillerie; il devait se regarder comme absolument exclu de la catégorie des hommes de guerre auxquels il était permis d'aspirer à une semblable récompense. Or, le maréchal de Saxe, vainqueur, partout où il s'était montré, reçut le don de six pièces de canon. Le maréchal de Lowendal, qui en avait pris *plus de mille*, n'en obtient que *deux petites;* et M. d'Argenson fut gratifié d'une batterie de huit bouches à feu. Il semble qu'il n'y eut point là une justice distributive bien exacte.

Le maréchal de Lowendal au maréchal de Saxe.

« Au camp de Berg-op-Zoom, le 18 septembre 1747.

« . . . . Je me suis, d'abord, porté hier vers Stenberg, dont les ennemis ont barré les avenues, sur les digues à un quart de lieue de Stenberg, avec des redoutes et des coupures. Ils ont laissé quelques bataillons délabrés à Stenberg; ils travaillaient hier à couper la digue qui va vers Tolen, dont ils ont inondé les avenues (presque tout le pays l'était).

« Je ne sais, Monseigneur, si je saisis, dans ce

moment, vos idées, qui *serait*[1] de ne pas pousser pour le moment vers ce côté-là, puisque cela retarderait le principal objet, qui est d'établir la communication avec Anvers par l'Escaut. Je prends tous les arrangements nécessaires pour cet effet, et quoique l'on s'embarque de nouveau dans la guerre des digues, il faut espérer d'en venir à bout.

« Le ravitaillement de la place est, selon moi, le second objet; nous y emploierons tous nos soins. J'ai fait ensevelir hier dans la ville au-delà de douze cents cadavres des ennemis tués à l'assaut, et j'ai trouvé le chemin de Stenberg pareillement rempli de morts et de blessés.

« Le déblai des immondices de la ville ne sera pas un petit travail. Tous nos pionniers y seront employés, excepté ceux qui déblaieront les brèches (il les faisait réparer provisoirement avec des fascines).

« La ligne et les forts, le long de l'inondation, sont en fort bon état. A vue d'œil, il y a au-

---

[1] Le maréchal a écrit *qui serait*; il avait bien des occupations le 18. Cependant il écrivait habituellement le français d'une manière remarquablement correcte, et avec très-peu de fautes d'orthographe, tandis qu'elles fourmillent dans toutes les lettres réunies aux siennes.

CHAPITRE XII.

delà de deux cents bouches à feu dans la ville et les forts, et beaucoup de fonte. Il en est même arrivé d'Angleterre, il y a quatre jours, mortiers et pierriers, de la dernière beauté, et je ne puis résister, Monseigneur, de vous les envoyer à Bruxelles, car ils sont finis comme des tabatières.

« Je n'ai jamais vu une ville mieux approvisionnée que celle-ci, et, malgré sa ruine, il y aura encore beaucoup de ressources.

« J'ai prié M. de Lage de faire venir ici ses mariniers et canonniers pour armer les barques qui se trouvent dans le port...... »

M. de Lowendal avait établi MM. de Blet et de Comeras pour commander à Berg-op-Zoom ; cette place se trouvait ainsi en fort bonnes mains ; si le maréchal général l'approuvait, il devait y laisser, outre la garnison, le chevalier de Courten, ou, si sa santé ne le lui permettait pas, le comte d'Anlezy, qui le suivait dans l'ancienneté, avec douze bataillons campés sous le canon de la ville, pour protéger le ravitaillement et le déblai des brèches. M. de

Lowendal se proposait de camper avec le reste de l'armée, la gauche à Capelle, la droite à Gravenwesel, à portée des forts qui restaient à prendre, et sa cavalerie dans la même direction, dans un pays neuf, et où elle trouverait des fourrages. On avait encore amené, le jour où il écrivait, deux cents prisonniers et blessés qui s'étaient cachés dans la campagne, dans les forts ou les casemates.

Le 24, M. de Lowendal s'excusait d'avoir été deux jours sans écrire au maréchal de Saxe; il y en avait quatre qu'il avait la fièvre, et son secrétaire était sur le grabat.

La maladie du comte de Lowendal ayant augmenté, il prenait le parti de se faire transporter à Anvers, où le maréchal de Noailles lui donnait l'espoir de le guérir. M. de Contades devait commencer les préliminaires de la guerre des digues, et M. d'Armentières était chargé du soin de faire vivre la cavalerie.

M. de Lage avait écrit, de son côté, au maréchal de Saxe, que le maréchal de Lowendal lui avait ordonné de faire venir cent matelots canonniers d'Anvers, et huit officiers de marine pour équiper les balandres prises dans le port de Berg-op-Zoom; mais, que ce serait si peu de chose, qu'on ne pourrait que se déshonorer. Aussi, disait-il, les officiers du roi n'avaient guère de disposition à s'embarquer, ce qui influait sur les canonniers, dont la destination avait été de servir l'artillerie à Dunkerque : « Sans hommes de mer, je ne puis rien, écrivait-il; encore faut-il qu'ils soient dressés en grenadiers à ma mode ..... L'armée de terre sur mer ne vaut pas le diable ; le mal de cœur les prend, et ils sont si malades qu'ils ne peuvent se remuer. »

M. de Lowendal travailla activement à réparer les brèches, à déblayer les rues et les maisons les moins délabrées de Berg-op-Zoom. Ses opérations, devant cette place, ne lui ont attiré aucune critique, si ce n'est dans un mémoire anonyme qui suit les *Rêveries* du maréchal de Saxe. On y dit qu'à l'attaque du chemin couvert, le logement n'ayant pas été complété, plusieurs ingénieurs, tués ou blessés, ne furent pas suppléés par d'autres officiers, et que ces accidents causèrent la perte de quantité de journées et d'hommes.

L'auteur de ce mémoire proposait de faire toujours marcher des officiers avec les travailleurs de leurs régiments, en sorte qu'il pût, en tous cas, se trouver des personnes capables de conduire la suite des travaux.

On peut répondre que des officiers d'infanterie ne suppléeront jamais à ceux du génie; et, comme le censeur fait passer la perte du temps avant celle des hommes, il est douteux que ce reproche ait été dicté par un sentiment d'humanité.

Le maréchal de Noailles, venu le 24 au camp, retourna le lendemain à Anvers, où le maréchal de Lowendal le rejoignit le 26, toujours malade, par suite de ses fatigues. Le roi lui accorda le gouvernement d'Anvers, et une pension reversible sur la tête de la comtesse de Lowendal.

Lorsque la maréchale de Lowendal se présenta à la cour, le roi la reçut comme la femme d'un héros, et lui dit : « Madame, tout le monde gagnera à cette conquête. Je donne à votre mari le bâton de maréchal, et j'espère délivrer mes sujets du fléau de la guerre. » Louis XV a

CHAPITRE XII.

prouvé qu'il ne voulait qu'une paix honorable.

Madame de Lowendal reçut un témoignage flatteur de l'approbation que le public donnait aux bienfaits de ce monarque. Ayant été à une représentation de l'Opéra, elle y fut applaudie par toute la salle; mais, instruite de la maladie du maréchal, elle se rendit à Anvers, le 2 octobre ; il y était déjà en voie de rétablissement.

La crainte avait redoublé en Hollande depuis la prise de Berg-op-Zoom ; les États de la province et ceux de Westfrise avaient ordonné la levée du cinquantième denier sur tous les biens meubles et immeubles des personnes possédant deux mille florins et au-dessus, et du centième denier sur les propriétés qui n'en possédaient pas deux mille, mais dont la fortune n'était pas évaluée au-dessous de mille florins. Les biens-fonds, les charges, l'argent comptant, les billets de banque, les marchandises, les diamants et les bijoux, la vaisselle d'or ou d'argent, les porcelaines, les tableaux, les médailles et les autres raretés existantes dans un pays où l'on avait rassemblé des collections précieuses, mais infructueuses, tout était assujetti à cet exorbitant impôt. Les particuliers devaient affirmer, par serment, que leurs déclarations étaient faites selon leur conscience et conformément aux intentions des États. Quel heureux pays que la Hollande, où les gouvernements des provinces n'hésitaient pas à imposer de si lourdes charges au patriotisme de leurs habitants, et croyaient pouvoir compter sur leur conscience et leur serment !

On a vu combien la conquête de Berg-op-Zoom avait paru en France non-seulement glorieuse, mais utile, et cependant, en dépit de la terreur que cet événement avait répandue en Hollande, et qui n'était que trop fondée, un des *princes de la littérature actuelle* n'a pas hésité à trancher la question agitée entre le maréchal de Noailles, habile homme d'État, et le maréchal de Saxe. M. Sainte-Beuve a écrit récemment que l'entreprise de Berg-op-Zoom, réputée impossible, *était fort inutile, et n'était que pour l'honneur et pour la montre* [1]. Il ne faut pas trop s'en étonner ; beaucoup de nos écrivains d'aujour-

---

[1] Voyez l'article *Variétés* dans le *Moniteur* du 21 octobre 1867.

d'hui prétendent à l'universalité comme leur maître, leur dieu, Voltaire.

M. Sainte-Beuve a jugé magistralement un fait de guerre, comme il déciderait un point théologique controversé entre Nosseigneurs les évêques d'Orléans, de Poitiers, de Nîmes, et le spéculateur Renan.

Pendant la maladie de M. de Lowendal, le marquis de Contades avait pris le commandement de ses troupes. Comme les Anglais menaçaient nos côtes d'une descente, trois régiments d'infanterie, et celui du roi cavalerie, partirent pour Calais.

Le reste de l'armée du maréchal de Lowendal marcha, le 25, sur trois colonnes, se dirigeant sur Capelle, route d'Anvers. Le 26, elle était à Schooten, à Stabroeck et à Mercxem. Dix compagnies de grenadiers, mille fusiliers et douze cents chevaux, commandés par le marquis de Lussan, escortèrent, le 28, un convoi de pain et de l'argent destinés à Berg-op-Zoom, et le comte de Courten envoya deux mille hommes au-devant de lui. Ces précautions étaient nécessaires; car, pour calmer l'effroi des populations, le prince de Wolfenbuttel avait quitté le camp de Maëstricht avec dix-sept bataillons et vingt et un escadrons, pour se rendre dans celui d'Oudenbosch, et le feld-maréchal Bathiany l'y avait rejoint lui-même.

Le mouvement de l'armée du comte de Lowendal avait pour but de favoriser le siége du fort de Frédéric-Henri. Il fit ouvrir la tranchée devant lui, dans la nuit du 28 au 29, et confia la suite des opérations à M. Musset de Bonnaventure, brigadier. Le chemin couvert fut occupé le 6 octobre. La garnison, qui avait perdu quatre-vingts hommes, se rendit prisonnière de guerre. M. de Vassi, son commandant, avait été tué au troisième coup de canon tiré par les Français. Des barques destinées à la ravitailler se trouvèrent sous le feu d'une batterie de douze pièces que le maréchal avait fait construire pour barrer le passage de l'Escaut; elles furent conduites, avec leur chargement, à Stanwliet. Le maréchal avait fait investir, en même temps que le fort Frédéric, ceux de Kreutz-Schantze (de la Croix), et de Lillo, dont les Espagnols avaient levé le siége en 1688.

CHAPITRE XII.

Le brigadier de Lally[1] faisait les fonctions de maréchal des logis de l'armée de M. de Lowendal, en remplacement du chevalier de Beauteville qui était tombé malade de fatigues à son tour. En allant reconnaître le fort Frédéric, le 2 octobre, M. de Lally s'était séparé de son escorte, avait été pris par les hussards, et renvoyé le 5. Il avait mis son court séjour dans le camp ennemi à profit pour s'instruire du nombre et de la qualité de ses troupes. Cependant le ministre témoigna son étonnement de son aventure, et témoigna au maréchal de Lowendal qu'il était fâché que M. de Lally se fût fait prendre, lorsqu'il était particulièrement chargé, par ce maréchal, du détail des siéges des forts de l'Escaut. Quatre jours après, M. de Beausobre, qui était au château de Stabröeck, fut enlevé avec une partie de son régiment par les hussards et les Pandours. En rendant compte de cet événement, le comte de Berchiny disait qu'il n'avait jamais vu pareille chose arriver. M. de Beau-

---

[1] Thomas-Arthur Lally, comte de Tollendal, est ce malheureux officier qui joua un grand rôle aux Indes, et périt victime de la haine de ses ennemis.

sobre avait eu l'imprudence de disséminer son régiment dans le village qu'il occupait.

La capitulation du fort Frédéric fut signée, sauf l'approbation du maréchal, par M. de Bonnaventure qui avait dirigé le siége, et le commandant Van Vos. Pressé par le ministre de la guerre de s'emparer très-promptement des forts de l'Escaut, en raison de l'approche de la mauvaise saison qui allait devenir pernicieuse pour les troupes employées contre eux, le maréchal de Lowendal, contrairement à ses habitudes, avait donné l'ordre d'agir très-sévèrement à l'égard des défenseurs du premier de ces forts qui serait attaqué, pour intimider les autres. Le brave Bonnaventure se permit de le rappeler à son propre caractère et à la clémence. Il expliquait au maréchal que M. de Caros, commandant une compagnie du régiment de Custine, avait eu ordre de se porter à l'angle du chemin couvert d'un bastion, et de ne pas aller plus loin; mais le désordre dans lequel il trouva les assiégés l'avait engagé à les poursuivre jusqu'à leurs ponts qu'ils se hâtèrent de lever. M. de Caros menaça le commandant du fort de passer au fil de l'épée tout ce qui s'y trouvait, s'il ne se rendait. La vigueur de son attaque décida la capitulation. M. de Bonnaventure faisait un grand éloge de ce capitaine, de tous les officiers qui s'étaient conduits avec autant de valeur que de prudence, et les soldats avec intrépidité.

M. de Caros fut chargé de porter la capitulation du fort Frédéric-Henri, et reçut la commission de lieutenant-colonel. M. de Bernier, capitaine dans le régiment de Chabrillant, avait été blessé, et M. de la Caze, capitaine du régiment de Limousin, l'avait été aussi dangereusement.

Le maréchal de Lowendal au ministre.

« Anvers, ce 8 octobre 1747.

« Monsieur,

« J'espère de ne pas vous déplaire en continuant de vous envoyer les copies des lettres que j'écris à monsieur le maréchal-général. J'aime mieux vous les envoyer telles que je les écris que d'en tronquer les idées que l'on se communique familièrement entre deux amis. Cela ne peut jamais être de trop vis-à-vis de vous, Monsieur, qui m'honorez de vos bontés et amitiés. . . . . . »

On a parlé de la candeur du maréchal ; il en avait peut-être assez pour se tromper sur les sentiments de M. d'Argenson. La lettre précédente était accompagnée d'une autre, adressée le même jour au maréchal de Saxe, où se trouvent les passages suivants :

« . . . . . Lorsque Lally me fut renvoyé avant-hier, l'armée des alliés avait encore l'aile droite à Oudenbosch, et leur gauche tirait vers Bréda, divisée en plusieurs corps, et campée fort confusément, car l'eau les gagnait en plusieurs endroits. Hier, après-midi, j'eus des avis qu'ils devaient avoir fait un mouvement, et que leur dessein était de se mettre de l'autre côté de Bréda : ce que je crois d'autant plus plausible que toute leur cavalerie était sur les dents. Ils ont allégué à Lally, pour raison, qu'ils devaient aller chercher les fourrages de trop loin. . . . . . Je n'ai pas besoin de troupes [1]; je n'en puis employer beaucoup pour ces petits siéges; et, comme je chasse le gibier vers la maison, je ne puis plus être interrompu.

« Si l'ennemi avait quelque dessein sur Berg-op-Zoom, les six bataillons que j'y ai laissés avec M. de Vaux y sont fort à propos, mais je n'en crois rien. En tous cas, il y a des troupes, des munitions de guerre, et à manger pour cinq à six mois. Les ennemis ne sont guère en état de rien entreprendre, car les maladies les travaillent comme nous.

« J'ai laissé deux compagnies de mineurs à Berg-op-Zoom; j'ai pensé s'il ne faudrait pas les occuper à faire des fourneaux dans les ouvrages du dehors, sans les charger; mais, s'il vous prenait jamais envie de démolir cette place, tout serait fait déjà, et je crois que cela donnerait beaucoup à penser aux Hollandais.

« M. Desbrosses, à la Haye, m'a beaucoup tracassé pour des passe-ports pour divers officiers prisonniers qui appartenaient à des états géné-

---

[1] On ne voit pas très-souvent un général refuser l'augmentation des forces qu'il commande.

raux. Je lui ai répondu que, bien loin de m'intéresser pour eux, j'avais sollicité auprès de vous, et à la cour, pour qu'on fourrât tous ces messieurs dans des cachots dans l'intérieur du royaume, jusqu'à ce que l'on m'eût donné satisfaction sur les libelles diffamatoires qui n'avaient pas même épargné le Roi. Comme ces ministres prennent tout à cœur et au tragique, je crois que l'auteur de l'*Avocat pour et contre* aura mauvais jeu.

« Si, contre toute attente, M. de Bathiany voulait faire une ostentation de sa supériorité de troupes, vis-à-vis de moi, je crois que votre intention n'est pas de batailler, dans ce moment. Ainsi, toutes mes mesures sont prises, mes marches ouvertes et concertées......

« ..... L'escadre hollandaise, avec quantité de balandres, sont encore dans l'embouchure de l'Escaut; ils sont mouillés comme une fourmilière, si proche l'un de l'autre, que cela m'a fait penser aux niches. Je fais préparer deux balandres en brûlots, et, s'il est possible, je les lâcherai sur eux, avec la marée. ...... »

Quelques généraux français n'avaient pas été

CHAPITRE XII.

prudents ou heureux dans le cours de la campagne de 1747. M. de Polignac, brigadier, et M. de Bérenger, lieutenant-général, s'étaient fait prendre, le 29 mai, sur le chemin de Namur. M. de Bérenger était tombé dans une embuscade dressée par des hussards dans le bois de Sombref.

Le 9 octobre, le ministre écrivait au maréchal de Lowendal, en parlant du malheur arrivé à M. de Lally, qu'il était fâcheux que les officiers français reçussent de l'ennemi des leçons sur la manière de se garder. Il terminait sa lettre ainsi : « . . . . . Je compte qu'après avoir nettoyé absolument les bords de l'Escaut, nous ne serons pas longtemps sans vous voir venir à la cour, recevoir des mains du Roi les fruits de vos travaux et de vos services. Mais apportez-nous une bonne santé, et ménagez celle de madame la maréchale de Lowendal, que je prends la liberté d'assurer ici de mes respects. » Il aurait été fastidieux de reproduire tous les compliments que M. d'Argenson prodigua au maréchal ; malheureusement ils étaient menteurs.

Dans sa réponse au ministre, le maréchal de

Lowendal lui expliqua que c'était en marquant un camp entre Stabroeck et Capelle, pour six bataillons, commandés par M. de Courten, que M. de Lally avait été pris par des hussards qui avaient trompé les vedettes françaises, en se donnant eux-mêmes pour Français. Il priait M. d'Argenson de ne pas en vouloir à un officier constamment guidé par son zèle et le bien du service.

Les travaux du siège de Lillo étaient commencés depuis le 3 octobre. Le 10, M. de la Boulbonne, capitaine du régiment de Touraine, avait été blessé dans la tranchée. Le 11, M. de Cambredon, capitaine de grenadiers de Beauvoisis, était atteint, à son tour, par le feu de l'ennemi. Le maréchal, dont la santé était rétablie, venait tous les jours d'Anvers vers Doël et Lillo.

La capitulation de ce fort et des fortins qui en dependaient fut signée le 12 octobre par MM. de Bonnaventure, brigadier, et Provo, sergent major de la place. Sa garnison se rendait prisonnière de guerre, ses bagages et ceux de toutes les personnes au service des États généraux

CHAPITRE XII.

étaient mis à la discrétion de M. le maréchal de Lowendal. Il devait décider s'il serait permis aux bourgeois de vendre leurs biens et maisons, et faire rendre la justice au nom du roi. Le libre exercice de la religion professée par les habitants était maintenu.

En envoyant cette capitulation, le maréchal de Lowendal disait que M. de Bonnaventure était un excellent militaire, mais un médiocre politique. M. d'Argenson jugea, comme le maréchal, que, si M. de Bonnaventure n'avait rien stipulé que de convenable dans les conditions relatives au militaire, il avait passé le but à l'égard des autres articles de la capitulation qui n'étaient pas de son fait, mais le ministre pensait qu'il n'en résultait pas de grands inconvénients. Le maréchal de Lowendal recommandait M. de la Potterie, porteur de la capitulation, comme un fort bon sujet, servant avec beaucoup de distinction ; il reçut la commission de mestre de camp.

Malgré son état de convalescence, le maréchal s'était fait transporter le 8 octobre dans un yacht devant le fort de Lillo, pour signifier à M. de Thierry que, s'il ne se rendait sur-le-champ, il n'aurait plus de capitulation à attendre.

Ce général major, commandant supérieur des forts de la rive droite de l'Escaut, se retira de Lillo dans le fort de la Croix[1], pensant y obtenir peut-être de meilleures conditions. Mais M. de Lage, lieutenant de vaisseau, parvint à débarquer des troupes entre les deux forts, et le maréchal de Lowendal alla encore lui-même faire sommer M. de Thierry de se rendre, ce qui eut lieu. Cent hommes qu'il avait fait sortir de la place avant de capituler, dans l'espoir qu'ils pourraient s'échapper par la route de Stabroeck, furent pris par M. de Balleroy.

Le comte de Lowendal au Ministre.

« Anvers, le 15 octobre 1747.

« Monsieur,

« J'envoie mon commandant de bataillon Beauchamp au maréchal général avec quatre

[1] Voyez la note 4.

drapeaux hollandais.... J'ignore s'il les fera passer par le même porteur jusqu'aux pieds du roi ; mais j'ose, Monsieur, vous recommander ledit Beauchamp avec cette sincérité dont je ferai toujours profession vis-à-vis de vous. Je puis assurer que c'est un des grands officiers que le roi ait à son service, et que je ne connais personne plus propre à être aide major général que lui. J'ai l'honneur de joindre ici l'état de l'artillerie des trois forts. Les prisonniers sont au nombre de sept à huit cents hommes, à la tête desquels sont le général major Thierry, le colonel Rinsrol, deux lieutenants colonels, trois majors, quatorze capitaines, trente-cinq à quarante officiers. »

M. de Beauchamp, qui avait présenté au roi les drapeaux ennemis, fut gratifié d'une pension de 800 livres sur l'ordre de Saint-Louis. L'état major de l'armée était trop nombreux pour permettre de l'augmenter encore. Les habitants d'Anvers furent fort satisfaits de la prise de Lillo. Obligés d'acheter toutes sortes de marchandises des Hollandais, ils avaient à payer des droits considérables au comptoir de Lillo ; dès le printemps de 1747 ils demandaient que le roi leur accordât quelques immunités si ce fort était pris, et avaient proposé d'acheter des bâtiments pour faire la course sur les Hollandais. Ils assuraient qu'ils trouveraient dans leur ville et aux environs plus de 4000 hommes prêts à s'embarquer. En rappelant ces dispositions au ministre le 9 octobre, M. de Boye lui écrivait : « .... Il y a apparence que la prise de Berg-op-Zoom n'a pas refroidi cette bonne volonté; la haine des Anversois contre les Hollandais étant très-forte..... » Elle n'a point paru s'éteindre absolument depuis.

M. de Contades, étant à proximité d'Anvers, y allait tous les jours recevoir les ordres du maréchal de Lowendal pour les transmettre aux commandants des forces détachées pour les siéges.

Le camp d'Oudenbosch avait reçu de nouveaux renforts ; le maréchal de Lowendal avait à redouter une attaque destinée à troubler ses opérations pour réduire les forts de l'Escaut, aussi mettait-il un soin tout particulier à entretenir ses communications avec l'armée du roi. Sa maison militaire était partie le 29 et le 30 septembre pour se cantonner entre Louvain et Bruxelles. Elle précédait le gros de l'armée[1]. M. d'Espagnac en donne le motif, qui ne fut connu, dit-il, que de peu de personnes. L'espionnage était alors aussi cultivé qu'il peut l'être aujourd'hui. Or « un espion du duc de Cumberland s'était adressé à Liége à un soldat du régiment des gardes, employé au secrétariat du marquis de Vaudreuil, major général ; il lui avait promis une somme considérable s'il lui procurait un état des troupes françaises campées à Tongres. Ce soldat parut consentir à la proposition, mais il la communiqua au chevalier de Sinety, aide-major général[2], et le maréchal de Saxe en fut instruit. Il crut possible de faire donner le prince anglais dans un piége. Pour lui faire prendre confiance dans le soldat qu'on avait cherché à suborner, on lui remit un plan

---

[1] *Histoire du maréchal de Saxe*, t. II, p. 441.

[2] André de Sinety, depuis marquis de Lurcy-Lévis, aide-major du régiment des gardes-françaises, exerçait alors les fonctions d'aide-major-général ; on sait qu'elles étaient temporaires. Il a été nommé maréchal-de-camp et sous-gouverneur des enfants de France en 1760.

exact des fortifications de Tongreberg, un état des troupes qui les occupaient, et une note des jours où la maison du roi, l'artillerie et les autres troupes devaient partir de Tongres.

« Le maréchal de Saxe espérait que sur ces rapports le duc de Cumberland diviserait ses troupes, que Maestricht, réduite à ses propres forces, serait facilement investie et pourrait être assiégée. Mais le général anglais, qui était, à ce qu'il paraît, malade au château d'Argenteau (à quatre lieues de Liége), ne fit aucun mouvement, et l'armée du roi repassa la Dyle. »

Après des revers successifs, ce qui fait la principale force des armées, une confiance réciproque entre les troupes et leurs chefs, cesse d'exister. Les alliés n'osèrent rien entreprendre de sérieux.

Le maréchal de Lowendal avait écrit au maréchal de Saxe, d'Anvers, le 28 septembre 1747 :

« ....J'ai expédié M. Lambert avec le reste, qui ne consiste plus qu'en quatre ingénieurs, les autres étant restés malades ici.

« M. de Valière suivra demain avec le détachement que vous désirez, et j'aurai l'honneur de vous envoyer successivement tous ceux que vous demanderez.

« J'en viens, monseigneur, à votre projet sur Maestricht. Il est beau et digne de vous. Je ne crains pas les obstacles qui vous viendront de la part des ennemis, car je suis sûr que vous les vaincrez tous, mais je tremble de ceux que vous trouverez intérieurement.

« Vous n'ignorez pas, monseigneur, le nombre des ingénieurs que vous m'avez envoyés ; il est sûr que vous m'avez envoyé ce qu'il y a de meilleur. Je calcule ce qui vous en reste et ce qui m'en reste, et je vous proteste, monseigneur, avec vérité que je ne voudrais pas entreprendre un siége avec ceux-là. Gourdon, qui seul en est capable, devient trop pesant, et je crois m'être expliqué sur le reste.

« Quoique j'aie pris avec moi les deux meilleures compagnies de mineurs pour vous les envoyer, au cas que vous l'ordonneriez, il n'y a que les officiers qui en soient bons ; le commun est gâté entièrement. Je sais, monseigneur, combien ces circonstances m'ont fait faire de mauvais sang.

« Il se pourra fort bien joindre à cela des chemins impraticables, dans ces pays-là, lorsqu'on quitte les chaussées, et vous serez peut-être obligé de vous mettre deux fois à cheval sur une rivière qui vers la fin d'octobre déborde fort souvent avec beaucoup de vitesse.

« J'espère pouvoir vous dire tout ce que je pense, sans craindre que vous me taxiez de me forger des difficultés chimériques.

« A l'égard de l'artillerie, vous pouvez vous en promettre des secours inouïs. Ces braves gens, lorsqu'ils ont vu l'embarras où j'étais, se sont offerts à tout ce que je pourrais exiger ou des ingénieurs ou des mineurs, et je vous conseille bien, monseigneur, d'employer ceux que j'ai ici avec moi.

« Votre entreprise causera un remue-ménage chez les ennemis qui sera difficile à comprendre, et leur confusion augmentera....... Je viens de perdre aujourd'hui M. le duc de Perthe, qui est mort de maladie ; je le regrette infiniment....... »

Le maréchal de Saxe avait trop de confiance dans la sagesse et la discrétion du maréchal de

Lowendal pour l'entretenir d'un projet qu'il n'auraitpoint eu effectivement; mais il renonça à y donner suite pour le moment, et le siége de Maestricht fut ajourné jusqu'au mois d'avril 1748.

M. de Gibaudière au comte d'Argenson.

« Cambray, le 16 octobre 1747.

« Monseigneur,

« Madame la maréchale de Lowendal arriva hier au soir ici; elle a logé chez M. l'abbé de Chenerilles, chanoine de la métropole, une de ses anciennes connaissances qu'elle avait faite dans le temps qu'elle a habité cette ville. MM. les magistrats sont venus la complimenter et lui ont présenté le vin d'honneur; je lui ai marqué le plus d'attention qu'il m'a été possible, et je lui ai fait tirer du canon à son départ.

« J'ai l'honneur, etc. »

On lit en marge de cette lettre : « Répondu qu'il a très-bien fait de marquer toutes sortes d'attention à madame de Lowendal. » Son mari fut autorisé à se rendre à la cour, en s'entendant avec le maréchal de Saxe pour être de retour à l'armée lorsque le maréchal général s'en absenterait.

La séparation des divers corps de l'armée française fut fixée au 17; mais, quelques nouvelles des alliés semblant indiquer qu'ils n'attendaient que cette dislocation pour agir, le maréchal de Saxe différa le départ des troupes; il alla à Anvers, le 17, féliciter le maréchal de Lowendal, et ils visitèrent ensemble le fort de Lillo. Le marquis de Contades, tombé malade à son tour, était alors à Anvers, et le marquis d'Armentières commandait le camp de Braxschoten.

Cependant le stathouder, qui n'était venu à Oudenbosch que pour désigner des quartiers d'hiver, étant retourné à la Haye, le maréchal de Saxe mit le corps commandé par le comte d'Estrées en mouvement et le dirigea sur Charleroy et Mézières. Celui du maréchal de Lowendal se replia le 20 en deux colonnes, l'une sur Contich, l'autre sur Damme, sans être inquiété dans sa marche.

CHAPITRE XII.

Les troupes destinées à hiverner sur la haute Meuse et les frontières de Champagne eurent la droite du camp de Contich; les troupes qui devaient occuper la Flandre hollandaise et les environs des côtes campèrent à Damme, pour être à portée de passer l'Escaut à Anvers, et celles qui devaient former la garnison de cette place y entrèrent le même jour. Le régiment de La Morlière fut établi dans le faubourg appelé Borgherout, où il se retrancha et passa l'hiver, tant pour éclairer les mouvements de l'ennemi que pour fournir des escortes aux convois destinés à Berg-op-Zoom.

Après la séparation des troupes, le maréchal de Lowendal alla à Bruxelles, et en partit le 28 pour Namur où son quartier général devait être fixé pendant l'hiver.

Le maréchal de Saxe écrivait d'Anvers au ministre, le 20 octobre 1747, que M. de Chandos, général d'artillerie au service de S. M. la reine de Hongrie, avait prié le maréchal de Lowendal de lui obtenir un passe-port pour aller passer quelques mois dans ses terres auprès de Namur. « . . . . . Le comte de Chandos (disait le comte de Saxe) est grand ami de M. le maréchal de Lowendal; il a passé l'hiver dernier à Namur avec lui, étant alors prisonnier de guerre. Je le crois trop galant homme pour croire que son séjour dans ses terres puisse préjudicier au service du roi, et, si le maréchal ne le connaissait pas aussi particulièrement, il n'aurait garde de solliciter cette grâce..... »

Nous rapportons cette lettre pour faire connaître l'estime que des généraux ennemis se témoignaient et les procédés dont ils usaient entre eux.

En considération du mérite de M. de Chandos, des témoignages que le maréchal général avait rendus de sa droiture, de l'intérêt que le maréchal de Lowendal prenait à ce qui le regardait, et de l'amitié qui subsistait entre eux, le roi autorisa le général autrichien à passer quelque temps dans ses terres, sans prolonger cette permission au-delà du premier janvier, pour qu'un officier aussi éclairé que M. de Chandos ne fût pas à portée d'observer sur les lieux ce qui s'y passerait.

Un convoi de quatre cents voitures partit

d'Anvers le 28 octobre pour Berg-op-Zoom sous l'escorte de deux bataillons, de six compagnies de grenadiers et de 250 dragons aux ordres de M. de Rougé. M. de Vaux commanda le convoi à son retour à Anvers. Il y ramenait vingt-huit pièces de canon protégées contre les entreprises de l'ennemi par un régiment et trois bataillons d'infanterie, cent dragons et les restes des volontaires bretons réduits à rien. L'arrière-garde fut attaquée dans les bruyères entre Ossendrecht et Putte, par mille hussards et pandours. M. de Rougé, qui était sur le chemin de Stanvliet, accourut avec cent chevaux au bruit de la fusillade; ce secours et le feu de deux pièces de canon pointées sur les ennemis les décidèrent à s'éloigner sans avoir réussi à autre chose qu'à s'emparer d'un chariot chargé de fer coulé et de quelques voitures de vivandiers. Leurs pertes furent plus considérables que celles des Français, qui en firent cependant une sensible, dans la personne de M. de Kermelec, commandant des braves volontaires bretons, tué avec douze de ses hommes; il y en eut vingt-cinq autres mis hors de combat. Le baron du Blaisel, lieutenant-colonel du régiment de Grassin (excellente école), fut chargé de réorganiser et de commander le corps des volontaires bretons.

La sûreté des convois, qui devaient être conduits d'Anvers à Berg-op-Zoom pendant l'hiver en couchant à moitié chemin, exigeait de grandes précautions, car il était impossible de dérober la connaissance de leur marche et la force de leurs escortes. Le soin en fut confié au marquis de Salières, commandant à Anvers, et au comte de Blet, commandant à Berg-op-Zoom, et malgré tous les efforts de l'ennemi cette place ne manqua jamais de vivres ; mais les deux garnisons françaises, en acquérant de la gloire dans la conduite de ces convois, eurent à souffrir des intempéries de la saison. A l'attaque de l'un d'eux, M. Frossart, cornette au régiment de la Morlière, commandantt vingt maîtres, reçut un coup de sabre qui lui coupa exactement la moitié du cou, sans toucher à la jugulaire; il se battit encore malgré cet état affreux, et ramena prisonniers neuf hussards du régiment de Franchipani.

CHAPITRE XII.

Le mécontentement, l'irritation qui existaient dans les Pays-Bas donnaient lieu aux bruits les plus étranges. M. Dancquer transmettait de Dunkerque au gouvernement français, le 29 novembre, une lettre adressée à un échevin de cette ville et datée de Bruges, du 23, où l'on disait que vingt-trois des principaux chefs de l'État de Hollande et le bourgmestre de Middelbourg avaient été exécutés à la sourdine, que l'on avait saigné M. de La Roque jusqu'à ce que la mort s'ensuivît, et enfin qu'on avait donné le choix à M. de Cromstrom d'être décapité ou empoisonné, et qu'il avait préféré le poison. Quand des désastres surviennent, les peuples s'en prennent trop souvent à ceux qui les ont le plus courageusement servis.

Un gros convoi de deux cent soixante voitures partit d'Anvers le 31 décembre. A la nuit, il se trouva dans un chemin étroit et mauvais; pendant qu'on poussait aux roues, les ennemis embusqués attaquèrent le convoi au centre et à la queue; cinquante dragons du régiment de Grassin formant l'avant-garde culbutèrent cent soldats du régiment de

Bethléem et un gros détachement de hussards dans le chemin creux ; mais ces dragons, s'étant laissé emporter à leur poursuite, se trouvèrent coupés et obligés de gagner Berg-op-Zoom. Les hussards ennemis en profitèrent pour enlever les bœufs et les moutons qui marchaient à la suite de cette avant-garde de dragons, sans pouvoir s'emparer de la caisse militaire défendue par deux compagnies de grenadiers et de la cavalerie. M. de Lille, capitaine dans le régiment de Grassin, sorti d'Anvers avec cent volontaires pour éclairer les mouvements de l'ennemi, accourut, battit les hussards et ramena une partie de ce qu'ils avaient pris. Ce grand convoi arriva à Berg-op-Zoom le 1er janvier.

Pour éviter aux troupes la fatigue d'une aussi longue marche que celle d'Anvers à Berg-op-Zoom, et rien ne les fatigue plus que la marche lente des convois, MM. de Salières et de Blet réglèrent que les leurs seraient escortés par un détachement de la garnison d'Anvers jusqu'à Stanvliet, où ils seraient remis à un détachement de celle de Berg-op-Zoom, et que ces deux détachements coucheraient à Stanvliet ; cela obligeait l'ennemi à n'attaquer que de jour, et devait lui faire trouver le double des escortes ordinaires au point le plus éloigné des deux places de guerre.

Le maréchal de Lowendal voulut conduire lui-même de nouveaux approvisionnements à Berg-op-Zoom et se rendre compte de l'état de la place, qui continuait de faire partie de son commandement. Il partit d'Anvers, le 9 janvier, avec un convoi de deux cent cinquante-deux chariots, arriva le lendemain à Berg-op-Zoom, en fit sortir les bouches inutiles, et revint à Anvers, sans qu'il y eût un coup de fusil de tiré.

D'après les ordres du maréchal de Lowendal, M. de Contades chargea le comte de Lussan d'escorter, avec mille fusiliers, mille hommes de cavalerie et deux mille hussards, un convoi destiné à Berg-op-Zoom, composé de cent cinquante-six caissons ou chariots chargés de pain, de farine et de fer coulé.

Le même maréchal de camp escorta encore un autre convoi pour la même place; ce dernier était de sept à huit cents chariots, et y apportait cent mille livres en espèces.

Malgré les précautions prises, quatre mille ennemis attaquèrent, le 13, entre Stanvliet et Berg-op-Zoom, un convoi dont M. de Cujac, brigadier, commandait l'escorte, composée de dix compagnies de grenadiers de dix piquets et de cent chevaux. Il n'aurait pu résister aux forces si supérieures de l'ennemi, si le comte de Blet, instruit de son mouvement, n'avait fait occuper les hauteurs du moulin d'Oguerheyde par trois compagnies de grenadiers, dix-sept piquets, cent volontaires, soixante canonniers et deux pièces de campagne sorties de Berg-op-Zoom ; ces pièces furent fort utiles. L'ennemi, battu, perdit quatre cents hommes, le commandant des pandours et plusieurs officiers. Les Français eurent un officier et vingt-cinq soldats tués, huit officiers et vingt soldats blessés. Cette affaire imposa aux ennemis ; deux convois partis d'Anvers, le 18 et le 21, ne furent point inquiétés. Celui du 21 était le quatorzième dirigé sur Berg-op-Zoom depuis le 31 octobre. Sur quatre mille voitures qui avaient fait partie de ces convois, quatre-vingts seulement étaient restées entre les mains des ennemis. Ces combats répétés tenaient une partie de nos troupes en haleine.

La flotte hollandaise s'opposait au ravitaillement de Berg-op-Zoom par eau; des troupes employées sur les bâtiments qui la composaient firent une descente sur l'Estran, mais furent repoussées avec perte par M. de Beaumanoir, qui commandait dans Stanvliet.

Le 15 mars, le régiment des hussards de Caroli se porta sur un convoi escorté par le marquis de Rougé; M. de Grandmaison en faisait l'avant-garde avec des cavaliers des régiments de Grassin et de la Morlière; ses hussards étaient dispersés, lorsqu'il fut assailli par trois escadrons de cuirassiers; les sabres des dragons français se brisaient sur leurs armures; presque tous furent tués, blessés ou pris; leur vaillance donna pourtant au marquis de Rougé le temps de porter les compagnies des grenadiers à la tête du convoi, de protéger ses flancs aux points les plus accessibles, et il n'y eut que très-peu de chariots de pris.

Le comte de Blet, mort le 23 février, fut remplacé dans le commandement de Berg-op-Zoom par le comte de Courten. Le marquis de Salières lui envoya des bestiaux par les digues ; il les mettait ainsi à l'abri des entreprises des ennemis, qui ne tentèrent plus rien d'intéressant.

Pendant la campagne de 1747, le maréchal de Saxe avait fait occuper par l'armée du roi des positions qui tinrent constamment les alliés dans l'inquiétude pour Maestricht ; ils n'osaient pas s'en éloigner. Le feld-maréchal Bathiany, sachant quelle contenance le comte de Lowendal avait su faire lorsque les troupes alliées tentèrent d'attaquer son camp devant Berg-op-Zoom, n'était pas sorti du sien pour le contraindre à en lever le siége ; il avait consenti ainsi en quelque sorte à perdre Berg-op-Zoom[1] pour conserver Maestricht, mais ce ne fut point pour bien longtemps.

[1] Voy. la note 5.

CHAPITRE XIII.

Le maréchal de Lowendal à l'Opéra à Paris, et au bal à Bruxelles; il y danse un menuet. — Le roi le charge de faire une distribution de croix de Saint-Louis — Fureur de certains généraux de la cour. — Pour les apaiser, le roi fait prendre rang d'ancienneté sur M. de Lowendal à des maréchaux nommés après lui. — Le duc de Luynes, M. d'Argenson et le maréchal de Belle-Ile.

———

Le maréchal de Lowendal s'était rendu à Paris le 15 novembre, puis à Fontainebleau, où le roi le reçut très-gracieusement, et lui donna deux des pièces de canon prises à Berg-op-Zoom. Le 24, le nouveau maréchal parut à l'Opéra, où il fut salué par de grandes démonstrations de joie et plusieurs salves d'applaudissements. Il prêta serment le 3 décembre, et prit congé du roi après avoir eu une longue audience dans son cabinet. Il arriva le 14 à Bruxelles, d'où le maréchal général partit à son tour pour s'occuper de préparer l'ouverture de la campagne à faire l'année suivante; il laissait au maréchal de Lowendal le commandement de 155 bataillons et de 186 escadrons, sous les ordres de 15 lieutenants généraux, de 19 maréchaux de camp et de 50 brigadiers.

Le maréchal de Lowendal quitta Bruxelles pour se rendre à Namur avec la comtesse sa femme, le 17 décembre. L'ennemi, qui en avait eu sans doute avis, envoya trois cents hussards sur la route; mais ils arrivèrent un jour trop tard pour le prendre. M. de Lowendal avait eu soin de détacher la veille quatre compagnies de grenadiers et trois cents fusiliers pour tenir en respect les hussards hongrois qui battaient l'estrade. Il était bon que M. de Lowendal revînt dans son gouvernement. Les magistrats de Namur se plaignaient des exigences de M. de Montbarrey, qui y commandait en son absence. Cet officier voulait s'écarter de l'ordre observé jusque-là pour le logement des troupes de passage. Un officier de son état-major avait menacé les échevins d'établir vingt grenadiers à discrétion dans la mai-

CHAPITRE XIII.

son du comte d'Elzé, maire de la ville, s'ils n'obtempéraient point à ses volontés. Ils avaient joint à leur plainte de curieux états de la batterie de cuisine, de la vaisselle et du linge que M. de Montbarrey s'était fait fournir en novembre 1747.

Il avait écrit au ministre pour s'excuser, en prétendant que d'autres généraux avaient fait comme lui. N'ayant pas de réponse de M. d'Argenson, il lui écrivit de nouveau, le 7 janvier 1748, une lettre qui porte en marge le sens de la réponse du ministre.

« R.[1] que je ne lui ai rien répondu parce que je ne pas dois approuver sa conduite vis-à-vis des magistrats; que les mauvais exemples ne sont pas des règles en pareille matière. » Mais ce qui est assez curieux, c'est que M. de Montbarrey, jugeant la circonstance très-heureuse pour obtenir une faveur, demandait, eu égard à ses longs services, l'agrément du roi d'un régiment, qu'il sollicitait pour son fils, et, en attendant, une compagnie de cavalerie pour lui dans le régiment Royal; et le ministre répondait en marge de

[1] R., répondu.

même : « . . . . . A l'égard de son fils, que je suis fâché que sa jeunesse ait empêché le Roi de lui donner un régiment, que j'espère que cela ne sera pas différé longtemps, qu'en attendant je le proposerai pour la première compagnie vacante dans Royal. » *E sempre bene*[1].

M. de Lowendal fut encore malade à Namur; mais bientôt son activité le conduisit dans la Flandre hollandaise, pour y visiter toutes les places qu'il avait prises, et à Anvers, où il s'occupait de la réunion de 60,000 hommes.

Le maréchal de Lowendal au comte d'Argenson.

« A Anvers, le 3 février 1748.

« Monsieur,

« J'avais eu l'honneur de vous prévenir sur mon voyage de Berg-op-Zoom . . . . . . J'espère que ma présence n'y aura pas été infructueuse. . . . . . . plus de mille femmes de soldats hollandais, en-

---

[1] Le fils de M. de Saint-Mauris-Montbarrey a été ministre de la guerre de 1777 à 1780; il en a profité pour se procurer un diplôme de prince de l'Empire. Il a laissé des mémoires où il montre une grande fatuité.

fants et paysans des environs, réfugiés en ville, qui y vivaient des magasins du roi, sans être d'aucune utilité, et sans vouloir travailler, iront ailleurs se nourrir, ce qui ne laisse pas que de faire un objet dans ce moment-ci ; ainsi, avec deux convois par mois, on fera face à tout, jusqu'à l'entrée en campagne.

« J'ai trouvé les réparations des fortifications très-bien, l'établissement de l'hôpital de même, et, vu la destruction totale où cette ville était, on n'a certainement pas perdu de temps pour tous les autres établissements : les malades s'y rétablissent, et j'ai trouvé un fort bon esprit dans toute la garnison. M. le comte de Blet y fait son devoir à merveille, et y est fort bien secondé.

« Je ne puis m'empêcher à cette occasion de vous supplier, Monsieur, de faire attention à la différence de la garnison de cette place avec toutes les autres, car si vous ne procurez point des gratifications extraordinaires à l'officier, il aura bien de la peine à se soutenir et à se remettre en campagne.

« Je ne suis pas content non plus des dispositions

de l'intendance, car, pour disputer si Pierre ou Paul devrait fournir, la moitié de la garnison est sans fournitures ; outre que la paille y est très-rare..... La flotte hollandaise barre toujours l'Escaut. Je l'ai examinée, et j'y ai compté près de vingt vaisseaux tant grands que petits..... ils barrent en même temps le canal qui va à Berg-op-Zoom. J'ai envoyé des gens intelligents pour me rendre compte de tous les bâtiments ennemis qui sont à l'ancre depuis Flessingue jusqu'au Sud-Beveland ; vous en trouverez le détail ci-joint.

« Voici le temps, Monsieur, vers lequel toutes les felouques, que M. de Lage fait construire, doivent être achevées. Vous aurez la bonté de m'instruire si vous avez encore dessein de tenter quelque chose, et quelles troupes vous destinez à cela.

« J'ai trouvé les Grassins et les la Morlière fort gauches à ramer ; ils m'ont mené une fois d'ici à Lillo, mais je doute qu'ils m'y rattrapent. Je crois qu'il sera besoin, Monsieur, de demander une augmentation de bons matelots. Je suis, etc. »

Le 20 février, M. de Lowendal se mit à parcourir les villes de guerre, et fixa principalement son attention sur Hulst, où le marquis de Fimarcon commandait. Le 25 février, il assista à un bal masqué au grand théâtre de Bruxelles, où il y eut une affluence de monde extraordinaire. Le maréchal de Lowendal y dansa quelques menuets avec la comtesse de Bentheim ; nous avons dit qu'il excellait dans tous les exercices du corps. Dans ce temps-là on se battait jusqu'à quatre-vingts ans, on dansait jusqu'à cinquante. Nous sommes devenus tellement graves qu'on ne danse plus actuellement, et un homme de soixante-cinq ans n'est plus réputé bon à rien, même à figurer dans un salon ; les seuls vieillards qu'on puisse décemment y admettre sont des gens d'une quarantaine d'années tout au plus ; s'ils ont été à la mode, on leur permet d'être chauves.

Quand le comte de Saxe revint à Bruxelles, le 20 mars, M. de Lowendal lui avait préparé une entrée magnifique au milieu des troupes enthousiastes de leur propre gloire et de celle de deux grands généraux qui savaient si bien les conduire à la victoire. Pendant son commandement en chef en Flandre, le maréchal de Lowendal eut la flatteuse commission de faire de nombreuses distributions de croix de Saint-Louis[1]. Ses regrets des malheurs dont il n'avait pas été le maître de préserver Berg-op-Zoom n'étaient point une stérile ostentation d'humanité ; il en avait été vivement touché. En arrivant à Namur il avait mis de grands soins à rassembler en quantité des provisions de toutes sortes, et à les faire transporter dans cette forteresse, pour les distribuer aux habitants indigents. Un grand cœur peut réunir en même temps beaucoup de courage et beaucoup de charité. Malheureusement, parmi les hommes qui ne devraient éprouver que des sentiments élevés et généreux, il s'en trouve toujours qui ne montrent que de la petitesse. Nous allons en avoir de tristes preuves.

Le duc de Luynes était l'honnêteté en chausses et en pourpoint ; ses mémoires, peu lus, sont

---

[1] La note 6 indique les noms de tous les officiers qui furent reçus chevaliers de Saint-Louis par le maréchal de Lowendal. Voy. aussi la note 7.

remplis de détails vraiment fatigants sur les usages de la cour et sur les plus minimes incidents qui y survenaient; c'est un véritable catéchisme à l'usage des maîtres des cérémonies, et comme M. de Luynes ne parle pas beaucoup des aventures scandaleuses de ce triste temps, les historiens de celui-ci le négligent, pour étudier les œuvres du marquis d'Argenson[1] où la médisance ne cède le pas qu'à la calomnie; mais si M. de Luynes rapporte des *on dit*, il n'a voulu affirmer que la vérité, et on en trouve tous les caractères dans ses Mémoires. Comme son fils le duc de Chevreuse avait beaucoup et bien servi sous le comte de Lowendal, il avait pu être très-exactement renseigné sur le caractère généreux de ce maréchal. Aussi s'aperçoit-on aisément que le duc de Luynes ne partageait nullement la haine de certains courtisans contre l'étranger qui avait tant contribué à accoutumer les Français à des triomphes. Nous

[1] Il nous a été impossible de nous procurer à la bibliothèque de l'Institut les *Mémoires du marquis d'Argenson*; il nous a fallu les chercher ailleurs. Un des *grands écrivains* de notre époque, M. M....., les a gardés chez lui pendant quatre mois. Plaignons ceux qui se plaisent à puiser dans de pareilles sources pour empoisonner le public.

le répétons, le duc de Luynes était sincère, et incapable de prêter à qui que ce fût un langage différent de celui qu'il avait tenu, pour rendre ses récits plus piquants, ce à quoi il pensait le moins.

A l'occasion de la promotion du comte de Lowendal à la dignité de maréchal de France, le duc de Luynes explique à ses lecteurs [1] que, le maréchal de Saxe s'étant brouillé avec M. d'Argenson, cette brouillerie était retombée sur M. de Lowendal. M. de Luynes dit ailleurs : « Le maréchal de Belle-Isle était plein de confiance en l'amitié de M. d'Argenson...... Ce n'était pas un mystère que les sentiments fort différents de ce ministre pour messieurs de Saxe et de Lowendal [2]. »

---

[1] Voy. les *Mémoires du duc de Luynes*, t. VIII, p. 300 et suiv.

[2] On a dit que M. de Belle-Isle avait été nommé maréchal de France en 1741, en récompense de ses victoires futures. Un écrivain (M. Jobez) a tracé ainsi son portrait : « ..... Il passait pour l'homme de France qui s'était donné le plus de peine pour apprendre superficiellement une infinité de choses inutiles..... Plein de vanité, sous le voile d'une modestie étudiée, il parlait de tout sur le ton d'un connaisseur, et imposait aux ignorants ou aux inattentifs. Ajoutons qu'il manquait de tact en affichant un luxe excessif et malséant en ce qu'il rappelait les prodigalités du surintendant Fouquet, tandis qu'il eût dû s'efforcer de les faire oublier. Il eut la prétention de commander une armée en restant à Francfort, à cent lieues d'elle. Quand il parut enfin en Bohème, sa santé ne lui permettant point

CHAPITRE XIII.

Le duc de Luynes ajoute dans ses *Mémoires :*
« La grâce accordée à M. de Lowendal a donné occasion à quelques murmures, ce qui arrive toujours en pareille occasion. Quelques-uns de ses anciens ont dit qu'ils auraient fait comme lui, s'ils avaient été chargés de cette commission. Il y a eu des propos qui ont été jusqu'à dire que l'ouvrage n'était pas aussi difficile qu'on avait voulu le persuader.

« Tous cependant n'ont pas tenu le même langage : M. de Clermont-Gallerande (nouvel Achille) a déclaré qu'il n'avait d'autre parti à prendre que celui de se retirer dans ses terres. M. de Clermont-Tonnerre a dit que, pour lui, il continuerait à servir avec le même zèle et la même assiduité; qu'il espérait seulement de la bonté du Roi qu'il voudrait bien que ce ne fût pas sous les ordres de M. de Lowendal. M. de Senneterre a dit que, pour lui, il servirait partout où le Roi voudrait, même sous les ordres de M. de Lowendal. »

d'y rester, il laissa au maréchal de Broglie des instructions empreintes de la petitesse de son esprit; elles prescrivaient de faire hacher la paille et de fixer la ration de viande à deux livres par semaine pour chaque cavalier, etc. »

On croirait entendre la conversation de ces messieurs dans un salon de Versailles. M. de Senneterre ne fut nommé maréchal de France qu'après ceux qui avaient crié le plus fort; et cependant il s'était montré disposé à imiter la conduite très-honorable du maréchal de Noailles, servant de premier aide de camp au maréchal de Saxe à la bataille de Fontenoy, sacrifiant la jalousie du commandement au bien de l'État, et s'oubliant lui-même, pour obéir à un général étranger, dont il était de beaucoup l'aîné d'âge et l'ancien de grade[1]. Aussi le maréchal de Saxe sentit-il tout le prix de cette magnanimité, et comme le fait observer Voltaire : « Jamais on ne vit une union aussi grande entre deux hommes que l'amour-propre semblait devoir éloigner l'un de l'autre. »

Massillon a dit de la jalousie que c'est la passion la plus dangereuse, l'ennemi éternel du mérite et de la vertu, que tout ce que les hommes admirent, l'enflamme et l'irrite, et qu'il faut être indigne des regards publics pour mériter ses égards et son indulgence.

---

[1] *Histoire du maréchal de Saxe*, par le baron d'Espagnac.

Louis XV craignait l'ennui, et les plaintes l'ennuyaient. Pour apaiser les mécontents en crédit, le 16 décembre, il déclara maréchaux de France MM. les comtes de Laval-Montmorency, de Clermont-Tonnerre et de la Mothe-Oudancourt, avec la supposition qu'ils avaient été nommés le 17 septembre, c'est-à-dire le même jour que le vainqueur d'Ostende et de Berg-op-Zoom; comme ils étaient plus anciens lieutenants généraux, cela leur donnait le pas sur lui. Le dégoût ne diminua cependant en rien son désir de bien faire [1].

Revenons à la narration du duc de Luynes.

« La veille du jour que le Roi apprit la prise de la ville de Berg-op-Zoom, M. le duc de Biron était chez S. M. et ne savait point que l'on dût donner l'assaut. Le Roi, qui en était instruit, demanda à M. de Biron ce qu'il pensait du siége. M. de Biron lui répondit qu'il était trop vrai, pour pouvoir lui déguiser ses sentiments; qu'il y avait peut-être des gens qui flattaient S. M.

---

[1] Si l'on veut connaître les effets que les règles sur l'ancienneté peuvent produire, on lira la note XV inserée par erreur dans le premier volume.

sur le succès de cette entreprise, mais que, pour lui, il sentait l'impossibilité d'y réussir, et qu'il ne pouvait s'empêcher de le dire.

« Le lendemain, M. de Biron revint chez le Roi, qui dans l'intervalle avait appris la nouvelle de la prise de Berg-op-Zoom. Le Roi lui dit : Eh bien! duc de Biron, qu'est-ce que vous dites aujourd'hui? Que c'est un événement très-heureux, Sire, et presque incroyable; mais je ne puis changer ma façon de penser par rapport à la nature de l'entreprise. Comme malgré cette réponse il paraissait un peu confus, le Roi, à ce qu'on prétend, lui dit, pour le consoler : Je crois bien que, si vous aviez été dans Berg-op-Zoom, il n'aurait pas été pris. »

Il paraît que ce mot si bon, si gracieux, ne consola pas le duc de Biron, car voici ce que Barbier rapporte à son tour [1] :

« Le duc de Biron, colonel du régiment des gardes-françaises, a vendu, ces jours-ci, tous ses équipages de guerre, mulets, fourgons, etc. Il va prendre les eaux pour ses blessures, d'autres disent qu'il est un peu disgracié, quoique très-

---

[1] Voyez le journal de Barbier, à la date du mois d'avril 1748.

brave et ami du Roi, pour avoir voulu parler contre le maréchal de Saxe. Cela est juste, car, avec toute leur bravoure, ces messieurs seraient fort embarrassés de commander aussi avantageusement. »

Tout ceci rappelle qu'en 1672, le roi Louis XIV voulut que les maréchaux de Bellefond, de Créqui et d'Humières prissent l'ordre du vicomte de Turenne, du grand Turenne, qui était maréchal-général depuis 1660 ; que ces messieurs refusèrent d'obéir, furent disgraciés, et ne se soumirent que quelques mois après aux volontés du roi.

Il ne dépend pas toujours d'un général d'adoucir les lois rigoureuses de la guerre ; mais M. de Lowendal s'efforçait de le faire partout et toujours lorsque ce n'était pas incompatible avec ses devoirs. Tous ceux qui ont parlé de lui l'ont répété à sa louange. « Lorsqu'il espérait de se voir assiégé à Anvers, et montrer qu'il saurait aussi bien défendre des villes que les prendre [1], » il avait fait raser les haies aux environs de la place, et disparaître tout

---

[1] Introduction au 10ᵉ volume de la correspondance du ministre d'Argenson.

ce qui aurait pu en faciliter les approches, et cependant il avait mis les plus grands ménagements à ne faire que l'indispensable. Les magistrats d'Anvers, reconnaissants pour des soins trop rares en temps de guerre, lui offrirent un don considérable qu'il refusa. « Il ne voulait que de la gloire [1]; » n'ayant pu le lui faire accepter, ils firent frapper des jetons à ses armes et à celles de leur ville.

Les habitants d'Ostende avaient gardé un bon souvenir des procédés du comte de Lowendal, ainsi que le prouve la lettre qui suit ; elle est conservée dans les registres de cette ville [2] :

Messieurs les bailli, bourguemestre et échevins d'Ostende.

« Anvers, ce 6 octobre 1747.

« Messieurs,

« J'ai reçu la lettre de félicitations que vous avez bien voulu m'adresser à l'occasion de la

---

[1] Voy. l'introduction au 10ᵉ vol. de la correspondance du ministre d'Argenson et la lettre du chevalier d'Hallot à ce ministre, même vol.
[2] Je dois la communication de cette lettre à l'obligeance de M. Van-Iseghem, bourgmestre actuel d'Ostende.

grâce qu'il a plu au roy de m'accorder en m'élevant à la dignité de maréchal de France. Cette marque obligeante de votre attention me flatte beaucoup, et je vous en fais mon remerciement. Je vous prie d'être persuadés, Messieurs, que personne ne désire plus que moi, de concourir dans tous les temps à vos avantages et à votre satisfaction. Je ne refuseray point les jetons d'argent que vous avez fait frapper aux armes de votre ville et aux miennes, puisque je les regarde comme un monument de votre amitié pour moi.

« Je suis avec l'attachement le plus distingué, Messieurs, votre très-humble et très-obéissant serviteur,

« Le maréchal de Lowendal. »

CHAPITRE XIV.

Le maréchal de Lowendal fait observer par ordre du roi un corps d'armée russe en Pologne. — Les Russes perdaient beaucoup de monde dans leurs marches; mais ils enlevaient quantité d'enfants pour peupler leur empire. — Portraits de leurs généraux peints par M. de Lowendal. — Organisation de l'armée russe. — Ses petits canons. — Moyens que les Russes employaient pour guérir leurs malades.

On avait cru savoir que 37,000 Russes devant servir d'auxiliaires aux puissances étrangères étaient en Pologne ; on ne pouvait compter sur des renseignements sûrs provenant de Varsovie, c'est ce qui explique les lettres qui vont suivre.

Le maréchal de Lowendal au ministre.

« A Namur, le 4 janvier 1748.

« Monsieur,

« Les nouvelles publiques ne cessant de nous annoncer la marche des troupes russes, je crois de mon devoir de vous rendre compte de mes réflexions.

« Plusieurs officiers de mon régiment ont eu des lettres de la Livonie et de la Courlande, dans lesquelles on leur marque qu'à la vérité 3o,ooo hommes de leurs troupes ont ordre de marcher, mais qu'aucun parmi eux ne croit qu'ils passent la frontière ; qu'au contraire ce serait la même chose comme l'année 1738, que j'ai dû amener au défunt empereur Charles VI un corps de 2o,ooo hommes en Hongrie, lesquels furent contremandés après que je les eus fait marcher déjà pendant quatre semaines.

« Je crois cette idée assez fondée, lorsque je considère qu'il n'est pas vraisemblable qu'une puissance qui a plusieurs provinces désertes, faute d'hommes, veuille vendre ses troupes : d'autant plus que ses revenus sont précisément les taxes qu'elle tire de chaque tête. Ils savent calculer, et doivent être instruits de ce que ce corps coûtera d'hommes pour se compléter, et il faudrait que M. Bestouchef eût changé, depuis cinq ans, toute la façon de penser de cette nation.

« Si pourtant, malgré tous ces raisonnements, ce corps de troupes poursuit sa marche, je ne doute pas, Monsieur, que vous n'ayez des émissaires qui dès à présent les joignent et vous rendent un compte exact de leur état, de leur nombre, de leurs officiers, de leur route et de tout ce que vous devez savoir.

« J'ai cru devoir vous offrir des sujets propres à cela, en cas que vous n'en eussiez pas encore. J'ai des prétextes plausibles de les envoyer jusqu'aux frontières de la Russie. Je leur donnerai des démissions simulées, pour n'être pas obligé de les réclamer, et, comme ces officiers m'ont été donnés par mes parents de Pologne, ils pourront y aller et agir sans aucun soupçon.

« Vous n'ignorez pas, Monsieur, que le primat est mon oncle [1], que les princes Lubomirsky sont mes beaux-frères, dont l'aîné joue un grand personnage dans la république, ayant été maréchal de la dernière diète. J'ai sept ou huit autres oncles et cousins germains de ma femme, parmi les palatins et grands généraux de ce pays. Si dans cette conjoncture vous croyez qu'ils puissent être utiles au roi, ou en formant des contradictions, ou à faire naître des difficultés dans le passage desdites troupes, je crois que je pourrai les disposer à cela par la même occasion de l'envoi de ces officiers.

« Mon beau-frère se laissera gagner par l'espérance de quelque pension future, sa popularité ne l'enrichissant nullement ; je remuerai le primat dévot, en lui faisant l'énumération de tous les enfants que les Russes voleront dans leurs passages ; autant de vrais croyants de perdus, circonstance ridicule, mais vraie, puisque j'en ai été plusieurs fois témoin, car il n'y a pas

---

[1] Le primat appartenait à la maison de Szembeck, qui continuait à occuper une position considérable en Pologne. Lorsque Charles XII avait forcé Auguste II à abdiquer la couronne et fait élire Stanislas Leczinski, le czar avait proposé au choix de la nation quatre autres candidats. Parmi ces quatre était un Szembeck.

de passage russe qui ne coûte à la Pologne 20 ou 30,000 enfants[1], sans compter les Russes fanatiques qui se sont réfugiés en Pologne sous le nom de vieux croyants ou Philipowsci, que les Russes réclament comme sujets désertés, et ramènent pieds et poings liés dans leurs provinces éloignées.

« A l'égard de mon oncle le palatin de Sendomir, le plaisir de brouiller et l'espérance d'être payé d'une ancienne dette du roi de Pologne le feront mouvoir comme on le jugera à propos.

« La haine parfaite des Polonais pour les Moscovites les rendra extrêmement prompts à nous servir dans cette occasion, et je puis pour le moins espérer de mes parents qu'ils faciliteront les avis fréquents et fondés de mes émissaires, que je tiendrai tous prêts pour être expédiés, lorsque vous m'en donnerez l'ordre. Je vous supplie, Monsieur, de croire que je n'envisage dans tout ceci que le zèle que je dois au roi.

« Si vous jugez à propos de me faire communiquer les nouvelles que vous recevrez de ces

[1] Voir la note 8.

troupes, et ce que l'on vous mande là-dessus de la Russie, je pourrai peut-être y ajouter des remarques qui ne doivent pas vous être inconnues, et qui ne sont connues que de ceux qui ont été initiés dans ces mystères.

« Je suis, etc..... »

Le comte d'Argenson témoigna au maréchal que le roi était très-satisfait des soins qu'il mettait à le servir, et l'autorisait à envoyer des officiers en Pologne.

Le maréchal de Lowendal au ministre.

« A Namur, le 19 janvier 1748.

« Monseigneur,

« Les nouvelles publiques et les lettres que j'ai reçues m'ont appris les noms des officiers généraux qui commandent les Russes, envoyés au secours des puissances maritimes. J'ai cru qu'il était de mon devoir de vous les caractériser, puisqu'il est toujours essentiel de bien connaître les généraux que l'on nous oppose.

La peinture que je vous fais de ceux-ci est d'autant plus fidèle que je les connais à fond; ils ont tous été sous mes ordres; je puis même dire que leur avancement est mon ouvrage, et que la plupart ne doivent leur fortune qu'à mes intercessions. Je vous supplie de croire que mon zèle pour le service du roi ne me laissera jamais rien négliger de ce qui pourra lui être de quelque utilité..... »

« Les généraux qui commandent le corps qui passe au service des puissances maritimes sont :

« *Le prince Repnin*, commandant en chef ; c'est un homme âgé d'environ cinquante ans, mangé de la goutte et de la pierre. Il parle fort bien le français, l'allemand et un peu l'italien. Il est extrêmement doux et paresseux au-delà de l'imagination, borné et ne se présentant que machinalement. Il a peut-être 3o à 4o,ooo livres par an de son propre bien. Sa faveur auprès de l'impératrice provient de ce qu'il a épousé une de ses femmes de chambre, que l'impératrice Catherine avait prise comme une enfant dans la

Finlande suédoise, et qui a été élevée avec la czarine d'aujourd'hui.

« Comme sa portée est connue, et que je vois dans la liste des généraux le lieutenant général de Lieven, il n'est pas douteux que dans son instruction on lui aura prescrit de ne rien faire sans le conseil de M. de Lieven, car cela se pratique ainsi dans le service de Russie.

« *M. de Soltikoff*, lieutenant général. Il est âgé de quarante à quarante-cinq ans, d'une assez belle figure, et parlant aussi bon français. L'intérieur ne répond pas à cela, car il n'a aucune intelligence, et il ne se présente pas bien aux coups de fusils. Il est bon homme de cheval, dont il a beaucoup, et n'est pas paresseux. Il est parvenu par le mérite du père, qui était grand-maître de la maison de l'impératrice Anne, et son favori lorsqu'elle n'était encore que duchesse de Courlande. Ce même vieux Soltikoff, ayant trouvé M. de Biron[1] comme un jeune garçon de rien, le prit pour un garçon de chambre et s'en servit de plusieurs façons, jusqu'à ce qu'étant plus formé ce même Biron prit sa

[1] On écrivait souvent ainsi le nom de Biren.

place auprès de la duchesse de Courlande et finit comme tout le monde sait. On envoya alors le vieux Soltikoff gouverneur général à Moscow où M. de Biron lui a toujours donné des marques de reconnaissance. M. le général Soltikoff jouit de 30 à 40,000 livres de son propre bien et vit fort noblement.

« *M. de Lieven,* lieutenant général. C'est un homme de cinquante-deux ans, extrêmement maigre et maladif. C'est un excellent sujet en toutes façons, honnête homme, intelligent et valeureux. Sa plus grande application a été le service de la cavalerie qu'il connaît à fond. Il est Courlandais. Il est sorti de son pays comme page du prince Menzikoff, avec lequel il a été en exil. Il est fort peu favorisé de la fortune, car il n'a pas 6,000 livres de chez lui par an ; mais il est fort rangé et fort honorable. On s'est beaucoup servi de lui dans les révolutions de Pologne, lorsque la Russie voulait protéger l'élection du roi Auguste. Comme M. de Lieven est voisin de la Lithuanie, on l'y envoya ; il sut y gagner la princesse Radzivil, palatine de Novogrod, et obtint par là les suffrages de toute la Lithuanie.

« Il a deux frères, tous les deux maréchaux de camp, qui ont beaucoup de mérite et de valeur, mais qui sont plus bornés que leur aîné.

« La seule chose qu'il y ait à remarquer dans la personne de M. de Lieven, c'est qu'il n'est jamais sorti de son pays, et qu'il n'a fait la guerre qu'aux troupes irrégulières et aux Polonais peu redoutables, où il n'y a pas d'infanterie. Je ne vois pas dans la liste que les deux cadets de M. de Lieven soient employés dans ce corps.

« *M. de Lapouchin*, maréchal de camp. C'est un homme de quarante ans, le meilleur homme de la Russie. Il était fort riche de lui-même, mais les dépenses l'ont presque ruiné. Il n'a que 60,000 francs de reste par an de sa fortune, ayant eu une de ses tantes impératrices, dont la succession lui était échue.

« Les après-dînées sont assez suspectes chez lui, car il aime le vin. Il est brave, fort bon garçon, mais il a trop de légèreté pour lui confier la conduite d'une affaire ; il était du corps des Russes qui ont servi sur le Rhin.

« *M. de Broun,* maréchal de camp. Il a épousé la fille du maréchal de Lascy ; il est Irlandais et parent du général Broun, au service de la reine de Hongrie. Il vint très-pauvre en Russie où le maréchal de Lascy le recueillit. C'est un homme de cinquante ans, bon officier pour le détail, réservé, exact et brave. Il fut envoyé au maréchal de Munich en Hongrie pour assister aux opérations et en rendre compte, car on était alors en garde les uns contre les autres. Il fut fait prisonnier à la bataille de Grotska par les Turcs, et fort maltraité dans l'espérance d'une forte rançon. C'est à la générosité de M. de Villeneuve, alors ambassadeur de France en Turquie, qu'il doit sa liberté. M. l'ambassadeur s'est exposé pour l'amour de lui à plusieurs avanies, et il l'a sauvé avec fermeté en le faisant passer pour esclave français; aussi en conserva-t-il une parfaite reconnaissance. Les mauvais traitements qu'il a reçus alors lui ont extrêmement altéré la santé. Il a été l'année passée, avec le général Lieven aussi malingre, aux bains d'Aix-la-Chapelle, d'où ils m'ont écrit plusieurs fois.

« M. de Broun est un fort bon sujet, et honnête homme, mais d'un esprit peu élevé, n'ayant eu qu'une éducation rustique. Il fut du corps des Russes qui vinrent sur le Rhin.

« *M. de Stuart,* maréchal de camp, a plu au maréchal de Lascy par sa belle figure et par sa bonne conduite. Il a fait le chemin de lieutenant jusqu'à maréchal de camp dans l'espace de huit ans. Il obtint le dernier grade pour avoir porté la nouvelle de mon heureuse expédition en Finlande. Il aurait beaucoup de peine à prouver sa parenté avec les Stuarts, desquels étant sujet il a peut-être pris le nom, selon la coutume du pays. C'est un homme fort borné dans sa belle figure, qui est brave et auquel le maréchal de Lascy a donné une de ses filles en mariage. La répugnance qu'il aurait eue à les accorder à des Russes lui a fait préférer MM. de Broun et de Stuart qui sont catholiques, à d'autres partis plus riches. M. de Stuart est aussi venu sur le Rhin avec les troupes russes. »

CHAPITRE XIV.

Le maréchal de Lowendal au comte d'Argenson.

« Au camp devant Maestricht, ce 13 avril 1748.

« Monsieur,

« Je viens de recevoir le détail ci-joint des officiers que vous m'avez permis d'envoyer en Pologne; je l'ai traduit tout de suite, comme vous me l'avez ordonné, et j'ai l'honneur de vous l'envoyer conjointement avec l'original allemand[1]. J'ai cru la matière assez intéressante pour vous dépêcher un courrier, d'autant plus que M. le maréchal général comte de Saxe, m'ayant chargé de la conduite du siége de Maestricht, j'aurai l'honneur de vous rendre compte que j'espère pouvoir ouvrir la tranchée après-demain 15 au soir. J'ose y ajouter que la besogne ne m'a paru trop difficile, et que si vous venez vers la fin du mois, je crois que S. M. pourrait venir justement à temps pour faire son entrée..... »

---

[1] L'original en allemand subsiste seul aux Archives de la guerre.

Archives du Dépôt de la guerre, année 1748, les 22 premiers jours d'avril, 2ᵉ volume, N° 147. *Traduit de l'allemand.*

Varsovie, le 23 mars 1748.

« Très-gracieux (Monseigneur),

« Mon long silence aura sans doute étonné Votre Excellence, mais j'ai perdu un postillon, que j'avais envoyé de Kowno, et je ne sais pas encore à cette heure s'il a été pris par les Russes, ou s'il est devenu infidèle pour les quelques ducats que je lui avais remis. Heureusement pour moi, je n'avais pas signé la lettre. J'ai l'honneur de vous informer aujourd'hui que j'ai passé la revue de tout le corps russe. Ils sont en fort bon état, bien montés, et ont avec eux beaucoup de bons officiers, la plupart Allemands purs. Ils se composent de 23 régiments, tous à deux bataillons ; le troisième bataillon de chaque régiment est resté à la frontière. Ils ont dans chaque régiment quatre petites pièces de campagne pour l'ordinaire, outre les cinq chariots de malades, et, dans chaque escouade deux chariots d'artillerie ; chaque compagnie a encore deux chariots d'équipage, sans compter ceux des officiers. Ils avaient très-peu de malades ; dans quelques régiments il y en avait 4, 5 ou 6, mais pas plus. Les généraux sont : le feldzeugmeister prince Repnin, les lieutenants généraux Lieven et Lapouchin, les généraux majors Stuart, Broun, Golowin, Soltikow et Voyekow. Le lieutenant général Liewen a l'avant-garde, et j'ai eu l'honneur de le saluer à Grodno. J'ai encore été assez heureux pour avoir entre les mains, pendant quelques minutes, l'état général de tout le corps. Il ressort de cet état que, au 10 de ce mois, il y avait en effectif trente et un mille deux cent vingt-six hommes armés, et avec les officiers, sous-officiers, tambours et fifres, il y avait plus de trente-quatre mille cinq cents et quelques hommes. J'ai vu aussi tout leur ordre de marche. Les premiers sont partis de Grodno le 12, et ils ont eu 32 jours de marche à faire pour arriver à Cracovie ; mais ces messieurs ont oublié, dans ce calcul, qu'ils ne doivent pas aller par la grande route, qu'il est impossible qu'ils la tiennent jusqu'à cette époque ; car Monseigneur sait combien il est difficile, dans les premiers jours, de passer la débâcle. Ils ne montent leurs magasins que de temps en temps ; il part toujours quelques officiers, plusieurs jours d'avance, pour acheter les provisions. La cour ne saurait trop remercier Votre Excellence, de la peine que vous avez prise d'écrire à vos bons amis ; les effets s'en sont déjà fait sentir à Grodno. Le général Branicki avait promis de fournir une grande quantité de farine et de gruau, et déjà tout était prêt, mais, sur les représentations du voïvode de Sandomir, il n'a pas fait cette livraison, ce qui a été cause que les régiments ont dû séjourner deux jours de plus à Grodno. Je suis sûr que, dès qu'ils mettront le pied sur le territoire de Sandomir et de Cracovie, ils rencontreront certainement de bien plus grands obstacles encore. Mais votre lettre au primat a failli me devenir très-fatale. Je suis effrayé de ce que le général Liewen m'ait montré une lettre du prince Czartoryiski, dans laquelle il lui envoyait copie de votre lettre aux

CHAPITRE XIV.

primats, en lui mandant qu'elle avait été apportée par deux officiers de votre régiment, qui seraient venus jusqu'à Varsovie et auraient ensuite disparu tout à-coup. On m'a tendu toutes sortes de filets, mais je me suis tiré d'affaire avec mon passe-port du prince de Sarbrück, et j'ai même dit que je savais que des officiers français étaient arrivés à Varsovie, mais que je ne les connaissais pas du tout.

« Tout cela ne m'a cependant pas empêché de trouver les moyens de voir la feuille d'ordre, que le prince Repnin n'a ouverte qu'arrivé en Pologne, et dans laquelle il lui est expressément commandé de n'avancer que jusqu'à Olmütz dans la Haute-Silésie, où il devra rencontrer un général de l'impératrice des Romains et un autre des Hollandais, dont le premier prendrait le commandement en chef. Néanmoins il ne doit partir d'ici que lorsqu'il aura reçu de nouveaux ordres de S. M. l'empereur de Russie.

« Je ne puis, Monseigneur, confier aucun nom au papier, mais je puis vous assurer, et vous pouvez y compter en toute confiance, que jusqu'à présent les troupes russes ne sont pas destinées à autre chose qu'à marcher seulement jusque sur la frontière de Silésie ; et avant cela, aux quatre millions en argent qu'ils ont déjà fournis depuis trois ans, les Anglais et les Hollandais en ajouteront huit. On peut encore inférer de bien des choses que cette marche n'a pour objet que d'inspirer de la crainte, car d'abord ils ne se pressent pas du tout; en second lieu, s'ils voulaient avancer plus loin, ils ne se seraient pas permis un si grand train d'équipage; en troisième lieu, il a été monté à Cracovie un magasin pour quatorze jours, et enfin je tiens de bonne source que messieurs les Hollandais en auraient requis un depuis un an.

« Les Russes payent tout très-bien, et les Juifs leur procurent tous les vivres qu'il faut, mais fort cher.

« Outre les 23 régiments à pied, il y a encore 400 dragons et grenadiers, et 400 Cosaques du Don et Schouyouviens.

« J'ai fait à monsieur Castera une visite de nuit, et lui ai appris l'effet des lettres de Votre Excellence. Il a été très-surpris de me voir, attendu que le voïvode de Russie lui avait raconté, avec un air d'ironie, que deux officiers français avaient été arrêtés en Pologne.

« L'ordre d'avoir à payer l'argent est arrivé à monsieur le baron de Raiacow, et il était grand temps, car il ne me restait absolument plus rien.

« D'ici je vais chez M. de Michalowsky tout près de Cracovie, où j'espère apprendre ce qu'il en aura été de la marche des troupes et ce qu'elles entreprendront ultérieurement ; mais, comme elles ne peuvent pas y arriver sitôt que cela, je resterai encore ici quelques jours, pour montrer d'abord au prince Czartoryiski que la marche russe ne m'importe en aucune façon, ensuite pour me remettre un peu, car une fièvre de quatre jours, dont je n'ai pas cessé de souffrir, m'a rendu bon à rien.

« J'attends que le moment soit venu d'aller faire un tour à la foire de Brody, où j'exécuterai les ordres et ferai les commissions de Votre Excellence. Le Père Selawsky m'a rappelé de demander à Votre Excellence carte blanche pour donner quittance de l'argent qu'il est disposé à livrer pour les commissions qui m'ont été confiées.....

« Je prends la liberté de me dire,

« de Votre Excellence,

« le très-obéissant serviteur,

Signé : De Rennenkampff. »

Un rapport reçu par M. d'Argenson d'un autre côté[1] vint confirmer pleinement celui qui précède ; on y faisait monter la totalité de l'armée russe à 37631 hommes, y compris tous les gens qui en dépendaient. Le correspondant qui écrivait au ministre mettait au nombre des généraux de cette armée le czarewitz de Géorgie, auquel on conservait le même titre qu'aux fils des souverains de toutes les Russies, et Orloff, général-major et premier commissaire des guerres : c'est ainsi qu'une fortune plus grande que désirable commençait à poindre.

[1] Ce rapport est conservé aux Archives de la guerre, commencement de mai 1748.

CHAPITRE XIV.

Le comte d'Argenson au maréchal de Lowendal.

« Le 21 avril 1748.

« J'ai lu au conseil, Monsieur, la lettre que vous m'avez fait l'honneur de m'écrire le 13 de ce mois et la relation qui y était jointe, d'un des officiers que vous avez envoyés en Pologne pour s'informer de la marche des Russes. Le roi a paru très-satisfait des détails qu'elle contient, et de l'effet que vos lettres ont produit dans votre famille, pour retarder ces troupes en augmentant la difficulté des approvisionnements sur leur route. Quant à ce qu'on prétend qu'elles ne doivent pas passer Olmütz sans de nouveaux ordres, et qu'elles sont uniquement destinées à rester sur les frontières de la Silésie, je crois qu'il faut attendre que cette nouvelle se confirme. Au surplus, la manière dont vous venez d'ouvrir la campagne, et la vivacité avec laquelle vous vous préparez de continuer l'attaque de Maestricht, qui vous est confiée, ne doit pas faire espérer aux alliés que ces troupes puissent jamais les joindre assez à temps pour rétablir le désordre de leurs affaires dans les Pays-Bas. S. M. a vu avec plaisir que vous espériez que la place serait rendue vers la fin du mois ; et, en attendant qu'elle aille prendre possession de cette conquête, je vous serai obligé de vouloir bien me mettre en état de l'informer journellement des progrès, des efforts que vous ferez pour la lui procurer. »

L'organisation des troupes russes avait fait des progrès depuis le maréchal de Munich, mais non pas d'après lui; elle était bonne, comme on le voit, en 1748. L'idée d'attacher quatre petites pièces de canon à chaque régiment a fait bien du chemin aujourd'hui, et nous ne savons point si l'on ne multipliera pas tellement ces engins de guerre, que les fusils, même à aiguille, ne serviront plus que très-accidentellement. Il y a cependant loin des combats corps à corps de nos vieux gens d'armes à ceux qui se livrent déjà entre des ennemis hors de vue à l'œil nu.

En formant de grands magasins, les Russes

CHAPITRE XIV.

s'étaient prémunis contre les difficultés qu'ils pouvaient trouver dans le pays pour y subsister.

On voit dans la lettre qui précède que le prince Czartoryiski, et probablement beaucoup d'autres membres de la noblesse polonaise, pressentaient tous les maux que la Russie devait faire peser sur leur pays, et auraient été disposés à lui susciter des embarras, dont elle se garantissait ; mais ces approvisionnements si coûteux indiquaient assez qu'elle ne ferait marcher son armée qu'autant que l'Angleterre augmenterait considérablement les subsides qu'elle lui payait déjà. La guerre, très-dispendieuse pour la Grande-Bretagne, n'avait que des résultats désastreux pour les Hollandais; il était facile de prévoir qu'ils se désuniraient de plus en plus.

M. de Rennenkampff avait vu l'armée du prince Repnin en bon état, bien pourvue de tout; le rapport dont nous allons donner l'extrait la montre en marche dans les fanges dégelées de la Pologne. Rien ne la hâtait ; au contraire, les Russes, habitués à des hivers affreux, n'étaient accompagnés que d'une aversion très-muette de la part des habitants du pays, sans aucune hostilité ouverte, et cependant cette marche, effectuée si paisiblement, avait suffi pour délabrer leurs troupes. Cela pourra aider à juger de tous les maux que les débris de la grande armée française eurent à endurer pendant la retraite de Russie en 1812.

Un certain de Labunague, ancien lieutenant dans le régiment Colonel-général-dragons, avait aussi été envoyé en Pologne pour observer les Russes ; il fit au ministre de la guerre un rapport, où il rendait compte de leurs souffrances en route pendant le dégel, de la fatigue de leurs soldats chargés de vêtements et d'armes dont le poids était fort lourd, de la lenteur de leur marche, qui n'était quelquefois, et dans les plus beaux jours, que de deux milles en 12 ou 13 heures. Labunague avait vu périr chaque jour cinq à six hommes par régiment, et jusqu'à trente par les temps de pluie. Les soldats russes étaient si mal nourris, au dire de l'observateur, qu'il s'engendrait parmi eux toutes sortes de maladies. Leurs chevaux périssaient rapidement ; des officiers prussiens débauchaient beaucoup de leurs hommes par l'entremise des juifs polonais. La conclusion de ce rapport était que, si les Russes avaient continué à marcher jusqu'en Hollande, leur armée y aurait été réduite à moins de la moitié en y arrivant. Labunague disait que, lorsque les Moscovites tombaient malades, on s'en débarrassait en les noyant dans quelque rivière, ou qu'on les enterrait tout vifs, mais en leur laissant la persuasion que c'était un moyen de les mettre en route pour retourner dans leur pays. A Ticoxin, Labunague avait vu un groupe de soldats parmi lesquels trois jetaient les hauts cris; il les avait suivis jusque dans une église grecque, où on enterra tout vivants ces trois malheureux qui apparemment ne s'étaient pas laissés convaincre qu'on employait la meilleure manière de les faire rentrer dans leurs foyers.

CHAPITRE XV.

Campagne de 1748. — Marche du maréchal de Lowendal sur la rive droite de la Meuse. — Investissement, siége et prise de Maestricht.

Au commencement de l'année 1748, les alliés avaient été très-occupés des entreprises qu'ils pourraient faire; et à Paris les politiques du jardin du Luxembourg l'étaient très-sérieusement de celles que le maréchal de Saxe ne manquerait pas d'exécuter; mais, comme il ne les avait pas instruits du projet conçu pour la campagne prochaine, ils étaient d'accord pour penser qu'il ne songerait pas au siége de Maestricht, puisqu'il avait gagné deux batailles à ses portes, sans essayer de les faire ouvrir.

Il n'est pas sans intérêt d'examiner les raisons sur lesquelles le maréchal de Noailles a appuyé son avis sur ce siége. Il fallait, selon lui, porter les plus grands efforts contre les Hollandais, puisque c'était ce qui devait le plus affecter les Anglais. Le gouvernement du stathouder était leur ouvrage, ils régnaient sur les Provinces-Unies sous le nom d'un prince uni à la maison royale d'Angleterre par la plus étroite alliance. « De tous les accroissements dont la France est susceptible (disait le maréchal de Noailles), ceux qu'elle ferait dans les Pays-Bas contribueraient le plus à l'augmentation de sa puissance...... Ce pays est à portée des côtes d'Angleterre. On sent combien la jalousie de cette nation est intéressée à ce que la France n'y étende pas sa domination. »

Les intérêts indiqués par le maréchal de Noailles pourront rester en jeu. Les événements de 1866 ne semblent pas encore devoir amener une solution ; elle n'aurait lieu probablement qu'après une très-grande guerre. Peut-on la désirer ?

Louis XV et son fidèle serviteur, le maréchal de Noailles, ne songeaient point à des conquêtes ; ils ne voulaient qu'une paix honorable. Elle se

CHAPITRE XV.

fit après la prise de Berg-op-Zoom et de Maestricht, et procura au roi une gloire très-rare, celle qui est due à la modération et au désintéressement d'un vainqueur.

Maestricht était la seule porte qui restât aux alliés pour rentrer en Brabant, et la dernière que les Français eussent à forcer pour pénétrer dans l'intérieur des Provinces-Unies. Le siége de cette place, sans offrir les mêmes difficultés que celui qui avait clos si brillamment la campagne de 1747, en présentait encore de grandes. Il fallait prendre des dispositions dans le secret le plus absolu, ce qui n'est pas aisé quand il s'agit de préparer tous les moyens qu'une grande opération exige, et donner, autant que possible, le change non-seulement aux ennemis qui n'auraient pas dû le prendre facilement, mais même aux troupes françaises destinées à passer la Meuse. Essayer de surprendre les quartiers autrichiens dans le Luxembourg, le Limbourg et le pays de Liége; traverser rapidement ces contrées, pendant que le comte de Saxe semblerait en vouloir à Bréda, prévenir les Anglais, les Hollandais et les Hanovriens, occuper, avant eux, le bassin formé par la Beruine et la Gueule, deux affluents de la rive droite de la Meuse, et investir Maestricht de ce côté[1] : telle fut la tâche épineuse confiée au comte de Lowendal.

Au commencement de janvier ce maréchal résidait dans son commandement de Namur, commandait sur toute la frontière, et avait sous ses ordres vingt-quatre lieutenants généraux et vingt-quatre maréchaux de camp employés dans les places du nord où ils veillaient à leur sûreté, et à exercer dans leurs quartiers des troupes qui s'élevaient à cent cinquante-cinq bataillons et cent quatre-vingt-six escadrons. Elles avaient en face d'elles cent trente-sept bataillons et cent quatre-vingt-huit escadrons, composant l'armée des alliés.

Ce fut pendant l'hiver de 1748 que l'on s'occupa d'établir de l'uniformité dans les exercices de tous les régiments français, ou étrangers au service de la France. La comparaison fit préférer l'exercice à la prussienne à tous les autres.

[1] Mémoires de Noailles.

Durant la mauvaise saison le maréchal de Lowendal fit réparer, sans y mettre trop d'affectation, une centaine de barques qui étaient sur la Meuse. Cela pouvait inspirer à l'ennemi l'idée d'une expédition sur Bréda, mais ne détourna pas leur attention de Maestricht, où ils firent quelques apprêts de défense.

Le 24 janvier, M. de Lowendal se rendit à Bruxelles, puis au Sas-de-Gand, pour examiner les vingt-sept felouques ou brigantins que M. de Lage devait faire achever vers le 15 février.

Le 26, il arriva à Anvers, et y passa plusieurs jours. Il s'étonnait qu'après tout ce qu'il avait fait entrer à Berg-op-Zoom, on eût besoin de si fréquents convois. Le maréchal de Lowendal ne voulait pas seulement voir de près s'il n'y avait point d'abus à réprimer, et prendre de dernières mesures pour l'approvisionnement de Berg-op-Zoom, mais aussi examiner s'il y aurait moyen d'entamer quelques quartiers des ennemis. Le seul bruit de son voyage causa de l'inquiétude parmi eux, et leur fit faire divers mouvements. Ils renforcèrent leurs postes à Oudenbosch, à Tholen et à Steenberg, dont les habitants étaient si maltraités par eux qu'il s'en réfugia une quantité à Berg-op-Zoom.

Au commencement de février, un détachement de la garnison de Namur s'empara de chevaux et de charrettes chargées de grains, de quantité de chemises, de chapeaux, et de neuf mille paires de souliers que des hussards ennemis devaient escorter jusqu'à Luxembourg.

En attendant le moment d'exécuter de plus grandes opérations, on cherchait la possibilité d'en faire quelques autres.

Le maréchal de Lowendal au maréchal-général.

Anvers, le 4 février 1748.

« Depuis mon arrivée ici, je n'ai certainement point perdu de vue tout ce qui a rapport aux besoins de Berg-op-Zoom, de même que les arrangements qu'il y aurait à prendre pour pouvoir profiter de la gelée et faire quelque entreprise sur le Zuyd-Bevelant, par le moyen des felouques.

« Quant au premier point, comme il n'est pas question ici de faire des procès-verbaux pour savoir qui a raison ou tort, et que le plus pressé est de porter des remèdes, j'aurai soin que dorénavant les convois ne soient composés que des choses nécessaires et non superflues.

« L'article de l'artillerie, qui fait aussi un besoin de Berg-op-Zoom, est plus difficile à remédier. Sur la demande que j'ai faite à M. de Mouy, comment il se pouvait qu'avec la quantité énorme de bouches à feu qu'on avait prises dans la ville on en demandât encore cinquante pièces, il m'a répondu que l'on n'avait pas bien examiné les pièces dans les premiers temps, et qu'il s'en était trouvé tant de défectueuses parmi, que l'on était réduit à en demander d'autres. Ni ces canons, ni les autres munitions et fers coulés, qu'on y désire, ne sont ici et n'arriveront que dans le courant de février ou mars. Ainsi l'on n'y peut rien faire dans ce moment, quand même on le voudrait.

« Il est, au reste, bien certain que l'approvisionnement de Berg-op-Zoom devient un objet très-difficile. L'appréhension continuelle des ennemis a été cause qu'ils se sont extrêmement renforcés dans la partie de Bréda et d'Oudenbosch. Cette circonstance les porte à profiter de leur nombre pour harceler nos convois qui sont d'autant plus pénibles que la garnison de Berg-op-Zoom demande jusqu'au bois et la houille.

« Le moindre convoi consiste en trois cents et jusqu'à quatre cents chariots, et l'on ne peut les rassembler sans que les ennemis n'en soient instruits à temps.

« J'en viens aux expéditions d'hiver que nous pourrions entreprendre. Si l'on veut être à l'affût de la gelée pour faire une irruption sur Tholen ou Steenberg, il faudra faire marcher les troupes que l'on destine à cela, car celles de Berg-op-Zoom sont si amoindries, et en si mauvais état, qu'à peine suffisent-elles pour garder la ville et les forts. Il y aura la difficulté de les loger. Cela ne se peut à Berg-op-Zoom, où il n'y a point de couvert, et si vous remuez des troupes, l'ennemi est averti. Encore est-il incertain s'il gèlera cette année assez fort pour pouvoir passer sur la glace hommes et artillerie. Les habitants d'ici disent que depuis l'année 1740 il n'a pas gelé assez fortement pour un pareil passage. Et l'idée de passer sur la glace entre Stanvliet et

CHAPITRE XV.

Berg-op-Zoom ne peut avoir lieu, l'Escaut y laissant toujours un canal assez profond qui ne gèle que très-rarement.

« Dans les marées bien basses, ce canal ne reste que six minutes à trois pieds de profondeur, mais le paysan qui l'a passé alors, et que l'on a beaucoup questionné, assure qu'il faut se dépêcher, puisque chaque minute après l'eau hausse d'un pied. Outre ce canal, il y a une lieue et demie de vase et d'eau basse à passer; ce qui prouve qu'une troupe ne peut guère tenter ce passage.

« Il reste à parler de l'irruption que l'on pourrait faire par les felouques dans le Zuyd-Bevelant. M. de Lage assure que les vingt-sept brigantins seront achevés le 20 février; ces barques pourront tenir sept à huit mille hommes. Je crois que l'on en tirera un bon usage. Si les ennemis veulent empêcher les petites descentes que l'on peut tenter, il faut qu'ils bordent continuellement leurs digues de troupes, et qu'ils emploient leur flotte à garder les côtes comme elle fait à présent; car depuis la terre de Walcheren, où est située la ville de Flessingue, jusque vers Stanvliet ils ont plus de quatre-vingts vaisseaux armés en guerre, et leurs digues, depuis Krabendick jusqu'à l'extrémité du pays de Goes, ont des batteries de huit pièces de canons de distance en distance pour en empêcher l'approche.

« Tout cela n'empêche pas que l'on ne puisse se fourrer avec de petites barques dans les intervalles, et mettre l'alarme dans tout le pays.

« Si vous considérez la dépense que cela occasionne aux ennemis, avec le nombre de troupes qu'ils sont obligés de laisser dans cette partie, vous trouverez la dépense que vous avez mise à la construction des felouques fort bien employée.

« En conséquence de tout ceci, monsieur, décidez quelles troupes vous voulez qu'on remue pour faire l'une ou l'autre expédition, si les circonstances le permettent. Je crois vous avoir exposé l'état de la garnison de Berg-op-Zoom ; celle d'Anvers n'en diffère guère ; ainsi vos ordres seront d'autant plus nécessaires.

« J'irai dans trois jours à Berg-op-Zoom, je

me ferai suivre d'un convoi le 8 et le 9, et je renforcerai l'escorte. »

Les États de Hollande avaient répondu aux propositions pacifiques du roi, qu'ils emploieraient tous les moyens que Dieu et la nature leur avaient mis en main pour la conservation de leur liberté et de leur religion (qui n'étaient nullement menacées), et qu'ils étaient dans la ferme résolution de risquer leurs biens et leurs vies jusqu'à la dernière extrémité, pour leur légitime défense. Il était impossible de ne pas faire succéder d'autres dispositions à celles que Louis XV leur avait manifestées dans un sentiment de modération et d'humanité. On devait donc se préparer à recommencer les hostilités au printemps.

Quoique les puissances belligérantes dussent être représentées au congrès d'Aix-la-Chapelle, les Français se disposaient très-activement à entrer en campagne. Elle fut ouverte conformément aux savantes combinaisons que le maréchal de Saxe avait confiées au maréchal de Lowendal, qui avait fait un dernier voyage, le 28 mars, à

Bruxelles, où ils s'étaient concertés secrètement. Il fallait achever de décourager les Hollandais, les obliger à renoncer à leurs alliances, leur ôter leur seul espoir, leur dernier rempart, en leur enlevant Maestricht; ce devait être un coup décisif.

Le maréchal de Lowendal avait embarqué à Namur l'artillerie qu'il y avait rassemblée; il avait fait confectionner des pontons, quantité de gabions et de fascines dans le voisinage de l'Escaut.

Dès le commencement de mars, sans attendre les recrues ni le retour des officiers absents par congé, les troupes françaises étaient sorties de leurs quartiers d'hiver. Pour donner le change aux ennemis, elles avaient ordre de se rendre sur la Dyle et la Nèthe, en avant de Bruxelles, dans la direction de Bréda.

Un mémoire instructif, adressé le 25 mars au maréchal de Lowendal, par le maréchal-général, va faire connaître le plan qui fut si habilement exécuté.

« Ayant déjà entretenu M. de Lowendal sur l'expédition dont je le charge, et l'ayant ins-

CHAPITRE XV.

truit du plan général de l'opération que j'ai en vue, ainsi que de la part principale qu'il y devait avoir, il ne reste plus qu'à lui remettre :

« 1° Un état des troupes qui sont sous ses ordres ;

« 2° Un tableau par lequel il verra le jour que chaque division qui en fait partie doit déboucher, etc. ;

« 3° Une copie des instructions particulières que j'ai fait remettre à l'officier général qui conduira chaque division. »

Le maréchal de Saxe indiquait ensuite combien il serait préférable que le maréchal de Lowendal pût suivre le chemin le plus court, par Durbuy (sur l'Ourthe) et Liége, pour faire plus promptement, et presque infailliblement, l'investissement de Maestricht, et encore l'avantage qu'on retirerait de cette prompte marche qui rendrait les Français maîtres d'un passage sur la Meuse, faciliterait leur navigation sur ce fleuve et les transports des subsistances et des munitions. Le maréchal-général terminait en disant : « Malgré tous ces avantages, on sent bien qu'il peut se rencontrer dans cette marche des contre-temps et des obstacles insurmontables, et que ce sont les circonstances où M. de Lowendal se trouvera qui peuvent seules le décider. Ainsi, on se contente ici de lui en présenter le côté avantageux sans lui déguiser, en même temps, le risque et le danger qui se trouverait peut-être à l'entreprendre. »

Le risque et le danger prévu par le comte de Saxe consistait en ce que M. de Lowendal, marchant à la rive droite de la Meuse, isolé de la grande armée, pouvait être assailli par celle de l'ennemi tout entière. Il s'avança avec autant de prudence que de célérité, et décida le succès de l'entreprise.

Les forces des alliés se rassemblaient au nombre de cent cinquante mille hommes, en trois corps, sous Bréda, Eindhoden et Maestricht. On présumait que, si important qu'il fût pour eux de s'opposer à l'investissement de cette grande place de guerre, elle n'en serait garantie que par les Autrichiens; mais que, dès qu'ils apprendraient la marche du maréchal de Lowendal, ils s'avanceraient sur la rivière de Vesder pour en disputer le passage. Dans ce cas, ils devaient

CHAPITRE XV.

laisser aux Français la facilité de jeter un pont au-dessous de la basse Gueule, de couper leurs communications avec les autres corps alliés et de les obliger à se jeter dans Maestricht.

L'armée de Flandres se composait, au total, de quatre-vingt-quatorze bataillons, de cent quatre escadrons de cavalerie et de neuf de dragons. Le maréchal-général la commandait en chef. Le comte de Clermont (prince) et le maréchal de Lowendal devaient servir sous lui. Les lieutenants généraux employés à l'armée étaient au nombre de quarante-huit; quatre-vingt-sept maréchaux de camp et quatre-vingt-quatorze brigadiers commandaient les divisions ou les brigades composées de soldats éprouvés, parfaitement aguerris, pleins d'entrain et de gaieté, parce qu'ils se croyaient sûrs de vaincre sous des chefs qui ne les avaient jamais conduits qu'à la victoire.

Le gros corps de l'armée française et la maison du roi étaient commandés par le prince de Dombes. Un corps de réserve composé de quatre brigades d'infanterie et de deux de cavalerie fut confié au comte de Clermont. Un troisième corps de troupes légères devait éclairer les mouvements de l'ennemi, sous les ordres du comte d'Estrées, officier d'une grande réputation[1].

L'état des troupes destinées à marcher sous les ordres du maréchal de Lowendal les portait à cinquante-neuf bataillons et vingt-neuf escadrons. La compagnie de Fischer, et cinquante hussards, du régiment de Rosemberg, devaient éclairer cette armée partagée en six divisions[2]. M. de Saint-Germain commandait la première composée de vingt bataillons et de sept escadrons; la compagnie des hussards de Rosemberg devait la précéder, et six pièces d'artillerie la suivre; il ne fallait pas ralentir la marche par une artillerie nombreuse.

M. de Saint-Germain devait éviter, autant que possible, tout acte d'hostilité sur les terres du duché de Luxembourg. Ses instructions portaient que cette circonspection ne serait cependant

---

[1] Louis-César Letellier, fils de la sœur du dernier maréchal duc d'Estrées, dont il ajouta le nom au sien.

[2] Les cinq dernières divisions étaient commandées par lord Tyrkonel, le marquis de Montmorin, le comte de Lorges, et M. de Montbarey, maréchaux de camp. Le marquis d'Armentières était à la tête de la sixième division, et le marquis de Beaufremont servait sous lui.

observée que si une attaque n'offrait point de résultats importants, attendu qu'il fallait préférer à tout l'avantage de causer un vrai dommage à l'ennemi[1]. Pour se conformer aux ordres qu'il avait reçus, M. de Saint-Germain traita comme troupe neutre un bataillon autrichien cantonné à Arlon, et qu'il lui eût été facile de faire prisonnier.

La neutralité du Luxembourg, que les puissances viennent de rétablir, fut donc observée en 1748; mais l'armée du maréchal de Lowendal passa dans le pays comme à travers une toile d'araignée. Il en a toujours été et il en sera toujours ainsi de toutes les neutralités.

Des commis des vivres attachés à chaque division étaient chargés de payer comptant toutes les fournitures de pain, et de donner des reçus des fourrages requis dans le pays. Le maréchal de Lowendal avait recommandé la discipline la plus sévère; elle fut observée, car il

---

[1] Le maréchal de Saxe exprimait une opinion machiavélique. La politique honnête, celle qui inspire le respect et la confiance de tous, celle que saint Louis a pratiquée pour le bonheur des peuples de son temps, cette politique ne permet pas de violer une neutralité que l'on a reconnue soi-même, quelque avantage que l'on puisse y trouver.

savait être obéi. Au lieu de se rendre de Marche-
en-Famine à Honfalise, il passa par Durbuy, où
il séjourna le 4 et le 5, pour donner à ses divisions le temps de se trouver à sa hauteur. Celle
du marquis d'Armentières conduisait un convoi
de pain destiné aux autres. Leurs chefs avaient
le choix de se diriger, selon le plus ou moins de
facilité qu'ils trouveraient dans leur marche,
soit sur Limbourg, soit sur Verviers de préférence cependant, comme plus à portée d'un second convoi de pain qui devait venir de Liége.

Dès le mois de mars 1747, M. de Lowendal
avait informé le ministre des travaux exécutés à
Maestricht. Les anciennes mines étant hors d'état
d'être réparées, on en créait de nouvelles pour
cinq des bastions de la place. Les bourgeois de
la ville avaient eu ordre de se pourvoir de vivres pour six mois. Tout y était prêt; on avait dû
lâcher les écluses le 28 février, pour éprouver
leur effet. Les alliés étaient, en 1747, parfaitement en mesure; ils occupaient le camp de Saint-
Pierre, et c'était un point très-important. En
1748, ils avaient négligé cette précaution essentielle, et cela diminua les difficultés de la tâche

que le maréchal de Lowendal eut à accomplir.

Pour fixer l'attention des alliés sur le bas Escaut, on travaillait à Anvers à un équipage de siége; mais, comme l'année précédente il en était resté un de cent pièces de canon à Namur, il fallait bien moins de préparatifs sur la Meuse, où des travaux importants auraient donné des soupçons. Le marquis de Rostaing, qui commandait le parc de Namur, avait eu ordre d'y rassembler seulement, sous divers prétextes, les bateaux nécessaires pour transporter des munitions de guerre sous Maestricht. Namur devait encore recevoir de Metz vingt pièces de campagne et un équipage de pontons sur haquets, sous l'escorte du bataillon de Royal-artillerie, commandé par M. de Gaudechart. Tout se mit en mouvement, et le maréchal de Lowendal écrivit au ministre :

« De Marche-en-Famine, le 3 avril 1748.

« Monseigneur,

« Je suis arrivé hier ici avec les deux colonnes de la gauche, et ce n'a pas été sans peine, à cause des mauvais temps et des mauvais chemins. . . . . . Je me suis déterminé à suivre la route de Durbuy avec ces deux colonnes ; je gagne par là huit ou dix lieues de chemin. Je puis, en cas de besoin, rejoindre en quatre ou cinq heures les colonnes qui marchent à ma droite, et je m'approche plus facilement de mon objet, qui est de passer la rivière de Vesder en deux endroits différents, savoir : à Verviers et à Fraipont. . . . . . J'ai envoyé Fischer avec son corps pour se saisir du pont de Pierre-sur-Ourthe, qui est près de Hotton. Il y a trouvé près de deux cents hussards et deux compagnies de dragons d'Althan qui les soutenaient. Les gens de Fischer les ont mis en fuite, les ont poursuivis pendant trois lieues, leur ont tué une quinzaine d'hommes, et leur ont fait dix-sept prisonniers. Fischer a perdu une dizaine d'hommes tant tués que blessés ; mais il a travaillé en échange fort avantageusement sur les équipages des ennemis ; car, ces troupes-là étant en marche, il y a fait un butin considérable. . . . . . Comme la rivière d'Ourthe doit porter quantité de bateaux, je tâcherai de m'en saisir et de les faire conduire à Liége pour tous les usages que nous pourrions vouloir en faire...... J'ai trouvé suffisamment de fourrages partout, de sorte que je n'ai pas touché encore à ce que j'en ai pris avec moi. On a trouvé moyen aussi de se faire fournir du pain, en payant, pour deux ou trois jours. »

Le maréchal de Lowendal avait passé la rivière d'Ourthe avec ses deux premières divisions sur le pont que la brave compagnie de Fischer avait fait abandonner à l'ennemi.

Le comte d'Argenson au maréchal de Lowendal.

« A Versailles, le 5 avril 1748.

« Votre courrier m'a remis ce matin, Monsieur, la lettre que vous m'avez fait l'honneur de m'écrire, le 3 de ce mois, datée de Marche, où vous étiez arrivé la veille avec deux colonnes. Le Roi, à qui j'en ai rendu compte, a vu avec satisfaction le succès de ce premier début, et les secours de tous genres que vous avez eu l'habileté de tirer du pays, où jusqu'à ce moment vous aviez cantonné les troupes, ce qui aura beaucoup contribué à la facilité des subsistances. Il est à désirer que vous ne trouviez pas plus d'opposition au passage de la Vèze [1] qu'à celui de l'Ourthe...... La précaution de faire enlever tous les bateaux de ces petites rivières pour les conduire à Liége a paru très-sage et très-utile à S. M...... Nous attendons, avec impatience, des nouvelles de la marche que M. le maréchal de Saxe vient de faire en personne du côté de Berg-op-Zoom, pour protéger l'arrivée d'un grand convoi dont vous savez que cette place a besoin pour être en état de soutenir les efforts de diversion que les ennemis pourraient tenter dans cette partie, pendant que vous leur donnerez des affaires ailleurs. Au surplus, soyez persuadé, M., de toute la confiance que S. M. a dans votre valeur et votre expérience, pour le succès des entreprises dont elle vous charge. Je me flatte que vous l'êtes également de la *sincérité* de l'attachement avec lequel j'ai l'honneur, M., etc. »

[1] Lisez Vesder.

CHAPITRE XV.

Après avoir fait reconnaître le pays par le chevalier de Soupire, aide-maréchal général des logis, le maréchal de Lowendal passa la nuit à Verviers avec sa première division ; le 8, il campa à Melin, entre cette ville et Liége, avec les 5e et 6e divisions de son armée ; il se rapprochait ainsi de Maestricht, et séjourna à Melin pour attendre la 2e et la 3e. La 4e resta à Verviers pour escorter le fourrage et le biscuit qui n'avaient pu suivre.

Les troupes destinées à agir sur la rive gauche de la Meuse étaient arrivées le 29 et le 30 mars aux environs de Bruxelles. Le maréchal de Saxe avait approvisionné Berg-op-Zoom pour trois mois, au moyen de trois convois, les deux premiers chacun de 1,250 chariots, le troisième de 600 chariots chargés de pain, et il en avait surveillé la marche par lui-même ; dissimulant toujours son plan de campagne, il était revenu à Anvers le 30, annonçant que le maréchal de Lowendal allait l'y joindre ; mais, au lieu de cela, M. de Lowendal s'était rendu de Bruxelles à Namur pour mettre son corps d'armée en marche, comme nous venons de le voir.

Le maréchal de Saxe avait su inquiéter les alliés sur Bréda, Luxembourg et Maestricht. En se portant de sa personne vers Berg-op-Zoom avec 25,000 hommes, il tournait le dos à la seule ville dont il convoitait la prise, à Maestricht, mais il devait bientôt faire un demi-tour à droite.

Il avait fait jeter plusieurs ponts sur la Senne et la Dyle pour persuader aux alliés qu'il voulait se porter sur les deux rives. Le corps du comte d'Estrées et celui du marquis de Contades avaient été dirigés dans la direction de ces deux rivières; cependant le comte d'Estrées devait remonter le Demer par sa rive droite, pour se rapprocher de Maestricht après le ravitaillement de Berg-op-Zoom. Malgré toutes les précautions du maréchal de Saxe pour dissimuler son projet, le duc de Cumberland avait fait enlever la plupart des voitures, des chevaux et des bœufs entre Namur et le duché de Limbourg, fortifier la hauteur de Berg et élever des batteries depuis cette hauteur jusqu'à Wick, faubourg de Maestricht, sur la rive droite de la Meuse. Le maréchal de Saxe était, le 8 avril, à Smermaes, au-dessous de Maestricht, et s'y servit de quelques

CHAPITRE XV.

bateaux pour faire passer la Meuse à quatre compagnies de grenadiers qui occupèrent le château d'Op-Haren, très-fort par lui-même. L'occupation de ce poste était importante : il devait devenir la tête d'un pont qui ne fut achevé que le lendemain à midi. Le retard que cette installation occasionna ne permit pas d'attaquer les Autrichiens dispersés dans leurs cantonnements, et donna au comte de Chandos le temps de les réunir. Il fit entrer dans Maestricht un renfort de douze bataillons, de six cents chevaux, et se replia avec le reste de ses troupes sur Ruremonde; mais les alliés avaient négligé, comme nous l'avons déjà dit, la précaution qu'ils avaient prise, en 1747, pour protéger Maestricht par le camp de Saint-Pierre.

Le maréchal de Lowendal avait laissé dans le Limbourg la compagnie de Fischer et le régiment de hussards de Rougrave. Le général Baroniay s'effaçait devant eux avec les deux régiments de hussards et les trente mille hommes d'infanterie qu'il commandait. M. de Lowendal avait campé le 10 à Bombaye, entre la Beruine et le Fouron. Il arriva le 11 à Op-Haren, au-dessous duquel il appuya sa gauche ; mais il ne put compléter l'investissement de Maestricht, sur la rive droite de la Meuse, que le 13 avril. Le 12, le comte de Lorges, resté en arrière pour rassembler des fourrages, avait rejoint, et se trouvait campé à la droite avec dix-sept bataillons ; les troupes de la gauche s'étaient rapprochées de la place. M. d'Espagnac s'est complu à faire remarquer le secret et l'exactitude avec lesquels les mouvements combinés des deux généraux français s'étaient exécutés.

L'investissement de Maestricht eût été impossible tant qu'il y aurait eu une armée de secours derrière la place. En marchant sur la rive droite de la Meuse, le maréchal de Lowendal prenait cette armée à revers si elle s'y était maintenue. Sa marche attirait l'attention des alliés sur la haute Meuse, elle facilitait la possibilité pour les Français de jeter un pont sur ce fleuve au-dessous de Maestricht, et son investissement sur les deux rives, sans que les quatre-vingt mille hommes commandés par le duc de Cumberland pussent s'y opposer.

Le 13, le maréchal général confia la conduite

CHAPITRE XV.

du siége au maréchal de Lowendal ; ils reconnurent ensemble les dehors et les fortifications de la place, et jugèrent qu'abandonnée à ses propres forces, elle serait réduite en moins de temps que Berg-op-Zoom, malgré sa garnison de douze bataillons d'Autrichiens, sept de Hollandais, quatre de Hessois et les quatre cents chevaux qui y étaient renfermés.

Le maréchal de Lowendal avait établi son quartier général à un quart de lieue de celui du comte de Saxe, dans le château d'Op-Haren, où il se trouvait à proximité des attaques. Il fit construire deux redoutes pour garder ses derrières, l'une entre son camp et le moulin de Grumsfeld, l'autre entre ce moulin et les ponts que M. de Brézé avait établis en amont de la Meuse. Ces redoutes devaient s'opposer aux sorties de la garnison dans cette direction.

Le chevalier de Soupire, aide-major général, écrivait au ministre le 14 : « M. le maréchal de Lowendal vous fera sans doute part de l'ouverture de la tranchée ; on l'a laissé approcher de très-près, hier et aujourd'hui, de la place, qu'il a reconnue seul ; je me suis contenté de le suivre à pied pour la reconnaître aussi..... » Cet officier général ajoutait, d'après le rapport d'espions venus de Luxembourg, que les ennemis ne s'étaient pas doutés un moment de l'investissement de Maestricht; même deux jours après que les divisions avaient passé Bastogne, ils prenaient cette marche pour une ruse de guerre.

« Il faut espérer, disait-il en terminant, que, de la façon dont on attaquera cette place, elle ne tiendra pas autant que ses fortifications semblent l'exiger..... »

Il y avait une raison pour que Maestricht ne fît pas une magnifique défense ; M. de Marshall, commandant les troupes autrichiennes dans la place, ne s'entendait point avec M. d'Aylva, qui en était gouverneur et commandait la garnison hollandaise.

Le maréchal de Saxe s'était préparé de son côté à bien recevoir les alliés s'ils tentaient de faire lever le siége; le 15 avril, il faisait construire dix-neuf redoutes sur le front de sa ligne, et le maréchal de Lowendal assistait avec lui à l'ouverture de la tranchée sur la rive gauche.

« La bonne position de nos troupes sur les

CHAPITRE XV.

deux rives de la Meuse et sur le Demer ne permit aux ennemis ni de secourir la place, ni de faire une diversion en sa faveur. Ils furent réduits à se retrancher eux-mêmes, les Anglais, Hanovriens et Autrichiens entre la Meuse et la Roer, les Hollandais et les Hessois sous Bréda, en sorte que rien du dehors ne vint s'opposer aux opérations du maréchal de Lowendal.

« ... Il n'eut pas de peine à les pousser avec la même vivacité et le même succès qui l'avait fait triompher de Berg-op-Zoom et de tant d'autres places [1]. »

Les attaques devaient se faire, selon le système du maréchal de Lowendal, sur les deux rives à la fois ; dans la nuit du 15 au 16, six mille travailleurs exécutèrent à la grande attaque plus de deux mille toises de parallèles et quinze cents toises de communications. Deux mille travailleurs firent à l'attaque de Wick, grand faubourg de Maestricht sur la rive droite, sept cents toises de parallèles et six cents de communications.

[1] Mémoire de M. Sarazin de Belmont, formant le préambule de la correspondance du ministre de la guerre, vol. 3277.

Sur la rive gauche ces opérations s'exécutèrent sans opposition ; la tranchée sur la rive droite partait de la Meuse et longeait le chemin de Maestricht à Ruremonde ; les assiégés n'aperçurent ce travail et ne commencèrent à tirer dessus que le 16 au matin.

La partie de la rive droite de la haute Meuse près d'Eisden, où étaient les ponts, se trouvait dégarnie les jours où l'on en tirait des troupes pour le service de la tranchée ; le maréchal de Lowendal y envoya les régiments de dragons d'Egmont et de Caraman.

Pendant la nuit du 17 au 18, huit cents hommes commandés par le prince d'Arenberg firent une sortie sur la rive droite, mirent les travailleurs en désordre et comblèrent les toises de la seconde parallèle ; les grenadiers français les repoussèrent. Le 21, cent cinq bouches à feu avaient commencé à tirer à la fois sur Maestricht dont les fortifications étaient prises en partie à ricochet. Le lendemain, le maréchal de Saxe écrivait à M. d'Argenson que le mauvais temps était cause que le coup d'archet n'avait pas été aussi brillant pour les spectateurs qu'il

CHAPITRE XV.

l'aurait été s'il avait fait beau, mais que cependant le feu de la place s'était beaucoup ralenti depuis.

Le régiment de Beauvoisis, qui s'était fort signalé pendant la défense de Maestricht contre Guillaume III, prince d'Orange, en 1676, se retrouvait devant cette ville, et ajoutait dans toutes les occasions des actes de valeur à de glorieux souvenirs.

Le 22, un ouragan affreux survint; la neige tombait en telle abondance que les troupes de tranchée en étaient enveloppées jusqu'aux genoux. On ne se rend bien compte de leurs souffrances en pareil cas que quand on les a éprouvées ; les cordages des pontons de la basse Meuse furent rompus; cela interrompait momentanément la communication la plus prompte entre les deux corps français, et exposait le maréchal de Lowendal à être attaqué avec désavantage ; il resta dans cette position pendant cinq jours ; enfin on parvint à établir un pont volant de force à transporter un bataillon entier en trois minutes.

Le 26, M. de Beauchamp, commandant le deuxième bataillon du régiment de Lowendal, fut atteint par un boulet.

Pendant la nuit du 27 au 28, vers trois heures, mille hommes d'infanterie firent une sortie sur l'attaque de Wick, et se portèrent, sous la protection de trois cents chevaux, sur la parallèle ; ils pénétrèrent dans deux batteries par les embrasures, et enclouèrent treize pièces de canon, mais si précipitamment qu'elles furent remises en état de tirer dans la journée. Les troupes de tranchée, ayant marché aux batteries, tuèrent ou blessèrent quarante hommes. Le baron de Vutzbourg, major du régiment de Bareith, fut au nombre des blessés. Du côté des Français, le marquis de Bisy, lieutenant général, de tranchée le 29, eut la jambe fracassée, et mourut quelques jours après.

Le maréchal de Saxe voulait faire les approches du chemin couvert et enlever la cunette de l'ouvrage à corne, dont la brèche était praticable.

Une dépêche adressée à M. d'Argenson, du 26 avril, l'avait informé que, si les Français venaient à recevoir le moindre échec, ou s'ils devaient être arrêtés dans leurs progrès, jusqu'à l'arrivée des Russes, l'esprit guerrier reprendrait le dessus chez les Hollandais ; mais, d'un autre côté, le découragement et le mécontentement que le stathoudérat du prince d'Orange avait causés dans certaines provinces y suscitaient des troubles. Il s'en manifestait dans celles de Groningue et de Frise ; elles se refusaient non-seulement à payer les sommes arriérées qu'elles devaient, mais à fournir leur contingent dans les énormes dépenses imposées par le gouvernement des Pays-Bas.

C'est dans ces circonstances que, le 4 mai, lord Sakville, aide-de-camp du duc de Cumberland, apporta au maréchal de Saxe une lettre de ce prince où il lui donnait avis que la paix venait d'être conclue à Aix-la-Chapelle, et lui proposait de lui remettre Maestricht s'il voulait accorder les honneurs de la guerre à sa garnison. Le maréchal se trouva d'autant mieux disposé à accepter cette offre que, depuis le commencement du siége, les Français avaient eu six cent quatre-vingt-douze tués, dont vingt-et-un officiers, et deux mille blessés, parmi lesquels on comptait cent quarante-six officiers [1].

[1] Voy. la note 9.

Le baron d'Aylva, gouverneur et commandant des troupes hollandaises, demanda et obtint un délai de quarante-huit heures pour envoyer à Bréda savoir les intentions du stathouder ; sur les ordres qu'il en reçut, il arbora le drapeau blanc et la capitulation fut signée le 7. La garnison obtint les honneurs de la guerre, mais sans chariots couverts. En témoignage d'une considération particulière pour eux, le baron d'Aylva et le baron Marschall, commandant des Autrichiens, furent autorisés à emmener chacun quatre pièces de canon et deux mortiers.

La garnison, composée de vingt-trois bataillons et de six cent soixante chevaux, défila devant les maréchaux français ; elle avait donné des otages pour la sûreté du payement des dettes contractées par les officiers et soldats qui en faisaient partie, dans la ville de Maestricht.

On stipula que l'exercice des religions qui y étaient permises continuerait conformément à la capitulation faite pour cette même place en 1632 ; ceux de ses habitants à qui cela conviendrait d'en sortir en avaient la faculté pendant trois mois ; c'est ainsi qu'on assurait alors les intérêts et la liberté de la population d'une ville prise.

« Le maréchal de Lowendal, dont l'intelligence et l'activité ne s'étaient pas moins soutenues pendant ce siége que dans toutes les opérations dont il avait été chargé, eut le commandement de Maestricht[1]. » La capitulation signée, il avait fait dresser un procès-verbal de l'artillerie et des munitions de toutes espèces qui s'y trouvaient, montrant en cela un esprit d'ordre qu'il mettait à tout excepté à ses propres affaires, dont au reste il n'eut jamais trop le temps de s'occuper.

Le maréchal de Saxe, usant d'une sévérité adoucie par de l'humanité, se borna à faire décimer les soldats reconnus comme déserteurs, dans les rangs des troupes de la garnison, lorsqu'elle avait défilé.

Nous ignorons quelles furent les pertes des étrangers pendant ce siége. Le vicomte de Richemont, commandant un bataillon d'artillerie (et dont le nom était Ronty), avait beaucoup servi sous M. de Lowendal ; il mourut épuisé

[1] *Opérations de l'armée en* 1748, par Scheurler.

par les fatigues des siéges de Berg-op-Zoom et de Maestricht. Un armistice conclu entre les Français et les alliés fut déclaré le 11 mai. Leurs généraux ne s'occupèrent plus que de cantonner leurs armées de manière à les faire subsister le plus commodément possible. En retirant une partie de la sienne des bords de la Meuse, le maréchal de Saxe y laissa sous le commandement du maréchal de Lowendal, non-seulement les divisions spécialement sous ses ordres, mais toutes les troupes légères, et les régiments de dragons répartis dans les villages entre Mons et Namur, où ils restèrent jusqu'au commencement d'août.

Frédéric II a hasardé un singulier jugement dans l'*Histoire de son temps.* Tout occupé des événements les plus marquants des campagnes de Louis XV en Flandre, il a écrit que les Français réussissaient mieux dans la guerre de siéges que dans celle de campagne. Il oubliait Fontenoy, Rocoux, Lawfeld. Depuis, une multitude de batailles a démontré qu'il n'était point possible de se tromper davantage. Ce qui fait des Français les premiers soldats du monde, c'est qu'entreprenants comme ils le sont, ils savent cependant se ployer à toutes les exigences que la marche méthodique des siéges commande.

On peut ne pas savoir l'orthographe, et se montrer non-seulement grand homme de guerre, mais politique. « Le maréchal de Saxe avait dit que la paix était dans Maestricht. Après la prise de cette ville, les Hollandais, privés de près de trente-cinq mille prisonniers internés en France, voyaient déjà le maréchal de Saxe en marche sur Nimègue. Dans leur abattement, ils étaient plus pressés de voir la fin de la guerre que leurs alliés. Louis XV ne se départait pas des intentions les plus généreuses ; à chaque victoire qu'il avait remportée, il avait offert la paix, elle n'avait jamais été acceptée. Le marquis de Saint-Séverin, l'un de ses plénipotentiaires au congrès d'Aix-la-Chapelle, avait commencé par déclarer qu'il venait accomplir la parole du roi de France, et que ce prince voulait faire cette paix, non pas en marchand, mais en roi. Effectivement, Louis XV ne voulut rien pour lui, mais fit tout pour ses alliés[1]. » Toutes ses conquêtes sur

[1] Voltaire.

les Autrichiens et les Hollandais leur furent restituées.

Les troupes aux ordres du maréchal de Lowendal, commandant à Maestricht et ses environs, consistaient en vingt-huit bataillons, dont un d'artillerie; il avait vingt escadrons de cavalerie derrière la Mehaigne; les hussards et les troupes légères étaient sur la droite de la Meuse, le long de la Gueule et dans le pays de Limbourg.

Le maréchal de Saxe pouvait rassembler toute l'armée en deux jours, et se porter sur le point qu'il choisirait. Les alliés s'étaient cantonnés derrière le cordon qui leur avait été indiqué, et les troupes restèrent de part et d'autre en repos, quoique le traité de paix ne fût signé que le 18 octobre. Cependant la retraite de l'armée française commença au mois de septembre.

L'auteur de l'*Histoire de l'ordre de Saint-Louis* explique que le maréchal de Saxe, luthérien, ne pouvait en distribuer les insignes aux officiers qu'il avait désignés comme les plus dignes de l'obtenir. Leur parrain ne pouvait être que le roi lui-même ou un vétéran de l'ordre. Ce fut le maréchal de Lowendal qui eut l'honneur de conférer la croix de Saint-Louis à quatre-vingt-six officiers [1].

Le comte d'Argenson au maréchal de Lowendal.

« A Paris, le 31 mai 1748.

« Je n'ai pu parler qu'hier au roi de la lettre que vous m'avez fait l'honneur de m'écrire le 22 de ce mois, au sujet de la conduite que vous devez tenir dans le cas où les catholiques de Maestricht viendraient vous demander de faire la procession du jour de la Fête-Dieu dans toute l'étendue de la ville, quoiqu'ils n'aient eu la liberté de la faire qu'autour de l'église. Si le roi ne consultait que son zèle pour la religion, vous jugez bien que S. M. n'hésiterait pas à donner aux habitants de Maestricht la liberté de rendre cette cérémonie aussi solennelle qu'elle doit l'être; mais la considération des engagements qui viennent d'être pris à Aix-la Chapelle, suivant lesquels la ville de Maestricht doit retourner sous la domination de ses anciens maîtres, a fait penser à S. M. que

[1] La note 10 contient leurs noms.

les catholiques de cette place, bien loin de donner par cette démarche plus d'étendue au culte de notre religion, en rendraient, peut-être par là-même, l'exercice plus contraint, lorsque nous aurons évacué le pays. Ainsi S. M. juge que les catholiques de Maestricht doivent célébrer cette année la procession de la Fête-Dieu de même qu'ils ont de coutume, sans faire à cet égard aucune innovation de leur part; mais que, de la nôtre, nous ne saurions trop ajouter partout ce qui peut rendre cette cérémonie plus célèbre et plus auguste; et qu'à cet effet, vous devez ce jour-là faire prendre les armes à toute la garnison, en placer le plus que vous pourrez à la portée des lieux par où la procession a coutume de passer, mettre le reste en bataille sur les places, faire faire les décharges usitées dans les autres villes de la domination du roi, faire tirer toute l'artillerie et celle des remparts. Je n'ai pas besoin d'ajouter ce qui vous concerne personnellement, Monsieur, en vous conseillant d'assister vous-même à cette cérémonie avec tout votre état-major et les personnes les plus considérables qui sont sous vos ordres.....

CHAPITRE XV.

« ..... Je ne doute pas que vous ne m'envoyiez une lettre détaillée de ce qui se sera passé en cette occasion. »

Les magistrats de la ville de Maestricht avaient proposé au maréchal de Lowendal de racheter au prix de 40,000 livres le droit de cantine qui devait appartenir à l'état-major du gouverneur[1]. M. de Séchelles, intendant de l'armée, prétendait qu'il ne pouvait donner les mains à cet arrangement. M. de Lowendal témoigna qu'il ne trouvait pas bon que cet intendant s'y opposât « quand le corps de l'intendance se soignait si bien. »

Le maréchal de Saxe écrivit au ministre et lui expliqua que ces traités étaient également avantageux aux villes et aux troupes qui y tenaient garnison, ne voyant pas d'inconvénient à ce qu'il se fît à Maestricht ce qui s'était pratiqué dans toutes les autres villes de pays conquis. Il envoyait, en même temps, à M. d'Argenson

[1] Selon l'usage, un cantinier aurait pu payer, comme à Berg-op-Zoom, le droit de débiter des boissons à la garnison, à raison de tant par mois, au profit des officiers de l'état-major, en dédommagement de leurs fatigues pour remettre de l'ordre dans une ville désolée par un siége; les magistrats de Maestricht avaient traité avantageusement avec cet état-major.

une lettre du maréchal de Lowendal. On y lit que les magistrats liégeois et hollandais n'avaient jamais fait de difficultés à ce sujet, et qu'ils avaient déclaré n'avoir pas besoin de la tutelle de M. de Séchelles pour faire un traité avantageux, puisqu'ils trouvaient des entrepreneurs qui leur rendraient des cantines plus qu'elles ne coûteraient à leur ville, en les rachetant 40,000 livres. Cette affaire fut réglée à la satisfaction des magistrats et de l'état-major, si ce n'est à celle de l'intendant.

M. d'Hallot, le fidèle aide-major général du maréchal de Lowendal, mandait à M. d'Argenson, le 14 juin, qu'il avait reçu l'ordre de faire remettre à un détachement autrichien un officier du régiment de Bethléem, qui avait jugé à propos d'emporter la caisse de ce régiment, et que le maréchal de Lowendal avait fait incarcérer. « Hier (disait M. de Hallot), les troupes ont pris les armes pour la procession de la Fête-Dieu, dont le trajet a été le même que les années précédentes. Cent quatorze pièces des remparts firent trois salves. Tout s'est passé dans le plus grand ordre et avec beaucoup de majesté. M. le maréchal de Lowendal y a assisté en personne, ainsi que tous les officiers généraux qui se trouvaient dans la place et l'état-major.

« Ce qu'il y a de mieux, c'est que les catholiques paraissent singulièrement satisfaits, et les protestants fort contents. »

Il avait fallu certains préparatifs pour que la procession parcourût les rues de Maestricht avec décence. Ce n'était que le 9 juin seulement, que M. d'Hallot avait pu donner au ministre les détails suivants :

« L'évacuation des immondices qui étaient dans les quartiers est enfin parachevée. . . . . . . On travaille depuis quatre jours à enlever celles qui étaient mêlées de fumier dans les rues, et que l'on n'avait pas nettoyées *depuis trois ans*. » Que l'on eût laissé des fumiers s'accumuler dans la ville pour atténuer l'effet des bombes chaque fois que Maestricht avait été menacée d'un siége, cela se serait compris; mais la propreté hollandaise s'était trouvée bien en défaut lorsque de pareilles précautions avaient été prises trois ans d'avance, et maintenues si longtemps.

Le 10 août 1748, conformément aux ordres du maréchal de Lowendal, le chevalier d'Hallot faisait conduire aux prisons de la porte Saint-Pierre le sieur Brienen [1], bourgmestre de Maestricht. Comme il n'avait pas voulu suivre l'officier major de la place chargé de l'y conduire, en disant qu'il n'était pas sujet du roi et ne devait pas obéir à ses ordres, il avait fallu le faire inviter par des grenadiers à se soumettre à ceux du maréchal. M. d'Hallot pensait que c'était pour avoir eu la hardiesse de délivrer des passe-ports à des marchands qui allaient à Bois-le-Duc et à Bréda en son propre et privé nom. M. d'Hallot exprimait cette conjecture et ajoutait : « . . . . . Ayant appris hier que le sieur Mignard, au café du Roi, donnait des cartes pour jouer aux jeux de hasard, je l'ai envoyé chercher pour le faire mettre en prison ; mais, s'étant évadé, j'ai fait murer sa maison. . . . . . . »

Quel bonheur pour les familles, si un maréchal, ou même son aide-major général, pouvaient en-

---

[1] La famille de ce magistrat est probablement celle qui porte aujourd'hui le nom de Van-Brienen ; elle possédait une remarquable collection de tableaux vendue en 1866.

CHAPITRE XV.

core faire murer les portes de certains établissements où de pauvres jeunes gens vont perdre leur temps, leur santé, leur fortune, et quelquefois leur honneur! Cela gênerait un peu la liberté de mal faire, et il y a des gens qui la confondent avec la liberté de conscience. La question est de savoir si l'on peut avoir la prétention d'user librement de ce que l'on n'a pas.

Le maréchal de Saxe avait annoncé l'intention de faire transporter à Anvers toute l'artillerie de fonte hollandaise prise dans Berg-op-Zoom, et de ne laisser dans cette place et les forts adjacents que des canons de fer, faciles à en retirer, lorsqu'on le jugerait à propos.

Une apostille à la lettre du maréchal portait que le roi n'entendait point qu'on touchât à l'artillerie hollandaise. Louis XV avait voulu qu'on renvoyât à l'ennemi les boulets qui tombaient devant lui à Fontenoy, rien de plus juste; mais c'était pousser la générosité bien loin que de lui rendre non-seulement ses villes, mais même ses canons.

CHAPITRE XVI.

Gageure du chevalier de Saint-Georges et de lord Anson. — Le maréchal de Saxe à Chambord. — M. de Lowendal à son lit de mort. — Froideur du roi pour M. de Lowendal. — Il meurt. — Son éloge se trouve partout, excepté dans les mémoires posthumes du marquis d'Argenson, jugé par le propre éditeur de ses œuvres immorales. — Calomnie de M. d'Argenson contre M. de Lowendal; elle est reproduite dans la *Revue des Deux-Mondes*. — L'entrepreneur de cette *Revue* refuse d'y insérer une réclamation sur une imputation mensongère réfutée longtemps d'avance par l'opinion générale des contemporains du maréchal, et par un décret de l'Assemblée nationale. — Poëme de M. Émery, futur supérieur de Saint-Sulpice, sur la prise de Berg-op-Zoom.

Au dix-huitième siècle la susceptibilité s'éveillait facilement en France. Les gazetiers d'Amsterdam et d'Utrecht avaient parlé d'un pari entre lord Anson et M. de Saint-Georges qui soutenait que le siége de Maestricht nécessiterait une bataille où les Français seraient victorieux. Quelques personnes blâmèrent M. de Saint-Georges d'avoir accepté une montre en payement du pari que lord Anson avait perdu. M. de Saint-Georges se crut obligé d'expliquer à M. d'Argenson qu'il n'avait pu la refuser de la part d'un vainqueur généreux, avec lequel il s'était lié d'amitié pendant quatre ans de séjour en Chine, avant la guerre, et qui l'avait comblé d'attentions en le ramenant en Europe. « Je lui ai offert (disait M. de Saint-Georges) sa revanche pour Berg-op-Zoom, et, par avance, je lui ai donné son tout pour Bréda ou Maestricht l'an prochain. Cependant, ne voulant pas être en reste avec un lord, quelque riche qu'il puisse être[1], surtout en temps de guerre, aussitôt mon arrivée à Calais, je lui ai envoyé, par la frégate qui m'avait amené, ce que j'ai pu y trouver de meilleur vin de Champagne, qui est aujourd'hui fort rare en Angleterre[1]. »

Nous ignorons comment lord Anson s'est acquitté de ses derniers paris, après la prise de Berg-op-Zoom et de Maestricht. Personne n'aurait dû être plus à l'abri des effets de la mé-

[1] Lord Anson venait de faire de magnifiques captures.

chanceté que Saint-Georges, qui se montra aussi désintéressé que vaillant[1]. Malheureusement tout le monde en France ne partageait point ses sentiments.

Il existe aux archives de la guerre [2] une lettre sans signature, adressée de Paris au maréchal de Belle-Isle, alors en Italie, en date du 20 septembre 1747, par un personnage qui évidemment ne craignait pas de déplaire en s'exprimant ainsi à l'occasion de la prise de Berg-op-Zoom.

« . . . . . Le coup est sans doute presque aussi important qu'il est extraordinaire, et c'est tout dire, je pense. Mais autant qu'il donne de joie, par lui-même, autant répandra-t-il la tristesse dans l'armée, c'est-à-dire, parmi les officiers supérieurs, lorsqu'il sera considéré par eux comme le fondement de la grandeur future du nouveau maréchal, qui est universellement haï. Je suis très-curieux de voir avec qui il va se lier. Sa grande amitié avec M. de Saxe tire, je crois,

---

[1] La lettre de M. de Saint-Georges, conservée aux Archives de la guerre, est datée du 6 septembre 1747. Voyez la note 11.

[2] Archives de la guerre, campagnes de Flandres, 1747, 2ᵉ série.

vers sa fin, et je ne serai point surpris si je le vois tâcher de s'élever sur ses ruines. A mon avis, c'est M. de Saxe qui perd le plus à tout ceci.

« Madame la maréchale souffre de nouveau un peu, depuis hier; ses nerfs se ressentent trop de l'état de son cœur. . . . . . . »

L'auteur de cette lettre anonyme pour tous, excepté pour M. de Belle-Isle et peut-être pour M. d'Argenson, ne l'aurait pas écrite s'il ne s'était point cru sûr que ces messieurs avaient l'un et l'autre les mêmes sentiments à l'égard des deux maréchaux d'origine étrangère. La haine que le comte de Lowendal aurait soulevée contre lui n'existait certainement que dans l'imagination de ses envieux. On savait dans l'armée que c'eût été une manière de faire sa cour au ministre que d'accuser ce général; et cependant, dans toutes les lettres qui lui ont été adressées de 1743 à 1748, on ne trouverait pas une seule plainte de qui que ce fût contre le maréchal de Lowendal.

Il paraît que les nerfs de madame la maréchale de Belle-Isle avaient beaucoup souffert de la prise de Berg-op-Zoom, mais elle venait d'éprouver un autre chagrin; son beau-frère, le chevalier de Belle-Isle, s'était fait tuer après avoir commis une haute imprudence au combat du col de l'Assiette, « où l'on eut à déplorer la perte prématurée d'une jeunesse florissante, inutilement sacrifiée, et où il y eut quatre mille Français tués et deux mille blessés [1]. » Cet événement, affligeant pour tous, l'était particulièrement pour madame de Belle-Isle; il contrariait les vues ambitieuses de son mari qu'elle partageait sans doute. Les hommes haut placés ont leurs courtisans, leurs valets. La preuve que la lettre du complaisant du maréchal de Belle-Isle n'avait pas été mal reçue par le comte d'Argenson non plus, c'est qu'elle se retrouve dans ses papiers; elle a même été probablement communiquée à son frère, le marquis d'Argenson; car il a reproduit dans ses mémoires la plus odieuse des suppositions que cette lettre contient, celle que M. de Lowendal trahirait l'amitié, et s'élèverait sur la ruine du maréchal de Saxe. Les faits viendront démentir les téméraires présomptions du correspondant du maréchal de Belle-Isle, et les diffamations plus cou-

[1] Président Hénault.

pables encore que le marquis d'Argenson a laissé subsister dans ses dégoûtants mémoires.

Chambord, que François Ier a fait décorer par les arts dont il était le protecteur, était destiné à une grande illustration. Il a été habité par le bon roi Stanislas, et offert à l'héritier de nos rois de glorieuse mémoire. Au dénoûment de cette comédie de quinze ans, dont le principal auteur et acteur a été mystifié, comme chacun sait, en 1848, le prince Henri de Bourbon a pris le nom du château qui lui avait été offert par des Français fidèles aux grands souvenirs de leur pays.

Louis XV avait fait les frais de l'acquisition de Chambord pour le maréchal de Saxe. A la paix il y fixa sa résidence, en attendant la réalisation des rêves de souveraineté, dont son imagination était souvent occupée[1]. Il y avait créé un très-beau haras, une ménagerie; il s'y donnait les plaisirs de la chasse, de la comédie, d'une excellente musique, et d'autres encore dont il avait malheureusement conservé le goût.

Le comte de Lowendal, possesseur du château

[1] Voy. la note 12.

CHAPITRE XVI.

de la Ferté, n'était qu'à une petite distance du comte de Saxe. Il trouvait chez lui les attributs de la guerre; six pièces de canon sur leurs affûts décoraient l'entrée de Chambord. Les murs du vestibule étaient ornés de seize drapeaux de diverses nations. Le roi y avait fait construire une caserne où logeait le régiment de Saxe cavalerie, dont cinquante hommes montaient chaque jour la garde à une première porte. Les deux maréchaux pouvaient se donner la satisfaction de voir manœuvrer ces cavaliers que leur chef avait grand soin de tenir toujours en haleine, selon ses principes.

Chambord, si tristement désert aujourd'hui, était alors plein d'animation et de plaisirs; mais ils eurent un terme très-court. Le maréchal de Saxe fut atteint d'une fièvre putride dont il mourut le 30 novembre 1750.

Le marquis d'Argenson détestait le héros de Fontenoy, comme s'il avait eu le moindre droit d'être jaloux de sa gloire. Les mémoires scandaleux de d'Argenson ont fait connaître, sur les derniers moments du maréchal de Saxe, des détails qu'on aurait dû ensevelir dans son linceul.

Le duc de Luynes dit, en parlant de cet événement : « Le maréchal de Lowendal, ami du maréchal de Saxe depuis longtemps et *bon catholique*, alla le voir à Chambord, dans sa dernière maladie et le trouva plein de connaissance...... Il lui parla très-fortement, très-sérieusement, et lui dit qu'il croyait lui donner, en cette occasion, la marque la plus essentielle de son ancienne amitié. « Puisque vous êtes de mes amis (lui dit le maréchal de Saxe), vous me ferez plaisir de ne m'en plus parler. » M. de Lowendal ne se rebuta point, il le pressa une seconde fois de songer à lui ; il ne fut pas mieux reçu. Enfin, il lui mena un ecclésiastique qu'il trouva dans la maison ; cette tentative eut le même succès que les autres[1]. »

La conversion du maréchal de Lowendal avait été sincère. Il était chevalier de l'ordre du Saint-Esprit[2], il avait atteint la plus haute dignité militaire, et beaucoup de motifs devaient le faire désespérer de jouir jamais des faveurs d'un prince trop susceptible de se laisser in-

---

[1] *Mémoires du duc de Luynes*, t. X, p. 445.
[2] Voyez la note 13.

fluencer par ses affidés qui les accaparaient toutes. Plusieurs d'entre eux, tels que le duc de Richelieu, le plus débauché des courtisans, n'affectaient assurément point des sentiments religieux, et cela ne nuisait point à leur fortune. Le maréchal de Lowendal n'avait donc aucun intérêt personnel à exprimer des sentiments qu'il n'aurait point éprouvés, et ceux qu'il cherchait à faire partager par un homme prêt à rendre son âme à Dieu, ne pouvaient lui être inspirés par des vues mondaines. Cinq ans plus tard, on le vit mourir chrétiennement. Il est triste de penser qu'un héros comme Maurice de Saxe ait fini comme il avait toujours vécu.

Il avait prévu ce qui arriverait, selon lui, à ceux qui avaient le mieux servi le roi : « Voilà la paix faite (disait-il), nous allons tomber dans l'oubli; nous sommes comme les manteaux, on ne pense à nous que quand on voit venir la pluie. » Cette prédiction ne se réalisa vraiment point pour lui. Il continua à jouir de très-grands honneurs et de très-gros traitements jusqu'à sa mort, et on lui érigea un magnifique monument à Strasbourg. Mais ce qu'il avait pronostiqué ne se vérifia que trop pour son ami. On chercherait inutilement aujourd'hui la pierre tumulaire sous laquelle il repose dans l'église de Saint-Sulpice ; car son emplacement même y est inconnu.

La haine du marquis d'Argenson était beaucoup plus sûre que l'amitié de son frère ne l'eût été ; mais, malgré toutes ses protestations, le ministre n'en avait jamais éprouvé pour le maréchal de Lowendal. Le duc de Luynes ne se montre ni passionné ni partial ; il n'y a rien de plus froidement écrit que ses mémoires. Nous avons vu ce qu'il a dit de la faveur où le maréchal de Belle-Isle était auprès du ministre de la guerre, et des sentiments tout différents qu'on lui connaissait pour les maréchaux de Saxe et de Lowendal. Dans une lettre de ce dernier, adressée au même comte d'Argenson, le 24 août 1750, il se plaignait de l'oubli où il avait été mis depuis la paix, et demandait une gratification annuelle pour soutenir son rang jusqu'à ce qu'il vînt à vaquer un gouvernement, qu'il n'a jamais obtenu. Il exposait au ministre que, sur les 23,000 livres de son traitement, 6,000 étaient employées à payer le loyer de la maison qu'il occupait à Paris, et 4,000 livres pour les frais de l'éducation de son fils. Il parlait des gros traitements dont il jouissait en Russie, et rappelait à M. d'Argenson qu'en entrant au service du roi il l'avait prévenu qu'il n'avait que la cape et l'épée, et que le ministre lui avait dit alors de ne point s'inquiéter de cela.

Dans une autre lettre, datée de la Ferté, et du 20 septembre 1750, le maréchal répondait à quelques soupçons qu'on avait conçus à son égard. Il expliquait au comte d'Argenson que le comte de Viglio, envoyé du roi de Pologne à Venise, et Vénitien lui-même, lui avait appris, quatre mois avant, que la république armait, songeait sérieusement à prendre un chef militaire, et le priait de lui mander ses idées, et si les conditions de feu M. de Schulembourg pouvaient lui convenir. Le maréchal avait répondu qu'il n'était pas dans le cas de penser à aucun changement sans les ordres ou l'agrément du roi, et qu'il ignorait l'état que l'on avait fait au maréchal de Schulembourg. On lui avait envoyé de Venise la capitulation acceptée par ce général; elle était de 10,000 sequins en temps de paix, et 2,000 sequins pour son voyage, mais la chose était tombée[1]. C'est probablement à la suite de ces deux lettres, que le roi donna au maréchal le logement où il mourut, dans le palais du Luxembourg. Il avait pris plus de mille pièces de canon à l'ennemi. Des lettres patentes, du 25 de novembre 1747, s'expriment ainsi : « ..... Le roi voulant donner au sieur maréchal de Lowendal une marque particulière de la satisfaction que S. M. a des services qu'il lui a rendus, dans la conduite du siége de Berg-op-Zoom, et laisser dans sa famille un témoignage glorieux de la part qu'il a eue à un événement aussi important, par une grâce qui en rappelle le souvenir à la postérité, S. M. a fait et fait don audit sieur maréchal de Lowendal de deux pièces de canon, du calibre de cinq livres de balle, faisant partie de l'artillerie qui a été trouvée dans ladite ville, et elle lui a permis et permet ainsi qu'à ses descendants ou héritiers de conserver et garder lesdites deux pièces de

---

[1] Autographes du maréchal de Lowendal, conservés au dépôt de la guerre.

canon, dans le château de la Ferté, appartenant audit sieur maréchal de Lowendal, nonobstant tous ordres contraires...... » Ce ne fut qu'après sa mort, lorsque les généraux de cour n'eurent plus à craindre de lui voir donner un gouvernement, que le roi ajouta à la pension de ses filles.

Le maréchal de Lowendal n'avait pas cessé d'être exposé, pendant vingt-cinq ans, à la canonnade et à la fusillade, et n'en avait été atteint que deux fois. D'un caractère bienveillant mais très-sensible, il avait dû être vivement affecté des effets de l'animosité que son mérite seul lui avait attirée. Il est probable que le chagrin influa sur l'état général de sa santé. Il périt, le 27 mai 1755, d'un de ces maux dont on s'occupe le moins, d'une engelure négligée et devenue gangréneuse. Le duc de Luynes rapporte qu'« il avait reçu tous les sacrements de l'Église avec beaucoup de piété. Le curé de Saint-Sulpice l'assistait dans ce moment suprême; il lui représenta qu'il pouvait y avoir quelques difficultés par rapport à la légitimité de son mariage avec la comtesse de Szembeck;

le maréchal, ne voulant manquer à aucune des règles de l'Église catholique, renouvela ce mariage, par un acte qui existe dans les registres de cette paroisse. » Il n'avait pas oublié ce qu'il avait pu entendre de la bouche du grand Eugène de Savoie: « Soldat, j'ai été insouciant, j'ai vécu en philosophe ; je veux mourir en chrétien. »

Le baron Ulric de Lowendal jouissait d'une grande considération, justement méritée[1]. Il écrivait à son fils Woldemar, lors de son entrée au service d'Autriche, une lettre dont l'original en français, conservé précieusement par lui, est parvenu jusqu'à nous. Il prescrivait à son fils de ne pas faire un long séjour à Vienne, *lieu plus propre aux ministres et aux courtisans qu'aux gens de guerre,* l'engageait à tâcher d'obtenir du feld-maréchal de Stahremberg l'autorisation de servir comme volontaire dans quelque coin du monde, où le théâtre de la guerre s'ouvrirait, fût-ce même chez le Czar, ou chez le roi de Suède, deux princes, disait-il, qui l'avaient toujours traité plus gracieusement qu'il ne méritait. Il ajoutait qu'à cet effet, il tiendrait un

[1] Voyez la lettre du feld-maréchal de Stahremberg, note 14.

petit équipage de guerre toujours prêt pour lui, et terminait en lui disant après beaucoup d'autres recommandations : « *Je ne veux réitérer que le seul point qui regarde la crainte de Dieu, c'est en quoi votre unique bonheur consiste, et, sans lui, on ne saurait être honnête homme. C'est dans cette sainte garde que je vous recommande, mon cher fils. C'est l'unique qui puisse donner un vrai lustre au nom de* LOWENDAL[1]. »

Les exemples et les conseils d'un père chrétien amènent nécessairement un fils tendre et respectueux à tourner ses regards vers Dieu, créateur de toutes choses, et à imiter la charité du divin rédempteur. L'éducation des maréchaux de Saxe et de Lowendal n'avait pas été la même. On a vu le maréchal de Saxe vouloir *s'amuser à faire sauter la ville de Namur,* et le comte de Lowendal la préserver de sa ruine.

---

[1] Les paroles du baron de Lowendal sont presque les mêmes que celles adressées par le grand Colbert au marquis de Seignelay : « *La principale et seule partie d'un honnête homme, est de faire toujours bien son devoir à l'égard de Dieu, d'autant qu'il est impossible qu'il s'acquitte de tous les autres, s'il manque à ce premier.* »

La même différence de sentiments s'est manifestée dans leur mort.

S'il était possible de faire un rapprochement entre un général même très-célèbre et un roi, tel que Henri II d'Angleterre, on dirait du maréchal de Lowendal, comme de ce grand prince, « qu'il ne pouvait voir périr un de ses soldats sans le pleurer. »

Les femmes ont une telle faiblesse pour les grands hommes, qu'il leur est difficile de ne point agir avec réciprocité. Nous ne pouvons le cacher, le maréchal de Lowendal a poussé la reconnaissance au-delà de ce qui était légitime ; mais nous l'affirmerons, avec conviction, c'est le seul tort qu'il ait eu.

Voici comment l'auteur des mémoires manuscrits de Woldemar nous le montre :

« Le comte de Lowendal est beau et bien fait; quoiqu'il ne paraisse pas robuste[1], il supporte sans peine les plus grandes fatigues de la guerre, auxquelles il s'est fait dans les pays du Nord. Un

---

[1] L'auteur des Mémoires manuscrits se trouve ici en désaccord avec le marquis de Valfons, qui a parlé de la peine qu'il avait eue en aidant à relever M. de Lowendal, lorsqu'il fut blessé au siége de Fribourg.

air bon et aimable annonce tout d'abord les sentiments de douceur et d'humanité qui l'animent. On a beaucoup admiré son instruction en Russie; elle ne pouvait lui procurer d'aussi grands succès en France. Cependant on y a reconnu qu'il surpasse beaucoup un grand nombre de généraux par la connaissance des langues et des sciences nécessaires à l'homme de guerre. Il est fin, prudent, actif, intrépide; ces qualités, accompagnées d'une présence d'esprit admirable, le mettent à même de prendre rapidement de grandes résolutions. Son expérience et sa capacité se sont surtout signalées dans la direction d'un grand nombre de siéges importants. Sa conversation est spirituelle et agréable ; mais, étant né fort sensible, il n'est pas toujours maître de sa vivacité. »

Nous nous bornerons à dire que tous les portraits[1] du maréchal de Lowendal le représentent avec de grands et beaux yeux bleus, qui expriment la douceur, et à rappeler qu'après s'être efforcé de réparer autant que possible les maux éprouvés par Ostende et Berg-op-Zoom,

[1] Voyez la note 15.

on le vit prendre les mêmes soins pour Maestricht qui devait être rendue peu après à l'étranger.

On rapporte dans la *Biographie universelle* qu'il rejeta l'offre de l'artificier Torré, qui croyait avoir retrouvé le feu grégeois, et lui proposait de s'en servir dans ses opérations. Il trouvait sans doute qu'il y avait assez de moyens de destruction connus.

Un chimiste nommé Dupré avait inventé un feu si dévorant qu'on ne pouvait l'éteindre; l'eau lui donnait une nouvelle activité. Quand on se fut assuré qu'il pouvait détruire une flotte ou une ville sans préservatifs possibles pour elle, Louis XV accorda une gratification à l'auteur de cette découverte, à la condition de la tenir secrète. En cette occasion, le roi se montrait encore d'autant plus généreux, que c'était au moment d'une guerre funeste pendant laquelle les Anglais bravaient la France dans ses ports.

Aujourd'hui on vante sans cesse des progrès purement matériels, et l'on est partout et sans cesse occupé à rechercher les moyens de moissonner les armées le plus promptement possible.

CHAPITRE XVI. 293

Le véritable progrès consisterait à se rapprocher des principes du christianisme ; mais on voit des gouvernements contrarier jusqu'à l'exercice de la charité : c'est un des heureux effets de la philanthropie.

« Le maréchal de Lowendal unissait les qualités de l'honnête homme à celles du guerrier ; la bonté qui le faisait chérir ne dégénérait pas en faiblesse. Il était bienfaisant, généreux et même prodigue ; ses ennemis l'ont accusé de s'être enrichi à la guerre, mais cette calomnie fut assez réfutée par le témoignage des commissaires que le roi nomma pour prendre connaissance de la fortune du défunt. Ils dirent qu'ils n'avaient trouvé dans la succession du maréchal *que des lauriers et des dettes*.

« On a pu lui faire un reproche fondé en blâmant son penchant aux plaisirs, qui cependant ne l'empêcha jamais de mener une vie active et régulière, et son changement de religion, qui paraît avoir été dicté par l'ambition de plaire à Louis XV[1].

---

[1] Puisqu'il était honnête, pourquoi lui attribuer une action qui ne l'aurait pas été ? Et d'ailleurs, n'avait-il pas sous les yeux l'exemple

« Son esprit était orné de connaissances profondes et variées; toutes les langues de l'Europe lui étaient familières[1]. L'Académie des sciences l'admit au nombre de ses membres honoraires. Vif, spirituel, il sut plusieurs fois se tirer d'une position embarrassante par de l'à-propos.

« Dans un voyage que le maréchal de Lowendal fit dans le nord, le roi de Prusse lui ayant demandé, à table, au milieu de plusieurs généraux étrangers, quel moyen il emploierait pour prendre Luxembourg, il répondit : « Sire, Luxembourg n'est pas une ville qui se prenne entre la poire et le fromage. » Le lendemain, Frédéric dit à l'ambassadeur de France : « Savez-vous que Lowendal m'a fait une leçon ? » Le maréchal se confondit en excuses, disant qu'il pouvait être un jour chargé du siége de Luxembourg, et qu'il n'avait pas cru devoir faire connaître ses moyens à ceux qu'il aurait peut-être à combattre. Fré-

---

du comte de Saxe, parvenu à la dignité de maréchal-général, quoique luthérien?

[1] M. Gudin de la Brunellerie, dans un ouvrage intitulé : *Aux mânes de Louis XV et des grands hommes qui ont vécu sous son règne*, et plusieurs autres auteurs, ont écrit que le maréchal de Lowendal était un des hommes les plus instruits de l'Europe, et parlait quatorze langues.

déric avait beaucoup d'estime pour lui, et dans la guerre de sept ans, l'envoyé de Louis XV ayant étalé au roi de Prusse les ressources de la France, ce prince lui répondit : « Tout cela est vrai, mais vous n'avez plus ni Saxe ni Lowendal[1]. »

On ne s'aperçut que trop de leur perte, lorsqu'en 1758 l'armée française qui avait agi en Hanovre passa successivement sous les ordres de quatre généraux différents, sans jamais beaucoup gagner au change.

Fallait-il établir et maintenir une discipline exacte parmi les troupes, pourvoir à leurs besoins, organiser des convois, en régler la marche, conduire une avant-garde comme M. de Lowendal le fit en Alsace, ou une arrière-garde comme le 19 août 1746 en Flandres, relever les ruines d'une ville comme à Ostende, à Namur ou à Berg-op-Zoom, en rétablir les fortifications ou en élever d'immenses comme à Anvers, disposer et diriger une attaque, se mettre en mesure de repousser avec avantage celle de l'ennemi ? tout

---

[1] *Biographie universelle.*

s'exécutait par son impulsion, et sous ses yeux, avec une célérité remarquable.

En rendant compte de la mort du maréchal de Lowendal, le rédacteur de la *Gazette de France* a rappelé qu'à son entrée au service du roi, « il était déjà regardé comme un des plus habiles généraux de l'Europe[1].... La prise d'Oudenarde, d'Ostende, de Nieuport, de Berg-op-Zoom (ajoutait-il), et le succès de toutes les autres expéditions dont il a été chargé, ont confirmé sa réputation.... Au mois de janvier 1745, il avait obtenu des lettres de naturalisation pour lui, la maréchale de Lowendal, et pour trois enfants qu'ils avaient eus en pays étranger. Il a montré par son zèle pour la gloire du roi et pour les intérêts de la France, qu'en acquérant les priviléges des sujets nés dans le royaume, il avait pris leurs sentiments. »

Le maréchal de Lowendal avait fait hommage à Louis XV par son testament d'un très-beau vase en ivoire de grande dimension, quoique d'un seul morceau; il est monté en

---

[1] Voyez la note 16.

vermeil, orné de pierreries, sculpté avec beaucoup d'art et de délicatesse ; on croit qu'il représente la bataille de Choczim, où Jean Sobieski fut vainqueur des Musulmans en 1673. On voit ce vase dans une des collections du cabinet des médailles à Paris, et le don qui en a été fait y est constaté[1]. Le maréchal de Lowendal aurait pu en léguer un plus précieux au roi, en lui laissant ses idées sur Luxembourg. Il est difficile de concevoir comment cette forteresse, complétement isolée sur un rocher, de même que Kœnigstein, pourrait être réduite autrement que par famine. Il faut croire que rien absolument ne paraissait impossible à celui qui avait su prendre plusieurs villes, et Berg-op-Zoom même, sans les investir; malheureusement il mourut à cinquante-cinq ans, quand il aurait pu mettre tous les fruits de son expérience à profit pour écrire.

Pendant la guerre, il avait eu successivement le gouvernement non-seulement de toutes les villes qu'il avait prises, mais des plus impor-

---

[1] Voyez l'*Histoire du Cabinet des Médailles*, par Dumersan. Paris, 1838, p. 160.

tantes de celles qui étaient tombées dans nos mains, comme Bruxelles et Anvers. Partout il avait représenté le roi avec dignité et même avec magnificence, sans songer le moins du monde à sa fortune; mais quand la paix, qu'il avait tant contribué à procurer à la France, fut faite, il n'eut pas le plus petit de tous ses gouvernements militaires, pas même celui d'une de ses moindres bicoques.

Un jour qu'il assistait au grand couvert, dit-on, le roi embarrassé, peut-être, de l'oubli où il laissait le maréchal de Lowendal, et ne sachant trouver, apparemment, aucun de ces mots aimables qu'il avait cependant le don de répandre autour de lui, lui demanda, en hésitant, depuis quand il servait? « D'aujourd'hui, Sire (répondit le maréchal sans balbutier); c'est le premier jour où Votre Majesté me prouve qu'elle veut bien s'occuper de moi, et je ne compte mes services que du moment où ils ont eu le bonheur de fixer son attention. » Cette réponse n'était pas absolument faite pour plaire; mais rien ne devait lui ramener la faveur de Louis XV: il n'avait pas la force de se refuser

CHAPITRE XVI.

à satisfaire les passions de ceux qui encourageaient les siennes.

Le duc de Luynes, en mentionnant la nouvelle perte que la France venait de faire [1], revient sur ce qu'il avait dit du mauvais état des affaires du maréchal qui avait acheté la terre de la Ferté, près d'Orléans, 600,000 francs, mais n'en avait pu payer que le tiers. Il serait difficile d'admettre qu'un homme qui avait exercé de grands emplois militaires pendant longtemps, et mort insolvable, eût été possédé du démon de l'avarice. Elle laisse le plus ordinairement des fruits ; ils sont malsains, il est vrai, mais on les voit.

Madame la duchesse de Luynes était la respectable amie de la bonne et pieuse reine Marie-Leczinska et sa dame d'honneur. Le duc écrivait, à la date du 21 décembre 1755 : « Madame la maréchale de Lowendal (Szembeck) a fait aujourd'hui ses révérences. Elle n'avait point paru depuis la mort de son mari. C'est madame de Luynes qui l'a menée partout. » Il explique ensuite que la maréchale a obtenu 17,000 livres

---

[1] *Mémoires du duc de Luynes*, année 1735, p. 65.

de pension pour elle et ses filles. Il s'est trompé, l'augmentation de cette pension ne la porta qu'à 14,000 livres. Elle en avait déjà (selon M. de Luynes), 6,000 d'une pension que le roi avait offerte au comte de Lowendal après la bataille de Fontenoy, et qu'il avait refusée pour lui-même, parce qu'il voulait être maréchal de France. Il ajoute que son fils, encore au collége, a eu le régiment de son père qui valait considérablement lorsqu'il était à quatre bataillons, mais se trouvait réduit à deux, et ceci fait comprendre que le maréchal ait pu se plaindre de la réduction de ses ressources. Son fils unique ne tarda pas à éprouver la perte complète de ce régiment qui avait, presque toujours, servi brillamment sous les yeux de son illustre père ; il n'en conserva point le nom glorieux, et fut incorporé dans les régiments d'Anhalt et de La Marck.

Enfin, dans l'intérêt qu'il prend à sa famille, le duc de Luynes dit que la maréchale était dans l'intention d'aller en Pologne pour recueillir sa part dans des héritages auxquels elle avait droit. Si elle s'en est occupée, cela a été inutilement; les intendants juifs de ses parents avaient, sans doute, mis bon ordre dans ces successions-là.

Les jaloux ne pouvaient faire un crime au maréchal de Lowendal d'avoir cherché la gloire partout où il avait pu espérer de la rencontrer. Il n'y avait pas si longtemps qu'on avait vu des princes français marcher sous les drapeaux autrichiens, avec la même ambition. Plusieurs des généraux, qui avaient atteint la plus haute réputation, avaient servi successivement différentes nations.

Le maréchal de Munich était passé du service de la France à celui du landgrave de Hesse-Darmstadt, qu'il quitta pour servir l'Autriche, avant de devenir feld-maréchal russe.

Un des plus grands généraux de Frédéric II, Keith, servit en Écosse, son pays, en Espagne et en Russie, et fut feld-maréchal des armées prussiennes. Le feld-maréchal Seckendorf[1] avait servi la Prusse, le duc de Saxe-Gotha, le margrave de Brandebourg-Anspach, les rois de Pologne et

---

[1] Frédéric-Henri de Seckendorf.

les empereurs d'Allemagne Charles VI et Charles VII. Le maréchal de **Schulembourg** s'employa pour le Danemark, la Pologne, la Hollande et la république de Venise.

Ceux des généraux de cour, qui n'osaient pas dire tout haut, comme quelques-uns des plus importants, qu'ils auraient bien pris Berg-op-Zoom, murmuraient le mot d'étranger. Ils coloraient, sans doute, ainsi à leurs propres yeux, les tristes effets de la jalousie! C'était la France qui était humiliée d'emprunter sa gloire à d'autres qu'à ses propres enfants. Cela n'avait pourtant rien de bien nouveau. La Bretagne n'était pas encore réunie à la France, lorsque le comte de Richmond en devint connétable. Deux maréchaux, du nom de Trivulce, avaient commandé les troupes françaises sous Louis XII et François Ier. Alphonse Ornano, sous Henri IV, Honorat de Savoie, Jean-Baptiste Ornano, Henri, Charles et Louis de Schomberg, sous Louis XIII et Louis XIV, avaient tous été maréchaux de France. Le héros dont l'épitaphe portait:

> Du corps du grand Rantzau tu n'as qu'une des parts,
> L'autre moitié resta dans les plaines de Mars;

le maréchal de Rantzau était Danois comme Lowendal, dont le père avait épousé deux filles issues de cette anciennne et très-noble race des Rantzau [1].

La nomination de M. de Lowendal ayant obtenu l'approbation de la nation, les mécontents ne se plaignaient qu'à voix basse. Mais, s'il s'est trouvé un homme capable d'attenter à son honneur, ce qu'il avait de plus précieux, le seul bien qu'il pût laisser à ses enfants, il eut soin, bien entendu, de ne le faire que dans des mémoires qui ne devaient paraître qu'après lui.

Avant de soumettre à l'appréciation de nos lecteurs les accusations dirigées contre le maréchal de Lowendal par le marquis d'Argenson, il est à propos de le faire connaître. Ce ne sera pas notre opinion que nous exposerons, mais le jugement porté sur ce triste personnage par un écrivain qui aurait été intéressé à ne pas détourner de la lecture des mémoires de d'Argenson en s'en rendant éditeur. Nous ne le ferons

---

[1] La famille de Dorothée de Brockdorff, première femme du baron de Lowendal, s'était alliée pendant plusieurs générations de suite à celle de Rantzau.

qu'après avoir transcrit un fait allégué par un auteur d'un caractère estimable. Cela suffira pour qu'on apprécie la valeur du marquis d'Argenson comme homme d'affaires, car il est impossible de le gratifier du titre homme d'État.

Voici ce que le duc de Luynes rapporte [1] : « Ce fut le marquis d'Argenson qui acheva de déterminer la chute du comte d'Argenson (son frère). Celui-ci avait communiqué au roi une lettre du résident de France à Gênes, écrite au moment où elle était en révolution. Cette lettre annonçait une relation détaillée de l'événement, à l'adresse du marquis d'Argenson. Le comte, allant travailler chez le Roi, lui dit que son frère (le marquis) aurait l'honneur de rendre compte du détail à Sa Majesté. Le lendemain matin, le ministre de la guerre demanda au Roi s'il avait quelque ordre à lui donner en conséquence de la révolution de Gênes; le Roi ne savait rien de plus que ce qui lui avait été dit la veille. Le marquis d'Argenson arriva l'instant d'après; mais ce retardement déplut avec raison. On prétend qu'il jouait à quadrille, quand il reçut le

---

[1] *Mémoires du duc de Luynes*, t. VIII, p. 81.

CHAPITRE XVI.

paquet, qu'il donna ordre qu'on le portât au bureau et qu'il a rejeté la faute du retardement sur M. de Bussy, l'un des principaux commis des affaires étrangères, qui a été renvoyé. »

Ainsi, suivant le récit d'un galant homme, le marquis d'Argenson, par sa légèreté, a commis une faute assez grave pour amener la disgrâce de son frère, et a eu la lâcheté de rejeter cette faute sur un inférieur dont il a causé la ruine.

Il arrive quelquefois qu'en écrivant la vie d'un personnage, on se passionne outre mesure pour lui; on pourrait peut-être en trouver l'exemple dans celles de deux femmes célèbres qui nous ont été données par un habile écrivain il y a peu d'années; mais il est rare que l'éditeur d'un ouvrage quelconque soit disposé à en discréditer l'auteur, et il n'a pas intérêt à dégoûter de lire le livre qu'il veut vendre. Voyons pourtant ce que M. Rathery dit du marquis d'Argenson dans l'introduction dont il a fait précéder ses tristes œuvres. Il avoue d'abord *qu'il en a retranché certains passages obscènes* [1] (mais il

---

[1] P. 13 de l'introduction aux Mémoires du marquis d'Argenson, par M. Rathery.

y a laissé subsister des mots malhonnêtes); « que d'*Argenson se contredit souvent* [1]. » En parlant toujours de d'Argenson, il fait la remarque [2] « qu'il semble que la philanthropie éteigne en lui le sentiment de la pudeur, et que cet amour si vif du genre humain le laisse un peu froid à l'égard des siens, femme, frère et enfants. D'Argenson, il faut en convenir, blesse quelquefois le sens moral sur ces matières délicates; chez lui la *grossièreté des expressions passe jusqu'aux sentiments*, et les actes se ressentent de la licence de la pensée. Ne parlons pas ici (ajoute le biographe) de quelques écarts de jeunesse; essayons même d'oublier certains détails *immondes*, cachés dans un coin des mémoires de sa vie, et dont l'homme mûr vient, après coup, faire à ses enfants l'incroyable confidence. Mais que dire de ses théories sur le *mariage* qu'il appelle *un droit furieux*, et dont il assure que *la mode passera?* « *Je tranche net* (dit-il) *que le mariage devrait être défendu par de bonnes lois*, que je méprise et que je fuis tous gens mariés, qu'ils

---

[1] P. 16. On en aura bientôt la preuve.
[2] P. 24.

ne seront jamais mes amis, et que je n'en prendrai jamais à mon service. »

Suivons encore M. Rathery dans l'examen des théories de M. d'Argenson. « ...... Il s'ingénie à trouver des cas où le concubinage et même l'adultère seraient justifiés par le but..... Dans ses pensées, il écrit : « .... A tout prendre, le mariage, tel qu'il est, ne va pas mal à la canaille et parmi les protestants.......... » Il voit quelque chose de respectable dans les filles entretenues; quant aux enfants, il déclare qu'on ne leur doit que l'éducation, et il ne serait pas éloigné de substituer l'État à la famille pour les faire élever en commun....... devançant ainsi les plans d'éducation de Robespierre..... D'Argenson vécut séparé de sa femme, eut des maîtresses et dit du mal de tous les siens..... Il a résumé dans des termes d'une incroyable amertume tous ses griefs contre son frère[1]. »

Après avoir répété que c'est l'éditeur des

[1] Introduction aux Mémoires du marquis d'Argenson, pag. 25 et suiv.

Feu les saint-simoniens ont reproduit certaines doctrines de M. d'Argenson. Le père Enfantin n'y a guère ajouté qu'un costume très-peu sacerdotal, et qui n'était destiné qu'à faire ressortir des formes peu enfantines.

œuvres empoisonnées du marquis d'Argenson qui l'a montré se dépeignant lui-même sous les traits les plus grossiers, nous pouvons passer aux accusations qu'il a portées contre le maréchal de Lowendal.

En novembre 1747, le marquis d'Argenson écrit : « Le maréchal de Saxe arrive le 11 décembre à Paris, et a préparé, dit-on, une quantité de nouveaux traits contre le ministre de la guerre (le comte d'Argenson); tout doit être décoché contre lui à la fois......... *Une dame, bien informée* de la conduite du maréchal de Saxe, m'a assuré que c'était le maréchal de Lowendal qui soufflait le feu; il cherche à dégoûter son rival pour rester seul et premier général en France. »

Le maréchal de Lowendal devait sa plus grande gloire à son illustre ami, qui l'avait attiré au service de France, et lui avait procuré des commandements jalousés par tous les lieutenants-généraux de nos armées; il a répondu par la plus constante amitié à celle du comte de Saxe, et l'on a vu qu'il lui en a donné les preuves les plus touchantes jusqu'à son dernier moment.

CHAPITRE XVI.

En novembre 1748, le marquis d'Argenson aiguise de nouveau son style et dit :

« Le maréchal de Lowendal est à Paris avec un air fort humble et, qui plus est, humilié; on l'a obligé à ne plus se mêler des évacuations. Il dit qu'il va en Pologne avec sa femme, pour en retirer son fils aîné, ce qui demande sa présence. On ne doute pas qu'il ne passe à quelque autre service étranger, et qu'il n'y emporte les grandes richesses gagnées à celui-ci.

« Des gens qui reviennent de Flandres m'ont conté une partie des friponneries exercées par le comte de Saxe et le maréchal de Lowendal, dans cette conquête; Cartouche n'en aurait pas fait davantage, ni plus impudemment, et leur principal accusateur aujourd'hui a peut-être fait pis, mais avec plus de finesse...... »

Le bâton de maréchal de France avait excité une véritable rage contre le maréchal de Lowendal chez un certain nombre de courtisans; il ne pouvait rien faire de mieux que de montrer une attitude modeste, au milieu de ce déchaînement. S'il ne pouvait être humilié d'avoir conquis autant de renom, il devait l'être de se voir aussi cruellement méconnu, et en proie à tous les effets de la haine.

Tout ceci rappelle ce que Villars disait au prince Eugène à Rastadt : « Nos ennemis ne sont pas en campagne ; les vôtres sont à Vienne, et les miens à Versailles. »

Les maréchaux de Saxe et de Lowendal étaient de véritables Cartouches, à ce qu'a écrit M. d'Argenson, sur la parole de « *leur principal accusateur qui* (dit-il) *a peut-être fait pis, mais avec plus de finesse....* » M. d'Argenson n'en montre pas beaucoup en faisant connaître le degré d'estime qu'il avait pour un semblable révélateur. Il va nous donner une nouvelle preuve d'inconséquence : à la même date il continue « ...... Le comte de Saxe a fait des présents considérables comme de 12,000 livres au sieur de Sourdis (l'un de ses aides de camp). Il faut rendre ces sommes, on les serre de près, et l'on mènera loin nos grands pillards. »

L'année suivante, le 4 octobre 1749, sans avoir rendu compte du résultat des recherches provoquées par une foule d'ennemis acharnés, M. d'Argenson écrit : « Le maréchal de Lowendal est ruiné, doit à Dieu et au monde, et est forcé de culbuter de sa haute et avide fortune. Il a acheté le duché de la Ferté-Senneterre, où il y a un grand château *délabré*, orangerie, eaux, etc., *tout cela est en mauvais état et tombe en ruine ;* » et le 15 novembre de la même année il ajoute : « On assure que le Roi donne une pension de 30,000 livres au maréchal de Lowendal, avec une grosse gratification, pour payer ses dettes, qu'on a craint qu'il ne passât à un service étranger et ennemi, comme il en menaçait. Il est noyé de dettes, il est saisi réellement de tous côtés pour avoir acheté le duché de la Ferté qui était très-délabré. »

Ainsi le comte de Lowendal aurait fait dans la campagne de 1747 une haute fortune, mais, au lieu de l'employer pour acquérir un beau et bon château et en jouir, il en a acheté un délabré et en Sologne ! Deux ans après, au dire du sieur d'Argenson, tout y tombait encore en ruine. Au lieu de lui faire rendre gorge après *l'avoir serré* de près, le roi lui accorde une pension et l'aide à payer les dettes dont il est criblé (selon son accusateur posthume). Qu'a-t-il donc fait de ses rapines? M. d'Argenson ne s'occupe point de fournir la moindre preuve de ce qu'il a avancé si témérairement, pas plus que de se mettre d'accord avec lui-même, et voilà pourtant l'homme que l'on cite aujourd'hui comme une autorité!

Les lettres du maréchal de Noailles, personnage tout à fait digne de la plus parfaite confiance, constatent que *l'amitié et l'estime l'avaient lié avec le comte de Lowendal*[1]. Son opinion est d'un tout autre poids que celle de l'être méprisable dont nous regrettons d'avoir eu à nous occuper.

Le duc de Saint-Simon n'était autorisé à blâmer la méchanceté de personne, car on n'en a guère montré plus que lui, mais il a eu l'intention d'être impartial en caractérisant les deux frères : « L'un, dit-il (le comte d'Argenson), plein d'esprit et d'ambition, et, de plus, fort galant homme, et l'aîné (le marquis) qui fut toujours un balourd. » Les contemporains de ce marquis le surnom-

---

[1] *Notice sur les Mémoires de Noailles.* M. Villenave a fait remarquer que ce qui rendra ces Mémoires toujours recommandables, c'est que chaque fait a, pour ainsi dire, sa preuve, chaque personnage son cachet. Voy. *Collection des Mémoires sur l'histoire de France*, édition de Petitot et Monmerqué, p. 19 du t. LXXIV.

CHAPITRE XVI.   313

maient *la bête*. Il est permis de ne pas applaudir au jugement de Voltaire qui en a fait un homme plus propre à être secrétaire d'État dans la république de Platon qu'au conseil d'un roi de France. Nous tenons pour certain que Platon aurait banni de sa république un être aussi immoral que M. d'Argenson.

Le comte de Lowendal avait rencontré des difficultés même de la part de ceux dont il eût dû le moins en attendre. Le maréchal de Saxe n'avait pas été d'avis du siége de Berg-op-Zoom, comme on l'a vu. « Il n'envoyait pas assez de troupes pour une pareille entreprise, que les ennemis voulaient à tout prix faire échouer. Le maréchal de Noailles lui représenta fortement par écrit, jusqu'à deux fois, les raisons essentielles d'en assurer le succès[1]. »

En attendant qu'il fût exposé aux traits envenimés de l'envie, le comte de Lowendal avait eu à lutter contre l'incapacité présomptueuse de quelques officiers qui servaient sous lui. Barbier, dans son journal, en donne un exemple et rapporte un fait dont les écrivains militaires n'ont

[1] *Mémoires de Noailles.*

point parlé, par ménagement, sans doute, pour une grande et illustre maison. Il est bon d'observer que le marquis d'Argenson lui-même a rendu hommage à la probité et à la fidélité de Barbier; or voici ce que dit ce dernier[1] : « Les dames s'en mêlaient aussi ; on avait parlé du comte de Lowendal (pour le grade de maréchal de France), mais il ne l'est pas; toutes les femmes de la cour enragent de voir triompher des étrangers. » Plus loin, à l'occasion du siége de Maestricht, Barbier écrit : « On raconte publiquement que le maréchal de Lowendal, qui commande le siége à la rive droite de la Meuse, avait donné ordre par écrit à M. de Lautrec, lieutenant-général, de poster des grenadiers, ventre à terre, à un certain endroit, parce que les ennemis ne pouvaient faire de sortie que de ce côté-là. La sortie faite, les grenadiers les prendraient en flanc et les envelopperaient, etc. M. de Lautrec a fait effectivement marcher ses grenadiers, mais il a prétendu qu'étant plus ancien lieutenant-général que le maréchal de Lowendal, il pouvait se dispenser de suivre ses ordres à la lettre, et faire un

---

[1] Voy. le journal de Barbier, à la date de novembre 1746.

peu à sa tête. Il a donc fait placer ses grenadiers d'une autre façon. Les ennemis ont fait une sortie considérable la nuit, et, comme M. de Lautrec n'était point où il devait être, ils nous ont repoussés, tué du monde et des travailleurs et comblé plus de soixante toises d'ouvrage. Le comte de Lautrec ayant rendu compte de l'action à M. le maréchal de Lowendal, celui-ci, avec bien des politesses, lui a dit qu'il ne pouvait se dispenser d'en écrire à la cour. On assure que si M. de Lautrec avait suivi ses ordres, il ne serait pas rentré un des ennemis dans la ville. Le bruit a couru que M. de Lautrec avait reçu l'ordre de revenir à Paris. On a dit ensuite qu'il avait été envoyé à la Bastille, mais le fait n'est pas bien décidé. Tout le monde convient que s'il a eu des ordres par écrit, que ce ne soit pas une faute de science militaire, mais pure désobéissance, par jalousie contre les maréchaux de Saxe et de Lowendal, il faut de nécessité faire un exemple. » Il ne fut point fait[1]. Loin de se sentir enflammés par une noble émulation et le désir d'égaler au moins des étrangers, il est triste de

---

[1] Voy. la note 17e.

voir les généraux français ne paraître sentir que l'humiliation de leur infériorité. Voyons les effets de ce sentiment et de la *rage* des dames de la cour.

On lit encore dans le journal de Barbier, à la date de novembre 1748 : « On continue de dire ici que M. le maréchal de Saxe et M. le maréchal de Lowendal[1] ne se sont point oubliés dans cette guerre, et qu'ils sont l'un et l'autre bien riches. M. le maréchal de Saxe a acheté le château de La Grange; cette terre ne rapporte que 700 livres de revenu, et il l'a payée 200,000 livres argent comptant. M. de Lowendal, de son côté, a acheté une très-belle terre de plus de 500,000 livres[2]. »

Barbier ne dit point que le maréchal de Lowendal l'ait payée comptant, et le marquis d'Argenson nous a appris que cette acquisi-

---

[1] Revenus tous deux à Paris à la suite du traité d'Aix-la-Chapelle, signé le 18 octobre précédent.

[2] La commune où est située cette terre s'est appelée successivement la Ferté-Saint-Aubin, la Ferté-Senectère, la Ferté-Lowendal; elle a appartenu au maréchal Masséna. Elle pouvait choisir entre des noms illustrés par les armes ; elle a repris celui de Saint-Aubin, évêque d'Angers. Les noms éclatants des plus célèbres guerriers s'effacent plus aisément de la mémoire des peuples que ceux des plus modestes de leurs bienfaiteurs.

tion l'avait jeté dans les plus grands embarras.

Barbier rapporte, à la date du 28 juillet 1755, des détails sur la mort du maréchal de Lowendal : « C'est lui qui a pris Berg-op-Zoom, dans la dernière guerre, et qui avait instruit M. le maréchal de Saxe dans le métier de la guerre. (Nous n'avons pas besoin de faire ressortir cette erreur.) C'est, sans difficulté, le plus grand général que nous ayons eu et une perte pour la France. Bien des gens de cour ne sont pas fâchés de cette mort. » Heureux effet du patriotisme !

Barbier, ordinairement l'interprète de l'opinion du public désintéressé, ajoute : ....« Le maréchal n'avait que des pensions et des bienfaits du roi ; » et il dément ainsi les bruits répandus sur sa haute fortune. Mais l'honnête Barbier ne peut échapper tout à fait aux effluves de la médisance, et il accuse le comte de Lowendal de n'avoir fait usage des bienfaits du roi que pour satisfaire ses plaisirs, ceux apparemment qu'il n'avait jamais eu le temps de se procurer pendant une vie aussi occupée que la sienne. Nous n'avons pu dissimuler qu'il partagea ce tort-là avec d'autres grands hommes; il avait peu vécu dans les cours; mais à Dresde comme à Saint-Pétersbourg et à Versailles, il avait vu régner les goûts les plus raffinés pour le luxe et les plus effrénés pour des jouissances grossières; il eût été plus heureux pour lui de passer sa vie, absolument tout entière, dans les camps.

Un général peu scrupuleux sur les moyens de s'enrichir ne saurait être très-rigoureux pour le vol ; celui qui a fait condamner les voleurs à être pendus n'est évidemment pas disposé à le devenir lui-même.

Un écrivain de l'école de Voltaire, mais beaucoup moins adulateur, faisait, en 1782, l'éloge le plus désintéressé du maréchal de Lowendal. « . . . . . En temps de paix, dit cet auteur [1], il partageait son loisir entre les plaisirs de l'étude et la société de quelques amis choisis. Il les charmait par la bonté de son âme, par sa candeur, par son esprit, par le don de s'exprimer avec autant de force que de justesse, et par une infinité de connaissances que ses lectures et ses voyages

---

[1] *Les Fastes de Louis XV*, 2 vol. in-8°, sans nom d'auteur, imprimés à Villefranche, 1782.

CHAPITRE XVI.

lui avaient acquises. On dit qu'il parlait quatorze langues; il possédait à un degré éminent la tactique, le génie, la géographie dans ses plus petits détails. . . . . . Nous n'avons pas cru déroger à notre tâche, en nous entretenant un instant d'un étranger dont les talents et les services signalés furent si utiles à la France. » Observons seulement que ces services lui ont bien mérité de lui appartenir. Aussi, sa mémoire fut honorée par un témoignage beaucoup plus éclatant.

Dans la séance de l'Assemblée nationale, tenue le 9 juillet 1790, MM. de Wimpfen et Freteau firent valoir le rang que le maréchal de Lowendal avait quitté en Russie, pour s'attacher à la France, les services qu'il lui avait rendus, et l'Assemblée prononça qu'il serait donné 150,000 fr. à Woldemar de Lowendal, son fils, pour le dédommager de la perte du régiment de son nom, 100,000 fr. à Marie-Louise de Lowendal, comtesse de Brancas, et la même somme aux enfants de la comtesse de Turpin-Crissé [1].

En 1792, l'Assemblée nationale, tout occupée

---

[1] Voyez la note 18.

de réformes financières, maintint cependant les fortes pensions que Louis XV avait créées en faveur de la maréchale de Lowendal et de ses filles; elles n'en furent privées que par la banqueroute que la république fit éprouver aux créanciers de l'État.

Louis XV a écrit de sa main au duc de Noailles : « Les envieux mourront, mais non l'envie...... Qui est-ce qui est à l'abri des discours?..... » Eh bien! il y a des envieux même du passé, d'un passé éloigné; c'est ce qui porte certaines gens à dénigrer ce qu'ils devraient honorer. Un des écrivains de la *Revue des Deux mondes* s'est permis de reproduire, dans ce recueil si étrangement mélangé, les inculpations mensongères du marquis d'Argenson contre le maréchal de Lowendal. Dans un article intitulé : *Maurice de Saxe,* le maréchal de Lowendal est accusé de n'avoir pas montré à Berg-op-Zoom le même désintéressement qu'à Gand. Il faut avoir bien peu d'idée de la guerre, et des maux cruels qu'elle enfante, pour s'imaginer qu'un général puisse toujours les prévenir, et le rendre responsable des déplorables suites de la prise d'assaut d'une place attaquée et défendue avec acharnement pendant deux mois, emportée par des troupes que les travaux les plus pénibles, de longues souffrances, et une résistance dont elles ne voyaient pas le terme, avaient exaspérées.

Le marquis de Feuquières, si sévère pour les généraux de son époque, ne l'aurait pas été autant pour le maréchal de Lowendal que l'écrivain dont nous parlons. M. de Feuquières, lui, connaissait la guerre pour l'avoir faite; il dit nettement que, lorsqu'une ville est emportée d'assaut, il est impossible d'empêcher le soldat victorieux de la piller. Les contemporains les plus respectables du comte de Lowendal n'ont pas admis qu'il ait profité, personnellement, du malheur que Berg-op-Zoom eut à subir; la postérité a confirmé leur jugement. Il est très-permis de croire que personne n'aurait réussi à contenir les fourmis dont le maréchal de Saxe a parlé. L'écrivain de la *Revue des Deux mondes* a cru pouvoir étayer le jugement du marquis d'Argenson de l'opinion de madame du Deffant. Cette pauvre femme s'était trop peu respectée elle-même pour savoir respecter personne. Un critique du goût le plus sûr, M. de Féletz, a reconnu dans sa correspondance un esprit caustique, une médisance perpétuelle. La méchanceté de madame du Deffant lui enlève toute autorité ; mais au reste, nous avons feuilleté inutilement ses lettres, nous n'y avons rien vu qui pût concerner le maréchal de Lowendal ; et, après avoir bien cherché, nous n'avons trouvé, parmi ses contemporains, que deux détracteurs de son noble caractère : le marquis d'Argenson, un homme qui croyait tout permis, excepté le vol apparemment, quoiqu'il admît l'adultère, qui en est bien un, et Frédéric de Trenck, influencé dans ses appréciations par son cousin François de Trenck, véritable bandit.

J'ai écrit à l'entrepreneur de la *Revue des Deux mondes* qu'il compose, tantôt d'écrits dus à la plume du prince de Broglie, tantôt des productions de M. Renan et de M. Taine, cherchant à satisfaire tous les goûts, même les plus réprouvés ; M. Buloz s'est bien gardé de reproduire ma lettre, c'eût été un acte d'équité.

On aperçoit encore, quelquefois, sa *Revue*

dans certains salons où elle ne devrait pas se trouver. On ne lit point, dit-on, ses articles philosophiques, soit, mais on soudoie les ennemis du bien, et c'est mal. Il y a quantité de gens qui n'y lisent que ce qui est mauvais ; des écrivains qui se respectent s'y trouvent accolés à ceux qui ne respectent rien, dans l'intention, sans doute, de placer l'antidote à côté du poison ; mais leur espoir est trompé, et leurs noms servent à en tromper d'autres.

La comtesse de Brancas[1], fille cadette du maréchal de Lowendal, m'a conté deux anecdotes que je ne me souviens pas d'avoir trouvées dans les nombreux recueils qu'on en a faits. Son père et le maréchal de Saxe dînaient chez le lieutenant-général de police, à une époque où les successeurs de d'Argenson[2] cherchaient à imiter sa vigilance. Pendant le repas on rappela ce qui était arrivé à la reine. On avait dit devant elle que la police employait des gens d'une adresse merveilleuse, et qui se trouvaient partout. Cette

---

Voyez la note 19.

[2] Nous voulons parler ici de Marc-René Voyer d'Argenson, le véritable créateur de l'administration de la police en France, mort en 1721.

princesse avait répété le mot partout! avec l'accent d'une personne convaincue que ces habiles gens ne pouvaient avoir accès chez elle. Quelques jours après, madame de Lowendal avait supplié la reine de recevoir un de leurs compatriotes qui désirait l'intéresser à ses malheurs; elle ne pouvait craindre d'être refusée; Marie Leczinska était la bonté et la charité personnifiées. Un gentilhomme polonais obtint donc la faveur d'être admis dans son salon. Il se prosterna aux pieds de la reine, et, après lui avoir exposé sa position, il s'y jeta une seconde fois avant de se retirer; mais, au bout de peu de moments, on fit apercevoir à la reine que les boucles ornées de diamants qui décoraient ses chaussures avaient disparu.

« Monsieur (dit le maréchal de Saxe à son hôte), vous prétendez pouvoir tout découvrir, et effectivement vous êtes instruit de bien des choses; mais je ne crois pas que vous deviniez où nous avons l'intention d'aller ce soir, M. de Lowendal et moi. » — « Je n'en suis effectivement pas sûr, » lui fut-il répondu.

Le maréchal de Saxe s'était lié, tout récemment, avec une personne, dont il avait beaucoup vanté la conversation spirituelle à son ami, et l'avait engagé à venir en juger. Après le dîner ces messieurs rentrèrent chez eux, pour changer leurs habits contre des vêtements couleur de muraille, et se rendirent à pied à la porte de mademoiselle ***. Très-étonnés d'y trouver un factionnaire en uniforme, l'un d'eux lui demanda : « Depuis quand y a-t-il une sentinelle ici ? » — « Monseigneur, depuis que les maréchaux de France y viennent, » répondit le factionnaire en présentant les armes.

Une chanson, composée à l'occasion de la prise de Berg-op-Zoom, a retenti longtemps dans les casernes et les chaumières. En voici quelques couplets.

1.

Sti-là qu'a pincé Berg-op-Zoom (*bis*)
Est un vrai moule à *Te Deum;* (*bis*)
Vantez qu'c'est un fier vivant, pisque,
Pour vaincre, il se fiche du risque.

2.

Spinola, près de Lowendal,   (bis)
N'est, morgué, qu'un héros de bal;   (bis)
L'un mollit devant les pucelles,
L'autre entre et fait son lit chez elles.

3.

Stapendant l'gouverneur   (bis)
Qui d'Berg-op-Zoom était le souteneur,   (bis)
Voulut faire l'fendant... mais zeste,
Lowendal lui fichit son reste.

4.

Rien, saquergué, rien que son nom   (bis)
Fait autant d'effet que l'canon;   (bis)
C'est qu'dans ste famille-là, l'courage
Est l'plus fort de leur héritage.

5.

Le roi, qu'a vraiment l'cœur royal,   (bis)
Tout d'suit' vous l'a fait maréchal;   (bis)
Dam, vis-à-vis un roi qui pense,
Le mérite a sa récompense.

6.

Louis en gloire est connaisseur,   (bis)
Car ste déesse-là est sa sœur;   (bis)
On doit les nommer dans l'histoire
Les deux gémeaux de la victoire.

CHAPITRE XVI.

Ma vénérable aïeule, la comtesse de Brancas, est décédée dans un âge très-avancé. Elle a passé les dernières années de sa vie, dans son lit, à lire des livres d'histoire et de piété, à chanter des psaumes et des cantiques. Seulement, de temps en temps, quand le soleil éclairait ses fenêtres, ou quand son médecin lui avait ordonné un cordial, on l'entendait fredonner quelques couplets choisis parmi ceux de la vieille chanson composée à l'occasion de la prise de Berg-op-Zoom.

L'enthousiasme que cet événement a inspiré en France avait gagné jusqu'aux séminaristes. On sait que M. Émery est devenu supérieur général de la célèbre congrégation de Saint-Sulpice, qu'il n'a dû la conservation de sa vie, pendant la Terreur, qu'au calcul d'un cannibale appelé Fouquier-Tinville, qui disait que ce petit prêtre empêchait les autres de crier, quand on les conduisait à la boucherie. Son courage ne s'est jamais démenti; il a su résister en face à Napoléon Ier, lorsque presque tous les souverains de l'Europe s'inclinaient sur un de ses gestes. M. Émery, plein d'admiration pour le vainqueur de Berg-op-

Zoom, a écrit un poëme de trois cent cinquante vers en son honneur. Le maréchal de Lowendal lui offrit, en remercîments, une sous-lieutenance dans le régiment dont il était propriétaire. Le jeune séminariste eût certainement fait un intrépide officier; mais, quoique très-sensible à la gloire, il avait une autre vocation, celle d'employer toute son énergie à servir Dieu et son Église. Il est impossible de douter de la sincérité des sentiments de M. Émery; il s'était passionné pour le maréchal de Lowendal; il ne pensait pas pouvoir faire ressortir assez sa gloire; mais il ne croyait point le flatter; personne n'était moins capable d'adulation que lui. Le titre de son poëme porte qu'il a été composé par M. Émery, de Gex, écolier de rhétorique au collége de la compagnie de Jésus, à Mâcon, où il a été publié en 1748; il est précieusement conservé par les Sulpiciens, chez qui la mémoire de l'auteur est en grande vénération. En adressant son œuvre au maréchal de Lowendal, il l'avait fait précéder d'une épître dédicatoire, où il lui dit : « Qu'il a voulu manifester qu'il a pour un héros, à qui la France doit tant,

CHAPITRE XVI.

les sentiments que la reconnaissance et l'admiration doivent faire naître dans tous les cœurs des vrais Français. »

Nous allons citer quelques vers du jeune écolier qui a su si bien enseigner, depuis, tous les devoirs des bons prêtres. L'auteur s'adresse à son héros :

. . . .
T'exalter, t'abaisser, ne dépend pas de moi ;
Ta gloire, ta grandeur, tu les portes en toi ;
En vain ma faible muse en ternirait le lustre,
Tu n'en paraîtrais pas moins grand ni moins illustre ;
Les peuples, étonnés de tes exploits divers,
Retrouveraient en eux ce qui manque à mes vers ;
Ils liraient dans ton cœur, ce grand cœur qu'on admire,
Ce que je n'ai pas dit, ce que je n'ai pu dire.
. . . .
Parle, fier Berg-op-Zoom, quelle main redoutable
A dompté ton orgueil si longtemps indomptable ?
Qu'est devenu ce temps, ce temps si glorieux,
Où tu semblais braver les humains et les dieux ?
. . . .
France, quand tu voudras qu'on t'ose résister,
Choisis des généraux que l'on puisse dompter.
Le Batave soumis, Mastricht ouvre ses portes,
Et reçoit dans son sein nos superbes cohortes.
O toi, qui, redouté du plus grand de nos rois,
Comptas, presque en naissant, tes jours par tes exploits,
Toi qui, par tes vertus, digne du diadème,
Parus toujours plus grand que la grandeur suprême,
Nassau, quitte un moment le séjour du trépas,

Pour voir comme l'on prend ce que tu ne pris pas.
Après avoir livré tant d'illustres batailles,
Emporté tant de forts, détruit tant de murailles,
Après avoir forcé l'Europe à t'admirer,
Tu vis devant Mastricht ton orgueil expirer ;
Viens le voir, ce Mastricht que ton bras ne put prendre,
A la première attaque obligé de se rendre.
. . . .
Après le jugement du plus grand des monarques,
Lowendal, ne crains rien de l'empire des Parques ;
De ton bras indompté, l'immortel souvenir
Éclairera toujours les yeux de l'avenir.
De l'intrépidité tu seras le symbole,
Et nos derniers neveux diront sans hyperbole,
Lorsqu'ils voudront marquer un parfait général,
Au lieu d'un autre Mars, un autre Lowendal.

L'auteur termine son poëme en disant :

Louis, un jour, aura l'univers à régir,
Et c'est à Lowendal à le lui conquérir.

Quoique nous ayons déjà beaucoup parlé de la ville de Berg-op-Zoom, nous croyons devoir faire connaître l'événement dont elle fut le théâtre longtemps après avoir été emportée d'assaut; elle était destinée aux surprises. Le 8 et le 9 mars 1814, « une garnison, composée de nouvelles levées, est chargée de défendre une forteresse étrangère, dont les habitants avaient suffi pour chasser jadis les troupes espagnoles qui l'occupaient; d'un développement trop considérable pour le nombre d'hommes qui la composent, elle y est surprise, la nuit, par les troupes d'une nation célèbre par sa valeur; les assiégeants, guidés par les habitants de la ville, s'emparent des remparts et de la moitié des maisons et des rues. Les Français assiégés, attaqués intérieurement et extérieurement, entourés de tous côtés, se défendent d'abord avec courage, et reprennent ensuite une offensive combinée. Ils parviennent après douze heures consécutives de combat, et après avoir détruit une partie des assaillants, non à chasser de la ville ceux qui ont les armes à la main, mais, au contraire, à les empêcher pour la plupart d'en sortir, et à leur faire mettre bas les armes. Les assiégés font capituler les assiégeants, forcent ceux qui ont pu fuir de la ville à y rentrer, et ceux qui n'avaient pas pu y pénétrer à venir s'y rendre à discrétion. Ils finissent par réunir plus de prisonniers de guerre qu'ils ne sont eux-mêmes de combattants. » L'auteur de la narration[1] que nous suivons explique que les fossés de la place étaient gelés, ce qui inspira la confiance des Anglais dans le succès de leur entreprise ; mais ils trouvèrent la glace brisée. Le général Goore qui les commandait fut tué, le général Skerrts dangereusement blessé, avec quantité d'autres officiers de distinction. Les troupes anglaises, parmi lesquelles se trouvait un régiment des Gardes, avaient cependant mis une grande vigueur dans leurs premières attaques, puis une grande opiniâtreté à se défendre.

Les fuyards qui avaient pénétré dans la ville, par le bassin du port, furent arrêtés par la marée ; d'autres, courant à l'aventure sur les glacis, furent mitraillés par l'artillerie des remparts, foudroyés par la mousqueterie ; d'autres enfin se trouvèrent arrêtés par le canon d'une redoute du camp retranché ; on en recueillit en leur tendant des échelles. Il y eut une capitulation, dont une des conditions fut que les Anglais qui se trouvaient encore dans la ville seraient prisonniers de guerre.

---

[1] *Relation de la surprise de Berg-op-Zoom*, par le colonel du génie Legrand.

CHAPITRE XVI.

Le *Moniteur* publia le rapport du général en chef de l'armée anglaise, sur cette échauffourée, tel qu'il avait paru dans les feuilles de Londres. Mais ce mémorable fait de guerre passa inaperçu au milieu du bouleversement de l'Empire, et serait resté enfoui dans les colonnes du journal officiel, si le colonel du génie Legrand, témoin oculaire, n'en avait point fait imprimer la relation.

On ne peut comparer cette magnifique défense de Berg-op-Zoom qu'à celle des Français dans Crémone, dont le prince Eugène put un moment se croire le maître, en 1702.

Le général Bizannet ne conserva le drapeau national à Berg-op-Zoom que pour peu de temps; mais il l'y avait glorieusement maintenu, et son nom ne doit pas être laissé en oubli.

Il ne m'a pas été donné de retracer la vie d'un saint. Je suis heureux du moins d'avoir eu à écrire celle d'un homme doué des vertus qui font le plus d'honneur au cœur humain, et de toutes les qualités d'un général dont l'habileté est restée incontestable.

Je ne puis livrer mon ouvrage à la critique

avec un grand espoir d'échapper à ses atteintes, mais j'ai celui d'inspirer beaucoup d'indulgence aux personnes qui estiment l'honneur, la loyauté et le désintéressement.

Le maréchal de Lowendal en a donné de nobles exemples, et s'est montré supérieur à ceux qui ne recherchent que les éclats de la gloire, les honneurs et la fortune qu'ils procurent.

FIN DU SECOND VOLUME.

NOTES

DU

DEUXIÈME VOLUME.

NOTE I.

(P. 114.)

Antoine-Joseph, baron du Blaisel, qui avait reçu deux blessures à Lawfeld, était maréchal de camp lorsqu'après la bataille de Minden, il se trouva renfermé dans la ville de Griesen, pendant l'hiver de 1759 et 1760. Il y fut bloqué par le prince Ferdinand de Prusse qui le somma deux fois de se rendre, en le menaçant des traitements les plus rigoureux. Il répondit que cinquante ans de service l'avaient guéri de la peur, et que le prince pourrait l'attaquer quand il voudrait.

M. du Blaisel n'avait jamais connu la peur; c'est un mal dont on ne guérit point.

NOTE II.

(P. 114.)

Les officiers généraux employés sous les ordres de M. de Lowendal au siége de Berg-op-Zoom étaient :

Le marquis de Contades, lieutenant général.

En première ligne :

Les maréchaux de camp : de Courten, de Blet, de Montbarey, de Saint-Germain, de Lage, le duc d'Havré, MM. de Montmorin et de Lussan.

MM. les brigadiers : de Charleval, de Lablinière, Bergeick, Grandvilliers, Grassin, Douran, le duc de Crouy, Cabulsar, de Montmorency, de Salency et de Lally.

En deuxième ligne :

MM. les maréchaux de camp : d'Anlezy et Relingue ;

Et MM. les brigadiers : Pascal, Bonnaventure, Maisoncelle, de Comeyras.

La réserve campée à Woude était commandée par le duc de Chevreuse, lieutenant général ; il avait sous ses ordres MM. de Custine, le duc d'Olonne, d'Aubigny et de Vaux, brigadiers.

NOTE III.

(P. 124.)

ÉTAT DES OFFICIERS

TUÉS OU BLESSÉS PENDANT LE SIÉGE DE BERG-OP-ZOOM [1].

DÉSIGNATION des CORPS OU RÉGIMENTS.	DATES.	NOMS.	GRADES.	Tués.	Blessés.
		MM.			
Grenad. de Montboissier.	15 juillet.	Mildon............	lieutenant....	»	1
Régiment de Normandie. .	16 »	le chevalier de Poissac..	Id.	»	1
Id.	»	de Flotte.........	Id.	»	1
Id.	17 »	Herman..........	lieut. de grenad..	»	1
Angoumois........	»	d'Offay..........	lieutenant....	»	1
Artillerie.........	»	Boshio...........	officier pointeur.	»	1
Génie...........	18 »	Gouffier, blessé grièvement	officier ingénieur.	»	1
Saxe............	»	Simonnet........	lieutenant....	1	»
Dauphin.........	»	Gerriais.........	Id.	»	1
Royal-artillerie.....	19 »	de Boisset.......	Id.	»	1
Id.	»	Jonas...........	Id.	»	1
Id.	»	Fauchet.........	Id.	»	1
Lorraine.........	»	le chevalier de Luzarey..	Id.	»	1
Royal-Corse.......	»	de Costa.........	capitaine....	»	1
Touraine.........	»	de Senas.........	Id.	1	»
Saxe............	»	de Boys..........	lieutenant....	1	»
Royal-artillerie.....	21 »	de Fay..........	Id.	1	»
Custine infanterie...	»	Melac...........	capitaine....	1	»
Soissons (milice de)...	»	Pontigny (Rousseau de)..	Id.	»	1
Id.	»	La Combe........	?	?	?
Normandie........	»	de Rency........	lieutenant....	»	1
Royal-artillerie.....	»	de Saint-Marc.....	Id.	»	1
Id.	»	de Farge........	Id.	»	1
Génie...........	22 »	de Bouville.......	ingénieur....	»	1
			A reporter.	5	18

[1] L'auteur du journal de ce siége, imprimé en 1750, a donné jour par jour le nom des officiers qui y ont monté la tranchée, et le nombre de tués et blessés ; mais il a rarement indiqué nominativement les officiers qui comptaient parmi ces derniers. Pour les désigner, nous avons confronté les lettres du comte de Lowendal, les rapports du chevalier d'Hallot, l'un de ses aides-majors-généraux, et les états des régiments. Les noms de ces régiments inscrits en marge faciliteront les recherches des personnes qui auraient intérêt à en faire.

DÉSIGNATION des CORPS OU RÉGIMENTS.	DATES.	NOMS.	GRADES.	Tués.	Blessés.
		MM.	Report.	5	18
Custine.	22 juillet.	de Broc.	capitaine	»	1
Royal-artillerie.	»	de Mestre.	lieutenant.	»	1
Id.	»	le chev. de Vanel (Paul-Irénée).	Id.	»	1
Artillerie.	»	de La Combe.	Id.	»	1
Id.	»	de La Faverie (très-dangereusement atteint).	Id.	»	1
Génie.	»	Le Bœuf.	ingénieur.	»	1
Royal-artillerie.	25	de Seziac.	lieutenant.	»	1
Artillerie.	»	Desprez.	Id.	»	1
Lowendal.	»	du Cherroy.	capit. en second.	»	1
Soissons.	»	de Villedieu.	capitaine.	»	1
Limosin.	26 »	de La Caze.	Id.	»	1
Id.	»	d'Avignon.	Id.	»	1
Royal-artillerie.	»	Bauyer.	lieutenant.	»	1
Fleury, cavalerie.	27 »	Darable ou Darrabe.	Id.	»	1
Normandie.	28 »	de Rochemore.	capitaine.	»	1
Royal-artillerie.	»	du Chastelet.	lieutenant.	»	1
Lowendal.	»	Pomieski.	Id.	»	1
Normandie.	29 »	de Rastoul.	Id.	1	»
Royal-artillerie.	»	de Langle.	capitaine.	»	1
Id.	»	d'Espinassy.	lieutenant.	»	1
Lowendal.	»	du Cherrois (blessé pour la seconde fois).	capitaine.	»	1
Id.	»	Lambert.	lieutenant.	»	1
	»	2 capitaines de charrois.		»	2
Génie.	30 »	de La Dhosserie.	ingénieur.	»	1
Limosin.	»	Le Comte.	lieut. de grenad.	»	1
Artillerie.	»	Renaudot (très-dangereusement).	lieut. command.	»	1
Custine.	»	de Russy.	capit. de grenad.	1	»
Mestre de camp-dragons.	»	Canet.	lieutenant.	1	»
Touraine.	»	de Fredeau (Antoine-Leclerc).	capitaine.	»	1
Id.	»	de Lantier.	lieutenant.	»	1
Custine.	»	de La Grandeur.	s.-lieut. de grenad.	»	1
Génie.	31 »	Le Bœuf.	ingénieur.	»	1
Normandie.	»	Drouin.	lieut. de grenad.	»	1
Chabrillant (gren. royaux).	1er août.	Descrochets.	capit. de grenad.	»	1
Dauphin.	»	Joblin.	s.-lieut. de grenad.	»	1
Etat-Major.	»	le comte de Limmingue.	aide-de-camp de M. de Lowendal.	»	1
Lorraine.	»	Sacristain.	lieutenant.	»	1
Génie.	»	de La Vallée.	ingénieur.	»	1
Lowendal.	2 »	O-Brien.	lieutenant.	»	1
			A reporter.	8	55

NOTES. 339

DÉSIGNATION des CORPS OU RÉGIMENTS.	DATES.	NOMS.	GRADES.	Tués.	Blessés.
		MM.	Report.	8	55
Mineurs.	2 août.	Agard.	capitaine	»	1
Custine.	3 »	Le Cormier.	capitaine	»	1
Compagnie de Boule.	»	Demans.	cap. en second de mineurs.	»	1
Soissons.	4 »	Guyard de Maisy.	major.	»	1
Id.	»	Mignau.	capitaine	»	1
Chantilly.	»	?	lieutenant.	»	1
Lowendal.	»	Dufrêne.	Id.	?	?
Touraine.	5 »	Marquet (tranchée de Ronwers).	lieut. de grenad.	»	1
Fleury.	6 »	D'Autel.	capitaine	»	1
Id.	»	de La Serre.	lieutenant.	»	1
Normandie.	»	de Persange.	lieut. de grenad.	»	1
Id.	»	Fronsac.	Id.	»	1
Id.	»	de Massons (jambe emportée).	Id.	»	1
Id.	»	Bonnet.	lieut. de grenad.	»	1
Id.	»	Drouin (sans espérance).	Id.	»	1
Id.	»	Herman.	Id.	»	1
Id.	»	Sauveton.	Id.	»	1
Id.	»	Rigault.	sous-lieutenant.	1	»
Id.	»	Briandas.	lieutenant.	1	»
Limosin.	»	Romilière.	capitaine	»	1
Id.	»	d'Autherive.	Id.	»	1
Id.	»	de Colignon.	sous-lieutenant.	»	1
Laval.	»	Roland.	lieut. de grenad.	»	1
Id.	»	de La Carnois.	Id.	»	1
Saxe.	»	de Cierge.	capitaine	»	1
Id.	»	Hertmanstorf.	lieutenant.	1	»
Lowendal.	»	de Krussentias.	Id.	»	1
Artillerie.	»	du Gravier.	commandant.	»	1
Id.	»	Dagar.	capit. de mineurs.	»	1
?	»	Goulet.	lieut. de mineurs.	»	1
Chantilly.	»	Lapérière.	capitaine	1	»
Id.	»	le chev. de Pontbriant.	Id.	»	1
Royal-Corse.	»	Lebrun.	capit. de grenad.	»	1
Id.	»	de Galgany.	lieut. de grenad.	»	1
Chabrillant.	»	de Monville.	Id.	»	1
Id.	»	de Colson.	lieutenant.	»	1
Ingénieurs.	»	le chev. de Biscourt (dangereusement).	ingénieur.	»	1
Id.	»	de Charmont.	Id.	»	1
Id.	»	le chevalier de la Jaille.	Id.	»	1
Id.	»	de Mai.	Id.	»	1
Id.	»	de Clairac.	Id.	»	1
			A reporter.	12	91

DESIGNATION des CORPS OU RÉGIMENTS.	DATES.	NOMS.	GRADES.	Tués.	Blessés.
		MM.	Report.	12	91
Custine.	6 août.	Carau d'Urbise.	lieutenant. . . .	»	1
Royal-artillerie.	7 »	de Beaujean.	lieutenant. . . .	»	1
?	»	de Beauvoir cadet	?	»	1
Génie.	»	de Biscourt	?	1	»
Chabrillant	»	des Roches.	capitaine	»	1
Id.	»	d'Aubier.	Id.	»	1
Id.	»	de Raynel.	lieutenant. . . .	»	1
Dauphin.	»	de Sérinchamp	capitaine de grenadier	1	»
Id.	»	Furémont [1]	Id.	1	»
Saxe	»	Deville	capitaine	»	1
Id.	»	Pivot.	Id.	»	1
Id.	»	Dalan.	lieutenant. . . .	»	1
Id.	»	Josselin le cadet.	?	»	1
Chantilly	»	de l'Espinasse.	lieutenant. . . .	»	1
Id.	»	de La Perrière fils. . . .	Id.	»	1
Lowendal.	»	de Witemberg.	capitaine	»	1
Id.	»	de La Cour.	lieutenant. . . .	»	1
Rochefort.	»	de Vofreville (devant Rowers).	Id.	»	1
Egmont-dragons.	»	Duval (devant Rowers). .	Id.	»	1
Génie.	8 août.	Zingue (volontaire au service de l'électeur palatin)	ingénieur. . . .	1	»
Saxe.	»	de La Hautière	capitaine	1	»
Chantilly	»	du Lierre.	lieutenant. . . .	»	1
Chabrillant.	»	de Couches.	capitaine	1	»
Limosin.	»	N.	Id.	»	1
Génie.	»	de La Dossière.	ingénieur. . . .	»	1
Dauphin.	»	de La Roche-Négli. . . .	lieutenant. . . .	»	1
Laval.	»	de Brosse.	Id.	»	1
Génie.	»	Gallois	officier de mineurs. . . .	»	1
Lowendal.	»	de Beauchamp.	commandant le 3e bataillon . . .	»	1
Lowendal.	9 »	de Gourru.	commandant le 2e bataillon. . . .	1	»
Id.	»	La Jaulais.	capitaine de grenadiers. . .	»	1
Id.	»	Maes	lieutenant. . . .	»	1
Chantilly	»	Betancé.	capitaine	»	1
Id.	»	de Saint-Laurent.	lieutenant. . . .	»	1
			A reporter.	19	118

[1] M. Suzanne ajoute à ces noms ceux de MM. Flaccieux et Genas, capitaines, appartenant aussi au régiment Dauphin, tués pendant le siége.

NOTES. 341

DÉSIGNATION des CORPS OU RÉGIMENTS.	DATES.	NOMS.	GRADES.	Tués.	Blessés.
		MM.	Report.	19	118
Chabrillant	9 août.	du Faye	lieutenant	»	1
Limosin	»	de La Noue	capitaine	»	1
Dragons d'Egmont	»	de Barbazan (devant Rowers)	lieutenant	»	1
Lowendal	10 »	de Chavaroche	Id.	»	1
Dauphin	»	du Fresne	Id.	»	1
Montboissier	»	Descordes (mortellement blessé)	capit. de grenad.	»	1
Génie	»	Demans	cap. en second de mineurs	1	»
Angoumois	»	Carle	capitaine	»	1
	»	Un lieutenant de sapeurs.		1	»
Angoumois	»	Bireau	sous-lieutenant	1	»
Mestre de camp dragons	»	Bourdon	cornette	»	1
Rochefort	11 »	de Couturelle	major	»	1
Royal	»	du Plessis	capitaine	»	1
Saxe	»	Matis-Hugo[1]	capit. de grenad.	»	1
Royal-artillerie	»	de La Salle	lieutenant	»	1
Limosin	»	de Chastenay	lieut. de grenad.	»	1
Artillerie	»	Lamy	comm^{re} provinc.	»	1
Génie	12 »	de Clérac	ingénieur	1	»
Id.	»	de l'Espinoy	cap. de mineurs	»	1
Fleury	»	de Moras	lieutenant	»	1
Royal-Wallon	»	de Montet	lieut. de grenad.	»	1
Royal-artillerie	»	de Beaujeu	lieutenant	»	1
Soissons (milice de)	»	du Châtel	Id.	»	1
Artillerie	»	Villemontry (Failly de)	Id.	»	1
Rochefort	13 »	de La Fitte	capitaine	»	1
Id.	»	de La Roche	lieutenant	»	1
Royal-Corse	»	de Bingely	Id.	»	1
Fleury	»	Beaumarchand	Id.	»	1
Touraine	14 »	de Vienne (à la tranchée de Rowers)	capitaine	»	1
Normandie	»	de Montifaut (Beaumont)	Id.	»	1
Id.	»	de Clervaux	lieutenant	»	1
Id.	15 »	de Laval	capitaine	»	1
Id.	»	Monpineau	lieutenant	»	1
Royal-artillerie	»	de Vauberseau	Id.	1	»
Chabrillant	»	de Marion	capitaine	»	1
Brigade de Bergeret[2]	»	de Balastron	major	»	1
			A reporter.	24	149

[1] Matis-Hugo est le nom écrit par M. de Lowendal; M. d'Hallot, beaucoup moins exact d'ordinaire, a écrit Mastringo.

[2] La brigade de Bergeret se composait des bataillons de Senlis, de Semur, de Mortagne et de Metz.

DÉSIGNATION des CORPS OU RÉGIMENTS.	DATES.	NOMS.	GRADES.	Tués.	Blessés.
		MM.	Report.	24	149
Bataillon de Senlis, milice.	15 août.	de Manssion	capitaine	»	1
Chantilly	»	de Vaudelbeuf (écrit Vaudergrue par M. d'Hallot).	lieutenant	»	1
Artillerie	»	Champvalon	capit. de charrois.	»	1
?	»	Champvalon le neveu	?	»	1
Mineurs	16 »	M. de Lorme	maréchal de camp.	1	»
Etat-Major	»	de Keller (officier danois).	aide-de-camp de M. de Lowendal.	1	»
Lowendal	»	de Vivranosky	lieutenant	»	1
Id.	»	Trache	lieut. en second	1	»
Normandie	»	de Briette	capitaine	»	1
Id.	»	Brunet (blessé à mort).	s.-lieut. de grenad.	»	1
Id.	»	Trinquier (très-danger.).	lieutenant	1	»
Bataillon de Senlis	»	de Chantemerle	Id.	»	1
Bat. de Chantilly	»	le chevalier de Maux	capitaine	»	1
Dragons de Septimanie	»	de Bauran	cornette	»	1
Beauvoisis	17 »	de Campredon	capitaine	»	1
Bat. de Corbeil, milice	»	de Boisrage	Id.	»	1
Soissons	? »	de Lery	Id.	»	1
Id.	»	de Villedieu	lieutenant	»	1
Chabrillant (gren. royaux).	»	le chev. de Boisgautier fils.	Id.	»	1
Bat. de Senlis, milice	»	de La Terrière	Id.	»	1
Normandie	18 »	de Bellemare	capitaine	»	1
Caraman, dragons	»	de Soulier	Id.	1	»
Id.	»	de Saunac	cornette	»	1
Saxe	»	de Zoller	capitaine	»	1
Id.	»	de Nothelfferd	Id.	»	1
Id.	»	de Savalos	lieut. de grenad.	»	1
Id.	»	de Monroux	Id.	1	»
Génie	»	Bouillard	ingénieur	»	1
Dauphin	»	de Bonneville blessé mortellement).	capitaine	»	1
Chantilly	»	de Caillant	Id.	»	1
Brigade de Bergeret	»	de Fauilleroy	lieut. de grenad.	»	1
Génie	»	de Villers	ingénieur	»	1
Id.	»	Saint-Paul	Id.	»	1
Mineurs	»	Prévot	Id.	»	1
Chantilly	20 »	de Ponbriant	capit. de grenad.	1	»
Laval	»	de Langle (écrit aussi Dangle).	capitaine	1	»
Fleury	»	de Provisy		»	1
Royal[1]	»	de Coulon	capit. de grenad.	»	1
			A reporter.	32	179

[1] Royal-infanterie avait déjà perdu pendant le cours du siége M. de Billy, lieutenant.

NOTES.

DÉSIGNATION des CORPS OU RÉGIMENTS.	DATES.	NOMS.	GRADES.	Tués.	Blessés.
		MM.	Report.	32	179
Saxe	20 août.	de Stahel	lieutenant	»	1
Septimanie, dragons	»	de Rochemaur	capitaine	»	1
Limosin	»	de La Motte	Id.	»	1
Id.	»	de La Boulandière	lieutenant	1	»
Limosin	»	de Gérard	capitaine	1	»
Id.	»	de Mauvaise ou Mauvise	lieutenant	1	»
Dauphin	»	le chev. de Clermont-Mont-Saint-Jean	capitaine	1	»
Id.	»	de Rafon	lieut. de grenad.	»	1
Id.	»	de Blod (de la Garde)	capit. de grenad.	»	1
Génie	»	Dhurevort	ingénieur	»	1
Artillerie	»	de Bonnevaux	lieut. de mineurs	1	»
Rochefort	»	de Saint-Afrique (devant Rowers)	lieut.-colonel	»	1
Touraine	»	de Berthès	lieut. en second de grenadiers	»	1
Etat-Major	»	le chevalier de Botter	brigadier, aide maréchal général des logis	»	1
Id.	21 »	le chevalier de Beauteville	aide maréchal général des logis	»	1
Royal	»	de la Grationnaye (Vincent Joseph Talhouet)	capit. de grenad.	»	1
Eu	»	de Miran	Id.	»	1
Id.	»	de Monsage	lieut. de grenad.	»	1
Saxe	»	de Nuppnay (Ferdinand)	capitaine	»	1
Royal-Corse	»	de La Grange	lieutenant	»	1
Rochefort	»	Durnas (devant Rowers)	Id.	»	1
Lorraine	»	d'Audiguier (dangereusement)	capit. (avec rang de l.-colonel)	»	1
Eu	22 »	de Rionval	capitaine	1	»
Id	»	Pelagrue de St-Sauveur	Id.	»	1
Dauphin	»	le chevalier de Clermont	capit. de grenad.	»	1
Septimanie	»	le chevalier de Polignac	?	»	1
Beauvoisis	»	Pelletier	lieutenant	»	1
Limosin	23 »	de Belicourt	officier major	1	»
Saxe	»	Nardin	lieut. de grenad.	»	1
Lowendal	»	le chev. de Witemberg	lieutenant	»	1
Génie	»	de Caux	ingénieur	»	1
Id.	»	de Florence	Id.	»	1
Id.	»	de Gallon ou Ganon	Id.	»	1
Artillerie	24 »	de l'Epinoy	capit. de mineurs	»	1
Id.	»	de Waruc	commissaire provincial	»	1
			A reporter.	39	207

DÉSIGNATION des CORPS OU RÉGIMENTS.	DATES.	NOMS.	GRADES.	Tués.	Blessés.
		MM.	Report.	39	207
Bataillon de Corbeil	24 »	Ray de Saint.	lieut. de grenad.	»	1
Chabrillant	»	le chev. de Cheneville.	lieutenant.	»	1
Chantilly	»	Renet.	Id.	»	1
Custine	25 »	de Castel.	capitaine.	1	»
Normandie	26 »	le chev. de Bienassis (Ant.-Charles Jacomel).	Id.	»	1
Id.	»	Duché.	lieutenant.	»	1
Artillerie	»	de Solorat.	lieut. de mineurs.	»	1
Limosin	»	de Fougerolle.	lieutenant.	»	1
Royal-Wallon	»	de Lionnois.	Id.	»	1
Génie	27 »	de Signe.	lieut. de sapeurs.	»	1
Normandie	28 »	de La Boëssière.	capitaine postiche aux grenadiers.	?	?
Id.	»	Remy.	lieut. de grenad.	1	»
Limosin	»	Gérard.	lieutenant.	»	1
Dauphin	29 »	le chevalier de Gray[1].	capitaine.	»	1
Génie	»	de Bulle Duverny.	s.-lieut. de sap.	»	1
Royal	30 »	de Bussy.	capitaine.	»	1
Id.	»	François.	lieutenant.	»	1
Id.		d'Oudenfort (du Châtelet).	Id.	»	1
Dauphin	»	de Montalet.	Id.	»	1
Laval	»	Pellot.	lieut. de grenad.	»	1
Génie	»	Daumalle.	ingénieur.	»	1
Artillerie	»	du Chat.	commissaire.	»	1
Normandie	31 »	du Drésic de La Chaussée (blessé à mort).	capitaine.	1	»
Eu	»	de Lamarine.	Id.	»	1
Royal-artillerie	»	de Villiers (jambe emportée).	officier pointeur.	»	1
Artillerie	»	de Sanglois.	Id.	»	1
Laval	1er sept^{bre}.	de Villedon.	lieutenant.	»	1
Touraine	»	de La Serre (à Rowers).	lieut. de grenad.	»	1
Egmont, dragons	»	Patras. id.	cornette.	»	1
Bataillon de Senlis	2 »	de Chantemerle.	lieut. de grenad.	»	1
Id.	»	Capet.	Id.	»	1
Dauphin	»	de Couzac.	Id.	»	1
Artillerie	»	de Champagné.	officier pointeur.	»	1
Génie	»	Cloutier.	ingénieur.	»	1
Touraine	»	Cotte (devant Rowers).	capit. de grenad.	»	1
Chantilly	3 »	Kenedet.	capitaine.	»	1
Chabrillant	»	de Brémont.	Id.	»	1
Génie	»	du Chesne.	lieut. de mineurs.	»	1
Id.	»	Ricard.	ingénieur.	1	»
			A reporter.	43	240

[1] Philippe de Malmedi.

NOTES.

DÉSIGNATION des CORPS OU RÉGIMENTS.	DATES.	NOMS.	GRADES.	Tués.	Blessés.
		MM.	*Report.*	43	240
Fleury	4 sept^{bre}	le chevalier de Bertrand	capitaine	»	1
Montmorin	»	Desprez	Id.	»	1
Id.	»	de Montagon	lieutenant	»	1
Id.	»	Ravel	Id.	»	1
Royal-artillerie	»	le chevalier de Vanel	Id.	»	1
Royal	»	de Fransule	Id.	»	1
Montmorin	5 »	La Garde	capit. de grenad	»	1
Bataillon de Corbeil	»	de Trailly	lieut. de grenad	»	1
Dauphin	»	le chevalier de Try	lieutenant	»	1
Royal-dragons	»	Delestre	cornette	»	1
Normandie	6 »	de Saint-André	capitaine	»	1
Diesbach	»	de Deuze	Id.	»	1
Id.	»	Frottier	lieut. de grenad	1	»
Angoumois	»	La Chapelette	lieutenant	»	1
Royal-artillerie	7 »	de Person	capitaine	»	1
Touraine	»	le chev. de Comminges (de Bapeaume) devant Rowers)	Id.	»	1
Mestre de camp dr. gons	»	de Cussac	cornette	»	1
Orléans, milice	8 »	Prévot	capitaine	»	1
Royal-artillerie	»	Blin	lieutenant	1	»
Id.	»	Castillon	lieut. de mineurs	»	1
Id.	»	Goulet de Vigy	lieutenant	»	1
La Tresne	»	Roussel	lieut. de grenad	»	1
Id.	»	Courcelles	Id.	»	1
Royal-dragons	»	La Tour	lieutenant	»	1
Harcourt-dragons	»	de Tour	Id.	»	1
Monnin	»	Himly de Laneuville [1]	Id.	»	1
Chartres	»	Courselle	Id.	»	1
Royal	»	le chevalier de La Périne	Id.	»	1
Artillerie	»	Geoffroy	commissaire	»	1
La Tresne	9 »	de Brouville	capit. de grenad	»	1
Chantilly	»	Marnière	lieutenant	»	1
Artillerie	»	N	capit. de charrois	1	»
Chantilly	10 »	Bertoult	capitaine	»	1
Harcourt-dragons	»	Saubus	lieutenant	»	1
Limosin	»	Divion	Id.	»	1
Artillerie	»	Legrand	commissaire provincial	»	1
Chantilly	11 »	de Moutillot ou Montifaut	lieutenant	»	1
Monnin	12 »	Christen	capitaine	»	1
Id.	»	Rucondon	lieutenant	»	1
			A reporter.	46	276

[1] M. d'Hallot a écrit Sinety, mais à cela près d'un très-petit nombre d'Alsaciens, tous les officiers du régiment de Monnin étaient Suisses.

DÉSIGNATION des CORPS OU RÉGIMENTS.	DATES.	NOMS.	GRADES.	Tués.	Blessés.
		MM.	Report.	46	276
Royal-artillerie.	12 sept^{bre}	de Beaumar.	lieut. en second.	»	1
Chartres.	13 »	de Bonnaventure (rang de brigadier)	lieut.-colonel . .	»	1
Grenadiers de Coincy. . .	»	de Charnassé	capitaine	»	1
Bat. de St-Brieuc, milice.	»	de Mauprez.	Id.	»	1
Royal artillerie.	»	de La Clos.	lieutenant. . . .	»	1
Normandie.	»	le chevalier de Mortières-Gedouin.	capitaine	1	»
Royal-dragons	14 »	Lenelle	cornette.	»	1
Harcourt, dragons. . . .	»	de Pontcharreau.	Id.	»	1
Monnin.	»	de la Richarderie (Richard).	lieutenant. . . .	»	1
Artillerie	»	de Blot	commissaire. . .	»	1
Normandie.	15 »	de La Combe	lieutenant. . . .	»	1
Id.	»	Dufresne	Id.	»	1
Génie.	»	de la Bergerie.	ingénieur	1	»
Artillerie	»	Hevrard.	capit. de charrois.	»	1

A l'assaut, le 16 septembre.

Normandie	16 »	de Chamargon.	capitaine	1	»
Id.	»	le chev. de Vanrhemen. .	Id.	»	1
Id.	»	de La Caussade.	capit. aide-major.	»	1
Id.	»	d'Angosse.	capitaine	»	1
Eu	»	de La Galvague.	Id.	1	»
Id.	»	de Sérignan.	Id.	1	»
Id.	»	de Courst.	Id.	»	1
Id.	»	Le Sage.	Id.	»	1
Id.	»	de Pervot	lieutenant. . . .	»	1
Id.	»	Armand.	Id.	»	1
Id.	»	de Brosses.	Id.	»	1
Id.	»	de La Grange.	Id.	»	1
Royal, vaisseaux.	»	de La Garde.	capitaine	»	1
Id.	»	Darmennour.	Id.	»	1
Custine.	»	Roussel.	capit. de grenad.	»	1
Montmorin	»	de Gauville	capitaine	»	1
Id.	»	de La Garde.	capit. de grenad.	»	1
Id.	»	de Montartier	lieutenant. . . .	»	1
Id.	»	Jally.	Id.	»	1
Id.	»	Bazaine.	Id.	»	1
Royal.	»	de Sauveterre	capitaine	1	»
Id.	»	de Billy.	lieutenant. . . .	1	»
Dauphin[1].	»	de Gabrielli (mort). . .	capit. aide-major.	»	1
			A reporter.	53	306

[1] Le régiment Dauphin avait déjà perdu pendant le siége les capitaines Flaccieux et Genas.

DÉSIGNATION des CORPS OU RÉGIMENTS.	DATES.	NOMS.	GRADES.	Tués.	Blessés.
		MM.	Report.	53	306
Dauphin.	16 sept^{bre}.	de Genasse	lieutenant	»	1
Montboissier.	»	Duverdier	capitaine	»	1
Touraine	»	de Pagan	lieutenant	1	»
Limosin.	»	du Sauzai	capitaine	»	1
Id.	»	Goussin	Id.	»	1
Id.	»	de Pons	Id.	»	1
Id.	»	de Bauderou	Id.	»	1
Id.	»	de Bardonenche	Id.	»	1
Id.	»	de Belleépine	lieut. de grenad.	»	1
Orléans.	»	de Landaye	?	1	»
Beauvoisis.	»	de Beaugelie	capit. de grenad.	»	1
Id.	»	de	lieutenant	»	1
Monnin.	»	Maillard	Id.	»	1
Courten.	»	Tondu, brigadier	lieut.-colonel	»	1
Id.	»	de Ribeaupierre	lieutenant	»	1
Rochefort.	»	Lamasse	lieut. de grenad.	»	1
Coincy, grenadiers royaux.	»	La Lande	capitaine	»	1
Id.	»	de Lescure	Id.	»	1
Chantilly	»	de Riffet	capitaine	»	1
Chabrillant.	»	de Mérenstel	Id.	»	1
Id.	»	de Genneville	lieutenant	»	1
La Tresne.	»	le chevalier Douchy	capitaine	»	1
Id.	»	de Valenciennes	?	»	1
			TOTAUX.	55	327

Ainsi, à l'assaut, il y eut 7 officiers et 137 soldats tués ; 39 officiers et 258 soldats blessés.

De tous temps les officiers s'étaient principalement recrutés dans la noblesse, mais ce n'est qu'en 1781 qu'une ordonnance déclara que nul Français n'était apte à obtenir le grade d'officier s'il n'était noble.

En parcourant la liste qui précède, on pourra remarquer que le tiers des noms qu'elle contient n'était point précédé de la particule ; il ne s'y en trouve que vingt-trois auxquels le titre de chevalier était attribué ; enfin on n'y rencontre qu'une fois celui de comte, et il était porté par un étranger, M. de Limmingue.

Les états des régiments sous Louis XV sont incomplets et peu en ordre; malgré nos recherches, nous ne pouvons garantir la parfaite exactitude dans tous les noms que nous citons.

On voit quelquefois, en marge de ces registres, des notes écrites de la main des généraux inspecteurs; ils désignent parfois aussi des officiers comme *hommes de condition*, mais c'est rare.

Sous les règnes de Louis XIV et de Louis XV cette qualification avait une tout autre signification que celle qu'on a voulu lui donner depuis dans des dictionnaires des synonymes; celui de l'Académie a seul maintenu la valeur de cette expression. Le duc de Luynes devait connaître les usages de son temps, il s'est notamment beaucoup occupé de ceux de la cour et de toutes les questions d'étiquette ; or, en parlant du mariage de Jean de la Guiche, de la maison de Philibert de la Guiche, maréchal de France sous Henri IV, il le désigne comme un *homme de condition*. Le duc de Luynes dit encore que le prince Louis de Wurtemberg, étant au service de France, n'avait aucun rang à la cour et y était comme un *homme de condition*. De nos jours des auteurs appartenant à la classe bourgeoise ont décerné ce titre à tous ceux qui en font partie. Il n'y a plus d'arrêts pour la vanité et les plus folles prétentions; on ne peut même plus se contenter d'être homme de talent et de mérite, et, quand il est trop difficile de faire mieux, il faut au moins, et de toute nécessité, ajouter un nom à celui de son père.

On a dit de la noblesse qu'elle ne se justifie jamais mieux que par l'absence de preuves; c'est vrai quant à son ancienneté, mais si la noblesse acquise à prix d'argent n'a qu'une faible valeur, il en est une autre qui en a beaucoup plus : je veux parler de celle qui récompensait le mérite et la vaillance. Tout officier général était noble et anoblissait ses enfants. Lorsqu'une famille comptait trois chevaliers de Saint-Louis, leurs descendants étaient anoblis aussi. Il y avait là de grands encouragements à se montrer digne de ses pères, et de quoi enfanter bien des actes de courage. Mais le grand roi n'avait pas destiné son ordre de Saint-Louis à devenir banal.

NOTES.

NOTE IV.

(P. 166.)

ARTILLERIE prise par LE MARÉCHAL DE LOWENDAL.	CANONS.				
	Bronze.	Fer.	Fonte.	Mortiers, obusiers.	Pierriers.
A Gand..................	»	27	»	»	»
(Nous ne mentionnons les pièces d'artillerie qui étaient encore sur les bâtiments de charge que pour mémoire.)					
A Oudenarde.............	»	36	»	»	»
Au fort de Plashendael.......	»	10	»	»	»
Au fort d'Albert (*mémoire*).	»	»	»	»	»
A Ostende, pièces en fonte ou en fer...................	»	182	»	32	»
A Nieuport...............	»	33	40	7	22
A Namur, par présomption....	140	»	»	»	»
Aux forts Boucautaven et Zaydick.....................	»	7	»	»	»
Au fort de Rovenemdam......	»	3	»	»	»
A l'Écluse.................	»	47	45	10	»
A Isendick (*mémoire*)........	»	»	»	»	»
Dans le Polder d'Autriche....	»	8	»	»	»
Au Sas de Gand [1] (*mémoire*)..	»	»	»	»	»
A Philippine...............	»	27	»	»	»
A Stanvliet................	»	8	»	»	»
A Berg-op-Zoom.............	166	72	»	»	»
Au fort Rowers.............	»	36	»	»	»
Au fort Pinsen.............	»	14	»	»	»
Aux forts de Moermont et de l'Eau (*mémoire*)..........	»	»	»	»	»
Au fort Frédéric-Henri, de Lillo et de la Croix............	»	58	21	»	»
	306	568	106	49	22
Total présumé.....	1051 bouches à feu.				

[1] Le Sas de Gand était, au dire de M. d'Hallot, une place abondamment fournie de canons.

Malgré toutes nos recherches nous n'avons trouvé nulle part l'état de l'artillerie prise à Namur; mais comme celle de la petite ville de l'Écluse, était composée de 102 bouches à feu lorsque M. de Lowendal la prit, nous croyons rester au-dessous de la vérité en supposant qu'il n'y avait que 140 pièces d'artillerie dans Namur et tous ses châteaux. Nous pensons qu'il a été suffisamment démontré que ce fut bien à lui que la France dut cette glorieuse conquête et que tous ses fruits devaient lui être attribués malgré l'usage qui voulut qu'on en donnât l'honneur au prince du sang dont le commandement pendant le mémorable siége de Namur n'avait été qu'une fiction. Nous n'avons pas fait entrer dans l'énumération de l'artillerie prise par M. de Lowendal celle qui tomba dans nos mains après la prise de Maëstricht, cependant cette ville subit deux attaques parfaitement distinctes. Le maréchal de Saxe dirigeait en personne celle de la rive gauche, le maréchal de Lowendal celle de la rive droite. Il eut à agir indépendamment soit pour investir la ville de ce côté de la Meuse, soit pendant le temps que les communications furent complétement interrompues entre les deux corps français par l'inondation de ce fleuve.

Si Louis XV avait fait élever une colonne pour glorifier ses armées, comme elles méritaient de l'être, les canons de Berg-op-Zoom auraient servi à en former une de meilleur goût que celle de juillet, et elle aurait coûté moins cher, quoique les entrepreneurs de ce travail aient perdu 100,000 francs à l'exécuter.

Le monument peu recommandable au point de vue de l'art qu'on appelle la colonne de Juillet a été érigé sur la place de la Bastille, comme pour entretenir le souvenir des fureurs d'une populace ivre. Il n'y avait qu'une Bastille autrefois, aujourd'hui il y en a dans tous les quartiers de Paris; cette précaution paraît sage et cependant elle sera vaine le jour où l'armée, sans avoir jamais empêché le peuple de faire des révolutions, voudra en faire elle-même. — Un monument n'était pas nécessaire pour rappeler que la révolution de

Juillet a été l'œuvre d'un prince possédé de toutes les cupidités et de la bourgeoisie qui a satisfait sa jalousie vaniteuse en soufflant sur le fantôme de l'aristocratie. La nation n'y a assurément rien gagné. L'égalité, qui n'existe nulle part dans notre monde sublunaire, s'est si peu infiltrée dans nos mœurs que, quand un homme a fait fortune en France, il s'empresse de marier ses filles à des gentilshommes. Rien n'est assez élevé pour ceux qui ont beaucoup d'argent; il faut que les leurs deviennent duchesses ou tout au moins princesses. Ceux qui ont moins d'argent sont obligés de se contenter de faire de leurs filles des comtesses ou des marquises; mais ils se trouvent en concurrence avec les Américaines du Nord, qui sont très-friandes de ces titres-là, attendu que la vanité n'est pas le moindre des défauts des républicains.

Quant aux progrès des libertés, on ne sait ce qu'ils auraient été s'il y en avait eu. La presse suspendue un moment, comme la Charte le permettait, a eu à subir des lois rigoureuses qui n'existaient pas sous la restauration. Cette liberté est, de toutes, celle dont les abus sont les plus dangereux; elle sera modérément, mais très-prudemment contenue, toutes les fois qu'il y aura en France un gouvernement qui veuille durer. Le budget a été porté de 900,000,000 à plus de deux milliards et ne suffira point pour mettre 800,000 hommes sous les armes; le luxe ruine quantité de familles, et le commerce se plaint toujours. On se demande avec effroi ce que deviendra la France, qui aurait pu être si prospère si elle avait su se reposer dans sa gloire.

NOTE V.

(P. 184.)

Le marquisat de Berg-op-Zoom avait eu pour destinée de tomber continuellement en quenouille, mais toujours sous la souveraineté des États de Hollande. Il a passé successivement par des filles dans les maisons de Glime, de Mérode, de Witem, de Scheerenberg, d'Hohenzollern, d'Arenberg, d'Orange, de La Tour d'Auvergne, du Palatin de Sulzbach et de l'Électeur palatin.

Le 21 octobre 1588, le prince de Parme résolut de prendre Berg-op-Zoom dont Morgan était gouverneur et la garnison anglaise grossie de quelques maraudeurs des Pays-Bas; mais ils étaient soutenus par les bourgeois. Farnèse, trouvant plus de résistance à son entreprise qu'il ne l'aurait cru, voulut surprendre le fort et se servit de deux prisonniers qui s'étaient offerts pour guider la troupe destinée à le tenter. Le capitaine, se méfiant d'eux, les avait fait marcher garrottés entre les premiers rangs de ses soldats. Mais à peine une cinquantaine d'entre eux avaient-ils passé une porte que les prisonniers disaient avoir été ouverte par des hommes de la garnison gagnés, que la herse fut abaissée tout à coup. Les premiers des assaillants qui avaient pénétré dans la place se trouvèrent privés du secours des leurs et livrés à la fureur des assiégés. Une attaque des plus vives eut lieu immédiatement pour essayer de les sauver; elle fut repoussée.

Les maladies répandues dans son armée par la disette d'eau douce et l'approche de l'hiver contraignirent Farnèse à lever le siége, à la grande joie des habitants qui récompensèrent Morgan, le baron de Willoughby et les capitaines par des médailles portant l'inscription suivante : Dieu très-bon et très-grand a délivré Berg-op-Zoom du siége le 13 de novembre de l'an 1588.

Les habitants de Berg-op-Zoom firent aussi frapper une médaille à l'occasion du siége qu'ils soutinrent contre Spinola qui, voulant élever une batterie du côté du nord, donnait par nuit jusqu'à 8 ou 10 écus aux soldats travailleurs.

NOTE VI.

(P. 192.)

Chevaliers de Saint-Louis reçus par le comte de Lowendal, commandant en Flandre (1747).

Louis XV se réservait souvent de faire lui-même des distributions de croix de Saint-Louis, et les officiers de sa maison militaire la recevaient presque toujours de sa main. Les noms qui vont suivre ont été recueillis dans l'histoire de l'ordre, publiée par M. Théodore Anne.

M. du Blaisel, lieutenant-colonel commandant le 2ᵉ bataillon de milices de la ville de Paris.

Capitaines d'infanterie.

MM. Belbèze de Long, du régiment d'Angoumois.
Cussy, du régiment de Montboissier.
Pinaud, id.
Beaulieu, id.
Bonnac, des grenadiers royaux de Chabrillant.
Daubier, id.
Boisgautier, id.
Le chevalier Demaux, des grenadiers royaux de Chantilly.
Lostance, id.
Damerval, id.
Touffreville, aide-major, id.
Muller, aide-major du régiment de Lowendal.

Artillerie.

MM. d'Hautecloche, capitaine du bataillon de Richecourt.
Dagar, capitaine de mineurs du régiment de Royal-artillerie.
d'Eurre, lieutenant du bataillon de Richecourt.
la Bastide, id.
Waru, commissaire provincial d'artillerie.

Capitaines de milice.

MM. Blondel, du bataillon de Neufchâtel.
Dornech de Gosseau, du 2e bataillon de la ville de Paris.
Lafont, id.
de Gennes Duportail, du bataillon de Montargis.

Cavalerie.

MM. d'Esteville, capitaine du régiment de Fleury.
Desessart, id.
d'Apchon, capitaine du régiment des dragons d'Egmont.
Pruley, id.
Palma, capitaine d'une compagnie de cavalerie au régiment d'arquebusiers de Grassin.
Luzilhac, lieutenant au régiment de mestre de camp général des dragons.

Tous ces officiers avaient sans aucun doute bien mérité cette noble récompense. La faveur ne parait pas avoir eu la moindre part dans le choix qui en avait été fait, car parmi tous ces noms fort honorables, celui d'Apchon est le seul qui fût alors très-marquant.

NOTE VII.

(P. 192.)

L'ordre du Mérite militaire, créé en faveur des officiers protestants, n'existait pas encore; il ne fut institué qu'en 1759; il était comme l'ordre de Saint-Louis uniquement destiné à récompenser les services des gens de guerre. Il était juste de distinguer ceux qui se dévouaient, au sacrifice de leur vie, pour défendre l'État, d'avec d'autres serviteurs, qui se rendent utiles sans doute au pays aussi, mais sans quitter le coin du feu. Napoléon Ier ne créa d'abord qu'un seul ordre, celui de la Légion d'honneur, pour en décorer tous les hommes de mérite indistinctement. Plus tard il institua l'ordre de la Couronne de fer, qu'il distribuait de même, puis il se rapprocha de l'idée de Louis XIV en fondant l'ordre de la Réunion, purement civil, et enfin celui des Trois-Toisons d'or, qu'il voulait réserver presque absolument aux militaires, car il ne devait y avoir d'exception que pour les ministres ayant exercé pendant vingt ans, et les présidents du Sénat, maintenus à cette présidence durant trois années.

Pendant très-longtemps Napoléon ne fut nullement prodigue du ruban de la Légion d'honneur. Ce n'est que lorsqu'il se sentit près de ses fins, et dans la nécessité d'user de ses dernières ressources, qu'il cessa d'en être parcimonieux. Dans le principe il n'accordait guère la croix d'officier, de simple officier, qu'à des archevêques, à des magistrats, à des administrateurs de distinction ou à de vrais savants. Aujourd'hui on ne voit que des rosettes dans les rues de Paris, surtout dans celles qui avoisinent les ministères. On n'y peut faire cinq pas sans rencontrer un membre de la Légion d'honneur; si tous ceux qui portent cette décoration sont gens de mérite, il n'y a que les hommes sans mérite qui soient rares dans la capitale, et le ruban de cet ordre s'allonge de manière à atteindre une foule de maires des petites villes les plus obscures; mais il y a bien pis, il peut suffire de railler les choses les plus vénérables pour être officier de la Légion d'honneur, tandis que des capitaines mutilés à la guerre ne le sont pas.

En 1715, l'armée renfermait dans son sein beaucoup d'officiers généraux qui n'étaient point chevaliers de Saint-Louis. « .... Le brigadier du Chayla mérita des éloges universels par la vigueur avec laquelle il repoussa les escadrons allemands chargés de percer les lignes des assiégeants devant Fribourg (en 1713), et cependant le nom de ce vaillant officier avait été éliminé de la liste de ceux qui étaient proposés pour la croix de Saint-Louis. » En rapportant ce fait, M. Théodore Anne dit qu'il aurait pu multiplier de semblables exemples. Sous Louis XV il s'en fallait bien encore que l'on prodiguât la décoration militaire. Noël de Sinety était lieutenant dans le régiment de la Morlière quand il reçut à Lawfeld une balle qui lui traversa le corps[1]. Il n'eut pas la croix de Saint-Louis pour si peu, elle ne lui fut donnée que vingt-quatre ans plus tard, et c'était alors un vieux capitaine. La distribution des croix de la Légion d'honneur ressemble assez aujourd'hui à celle des récompenses données à la fin de l'année aux petites filles de nos écoles; il n'y en a pas une d'entre elles qui n'ait la tête chargée d'une couronne avant de rentrer dans le sein de sa joyeuse famille.

A l'occasion des récompenses accordées récemment aux industriels de tous les pays, nos sages voisins ont maintenu l'exécution de la loi qui interdit aux Anglais d'accepter des décorations étrangères, excepté pour les services militaires.

Le roi des Belges a sans doute été frappé de l'innombrable multitude de boutonnières uniformément enrubannées qu'il a aperçues à Paris, car un de ses premiers soins en rentrant à Bruxelles a été de créer un ordre pour les services civils; cela paraît mieux entendu que de s'en tenir à une selle à tous chevaux, à une prétendue distinction qui ne distingue plus personne.

---

[1] *Hist. de l'Ordre de Saint-Louis*, par MM. Mazas et Théodore Anne.

Les bourgeois de Paris ont un tel amour de l'égalité que pour prévenir les révolutions futures il serait peut-être bien entendu de les décorer tous, pourvu cependant que l'on supprimât tous les grades supérieurs de l'ordre impérial.

Quoi qu'il en soit, l'histoire nous apprend qu'Édouard III, en créant l'ordre de la Jarretière, avait limité le nombre de ses titulaires à vingt-six; cet ordre subsiste encore aujourd'hui avec un grand éclat. Le roi Jean distribua celui de l'Étoile à 500 chevaliers, et M. Gaillard nous dit *qu'il fut avili dès sa naissance* (Voyez l'Hist. de la querelle de Philippe de Valois et d'Édouard III, t. I, p. 375).

NOTE VIII.

(P. 207.)

Ce que l'on ne croirait pas, si cela n'était pas attesté par une personne aussi digne de foi, c'est qu'au temps où nous vivons, dans certains États de la grande république américaine, des protestants emploient les moyens les plus odieux pour arracher leurs enfants à de pauvres mères catholiques. Cela se pratique sans violence ouverte, mais sans répression de la part des autorités de ce pays de liberté, et avec la connivence du public; c'est là un des effets du despotisme du plus grand nombre, beaucoup plus dangereux que l'absolutisme d'un seul, quoiqu'il ait bien ses inconvénients aussi.

Sur d'autres points du globe des protestants dépourvus de fanatisme, mais animés d'un véritable esprit de charité, se conduisent très-généreusement avec nos missionnaires catholiques, qui ne manquent pas de rendre hommage à leur noble manière d'agir, et nous font partager leur reconnaissance.

Voyez, pour un fait qui ne pourrait être trop signalé à l'indignation du monde, les Annales de la propagation de la foi, janvier 1867, n° 230, page 56 et suivantes.

NOTE IX.

(P. 261.)

ÉTAT DES OFFICIERS

TUÉS OU BLESSÉS PENDANT LE SIÉGE DE MAESTRICHT,

entrepris sous la direction des maréchaux de Saxe et de Lowendal.

DESIGNATION des CORPS OU RÉGIMENTS.	DATES.	NOMS.	GRADES.	Tués.	Blessés.
		MM.			
Picardie.	17-18 avril.	?	lieutenant.	»	1
Normandie.	»	de Saint-Romain (dangereusement).	capitaine de grenadiers.	»	1
Id.	»	d'Autras.	capitaine.	»	1
La Couronne.	»	Morin.	lieutenant.	»	1
Bassigny.	»	Paillou.	Id.	»	1
Génie.	»	de Bréval (bras emporté).	ingénieur.	»	1
La Cour au Chantre.	»	de Beauregard.	capitaine de grenadiers.	»	1
Id.	»	de Jasseau.	Id.	»	1
La Tresne.	»	de Charancey.	Id.	»	1
Génie.	»	de Morsingue.	ingénieur.	»	1
Régiment de Navarre.	20 »	de Jaunelle.	lieutenant.	»	1
Champagne.	»	?	?	»	2
La Tour-Du-Pin.	»	Legrand.	lieutenant.	»	1
Id.	»	Mesière ou Mezières.	Id.	»	1
Alsace.	»	Galo.	Id.	»	1
Picardie.	21 »	Leriget.	Id.	»	1
Id.	»	de Mandelot.	capitaine.	»	1
Royal-Vaisseau.	»	Rasny.	Id.	»	1
Id.	»	de La Lance.	Id.	»	1
Royal-Artillerie.	»	Le Cerf.	capitaine.	»	1
Régiment du Roi.	22 »	Courpeau.	Id.	1	»
Monaco.	23 »	Lescrime.	lieutenant.	»	1
Alsace.	»	Pingonau (dangereusem.).	capitaine.	»	1
Ponthieu.	»	Changeac.	Id.	»	1
Chartres.	»	Flamarens.	Id.	»	1
			A reporter.	1	25

NOTES. 359

Un état particulier donne les noms suivants des officiers tués ou blessés avant le 23 [1].

DÉSIGNATION des CORPS OU RÉGIMENTS.	DATES.	NOMS.	GRADES.	Tués.	Blessés.
		MM.	Report.	1	25
Navarre.	»	de La Jouy	lieutenant	»	1
La Tour Du Pin.	»	Castelnau	capitaine	»	1
Id.	»	Récourt	lieutenant	»	1
Picardie.	»	Loyge	lieutenant	»	1
Haynaut.	»	Vaillant	capit. de grenad.	»	1
Chartres.	»	Dorme	capitaine	»	1
Solar.	»	Routtier	Id.	?	?
Id.	»	de Vimes	lieut. de grenad.	»	1
Gardes-Françaises.	24 avril.	Barville	Id.	1	»
Id.	»	Lavieuville	lieutenant	»	1
Id.	»	d'Aspremont (le chev.)	s.-lieut. de gren.	»	1
Normandie	»	Liotard (cheville cassée)	lieut. en second de grenadiers	»	1
Touraine	»	Cazot ou Casaux	Id.	»	1
Piémont.	25	de l'Etoile	capit. de grenad.	»	1
Id.	»	Garnier, mort de ses blessures	lieut. de grenad.	»	1
Id.	»	Carrière	Id.	»	1
Normandie	26	Lamirande	aide-major	»	1
Vermandois.	»	de Saint-Simon	Id.	»	1
Gardes-Françaises.	»	Blangis	lieutenant	»	1
Id.	»	Carbonnel	enseigne	»	1
Piémont.	»	La Motte (dangereusem.)	capitaine	»	1
Id.	»	Brasseus	Id.	»	1
Id.	»	La Potterie	lieutenant	»	1
Génie.	»	Bouillard	ingénieur	»	1
Id.	»	Forcroy	Id.	»	1
Gardes suisses.	27	de Rouge	enseigne	1	»
Piémont.	»	des Forges	capitaine	»	1
Royal-la-Marine.	»	Mauduy	Id.	»	1
La Cour au Chantre	»	Dandubeck	enseigne	»	1
Champagne	28	de Gleye (coup de baïonnette à la main)	capit. de grenad.	»	1
Id.	»	Bonnière (au visage)	Id.	»	1
Id.	»	Durand	Id.	»	1
			A reporter.	3	54

[1] Cet état indique MM. de Charancey et Morsingue, que nous voyons figurer plus haut parmi les blessés, comme ayant été tués.

NOTES.

DÉSIGNATION des CORPS OU RÉGIMENTS.	DATES.	NOMS.	GRADES.	Tués.	Blessés.
		MM.	Report.	3	54
Champagne.	28 avril.	Gigot (dangereusement)	lieutenant.	»	1
Les Vaisseaux.	»	Durand.	capitaine.	»	1
Id.	»	du Bosquet (dangereusem.)	Id.	»	1
Id.	»	le chevalier de La Tour	cap. (aide-major).	»	1
Id.	»	Charain (mort de sa blessure).	lieutenant.	»	1
Lowendal.	»	de Beauchamp (très-dangereusement).	command. de bat.	»	1
État-Major.	»	le comte de Maillebois (légèrement).	maréch. de camp.	»	1
La Tour Du Pin.	29 »	Cornellian (blessé à mort).	capit de grenad.	»	1
?	»	de Roqueshaute.	Id.	»	1
?	»	de Vandel.	cap. de gren. post.	»	1
?	»	de Tercier.	lieut. de grenad.	»	1
	»	La Marre	Id.	»	1
	»	Legrand.	Id.	»	1
?	»	de La Durantié (blessé à mort).	lieutenant.	»	1
?	»	de La Coudre	volontaire.	»	1
?	»	d'Article.	Id.	»	1
La Couronne	»	Jolin (ou de Jollin).	lieut. de grenad.	»	1
Rohan.	»	Alfan.	Id.	»	1
Alsace.	»	de Trémilly.	Id.	»	1
?	»	de Fienne.	ingénieur.	»	1
	30 »	de Bissy, (jambe amputée, mort).	lieutenant - général de tranchée.	»	1
Bourbon.	»	Caissier (ou Cassuis).	lieutenant en 2e.	»	1
Génie.	»	de Caux.	ingénieur.	»	1
Id.	»	Bouvilliers.	Id.	»	1
Id.	»	Beaurepaire.	Id.	»	1
?	»	Jannart de Baronville.	chef de brigade.	1	»
Auvergne.	»	Marquet.	capitaine.	1	»
Id.	»	Marsan.	capit. de grenad.	»	1
Id.	»	Jusselmont.	capitaine.	»	1
Id.	»	Saint-Loup.	Id.	»	1
Id.	»	Dufour.	lieutenant.	»	1
Id.	»	Choupet.	Id.	»	1
Id.	»	David.	Id.	»	1
Monaco.	»	Mongin.	capitaine.	»	1
Régiment du Roi.	1er mai.	de Neuvy.	command. de bat.	»	1
La Fère.	»	de la Motte.	capitaine.	»	1
Id.	»	de Bretau.	Id.	»	1
Id.	»	de l'Esparre.	lieutenant.	»	1
Id.	»	des Maillots (Caffot).	Id.	»	1
			A reporter.	5	91

NOTES.

DESIGNATION des CORPS OU RÉGIMENTS.	DATES.	NOMS.	GRADES.	Tués.	Blessés.
		MM.	*Report.*	5	91
La Fère	1er mai.	de Roucoux	lieut. garçon-major	»	1
La Couronne	»	de Mortières	capitaine	»	1
Id.	»	du Luc	sous-lieutenant . .	»	1
Id.	»	de Biau	Id.	»	1
Id.	»	de Biesse	Id.	»	1
Royal-la-Marine	»	de Sedour	lieutenant	»	1
Witemer	»	Paravissiny	lieutenant	1	»
Chartres	»	de Sainte-Colombe . . .	capitaine	1	»
Id.	»	Grimonville	lieutenant	»	1
Id.	»	de Fayay	Id.	»	1
Id.	»	Esart	Id.	»	1
Milice de Solar	»	Duprez	capitaine	»	1
Id.	»	Railly	Id.	»	1
Id.	»	Moriac	aide-major	»	1
Id.	»	Tillot	lieutenant	»	1
	»	Copin	Id.	»	1
Grenadiers royaux de Châtillon	»	Thionville	capitaine	»	1
?	»	Fevillette	lieutenant	»	1
Génie	»	le chevalier de Charmont.	ingénieur	»	1
Id.	»	Desmoulins	Id.	»	1
Id.	»	Tourouze	Id.	»	1
Id.	»	Desportes	Id.	»	1
Id.	»	Baronville	Id.	»	1
Picardie	2 »	de Sérigny	capitaine	»	1
Saxe	»	Chatillier	capitaine de grenadiers	»	1
Id.	»	Charlier	lieutenant de grenadiers	»	1
Piémont	»	de Moyon (bras emporté) .	lieutenant	»	1
La Fère	»	Fontmaillon	Id.	»	1
Bataillon de milice de Solar	»	Catullier	capitaine	»	1
Id.	»	Chicot	lieutenant	»	1
Gardes-Françaises . . .	3 »	de Soucy	s.-lieut. de grenadiers	»	1
Rouergue	»	le comte d'Estaing . . .	colonel	»	1
?	»	Montchalain	capitaine	»	1
La Cour au Chantre . . .	»	Filié	lieutenant de grenadiers	»	1
Royal-Artillerie	»	Dostailles (du bataillon de Gaudechart)	capitaine	»	1
Id.	»	Breda de Torcy (id.) . . .	lieutenant	»	1
			A reporter.	7	125

NOTES.

DÉSIGNATION des CORPS OU RÉGIMENTS.	DATES.	NOMS.	GRADES.	Tués.	Blessés.

Autres officiers tués ou blessés au même siége, à des dates inconnues.

DÉSIGNATION des CORPS OU RÉGIMENTS.	DATES.	NOMS.	GRADES.	Tués.	Blessés.
		MM.	*Report.*	7	125
Gardes Suisses.	»	de Chaming (mort de ses blessures).	lieutenant.	»	1
?	»	de Rouge.	sous-lieutenant.	»	1
Picardie.	»	Gaillard (mort de ses blessures)	lieutenant en second.	»	1
Id.	»	de Marancy.	capitaine.	»	1
Id.	»	d'Hortes.	capitaine aide-major.	»	1
Id.	»	Philippe.	aide-major.	»	1
Id.	»	de La Jauny.	lieutenant.	»	1
Piémont.	»	de Bragassargues.	capitaine.	»	1
Rohan.	»	de Saint-Loup.	capitaine de grenadiers.	1	»
Id.	»	de Valmont.	lieutenant.	»	1
Id.	»	Soudé.	sous-lieutenant de grenadiers.	»	1
Id.	»	Guedeck (dangereus.)	Id.	»	1
Piémont.	»	des Forges (dangereusement).	Id.	»	1
Id.	»	Dammarie (dangereusem.).	Id.	»	1
?	»	Liconnas (gravement).	lieutenant.	»	1
Auvergne.	»	de Bonval.	capitaine de grenadiers.	»	1
?	»	des Mauguins (2 coups de feu) [1].	capitaine.	»	1
?	»	de Grammont.	Id.	»	1
?	»	Descrimes.	Id.	»	1
?	»	du Fossard.	lieutenant.	»	1
?	»	Davesnes.	Id.	»	1
Touraine.	»	de Gruel.	?	»	1
Royal-Vaisseaux.	»	Ragny.	Id.	1	»
Id.	»	Damby.	capitaine.	»	1
Id.	»	La Laise (dangereus.).	lieutenant.	»	1
Id.	»	Bonafous. Id.	lieut. en second.	»	1
			A reporter.	9	149

[1] Ce capitaine est peut-être le même que celui nommé Mongin du régiment de Monaco.

NOTES. 363

DÉSIGNATION des CORPS OU RÉGIMENTS.	DATES.	NOMS.	GRADES.	Tués.	Blessés.
		MM.	Report.	9	149
La Couronne	»	de Maurin (dangereus.)	lieutenant de grenadiers....	»	1
Id.	»	Riot.	sous-lieutenant de grenadiers.	»	1
La Fère.	»	Baudrieux.	lieutenant de grenadiers..	»	1
Id.	»	Le Breton.	lieutenant en second de grenadiers.	»	1
Id.	»	Saint-Paul.	Id.	»	1
Alsace.	»	Kellenbach	capitaine	»	1
Id.	»	Tremelius (dangereus.).	capitaine de grenadiers.	»	1
Id.	»	Pareth.	lieutenant.	»	1
Id.	»	Moutch.	lieutenant de grenadiers..	»	1
Id.	»	Gachaut.	Id.	»	1
Id.	»	Stoutz.	Id.	»	1
Id.	»	Marabail (jambe emport.)	enseigne.	»	1
Rouergue.	»	Moussac.	capitaine	»	1
?	»	Boissonière	Id.	»	1
?	»	L'Homme	sous-lieutenant.	»	1
Royal-la-Marine	»	Bergues.	lieutenant.	»	1
			TOTAUX.	10	165

Total des officiers tués : 9 ; blessés, 165.

Nous n'avons pu distinguer les officiers tués ou blessés à l'attaque de la rive droite de la Meuse, de ceux qui l'ont été à l'attaque de la rive gauche. M. de Cremilles les comprenait tous indistinctement dans les rapports qu'il adressait au ministre.

NOTE X.

(P. 267.)

CHEVALIERS DE SAINT-LOUIS

REÇUS PAR LE MARÉCHAL DE LOWENDAL EN 1748.

(Voyez l'histoire de cet ordre par M. Théodore Anne.)

Officiers du régiment de Piémont.

MM. de Flavigny,
de Meckenheim,
du Gravier,
le chevalier du Man,
Gohin de Montreuil,
Loubessin,
Laudonnière, aide-major;
Lorry,
la Batisse,
Méat,
Moncest de Breuvery,
Maleret,

Régiment de Champagne.

MM. de Castellane,
des Gast,
d'Entrevaux,
Durand,
la Fenestre,
la Bourdonnaye,
Marfing,
Montflambert,
Tesson,
Vignot de Larreteguy, aide-major.

Régiment de Navarre.

MM. Bisanos,
Cocabane,
d'Inguimbert,
Dablancourt,
Daubeuf,
d'Aubigny,
Lavic,
Lamotte,
la Roullière,
Muzy,
Noguès-Dassat.

Régiment d'Auvergne.

Beauvoir,
Dorthes,
Mascaron,

Pichoni,
Rois-Dasport,
Rouvière,
Fontbonne, aide-major.

Régiment de Picardie.

MM. Ducrest,
Des Rouzières,
Derquelingue,
Lubeac de Caneau,
la Bussière,
Saint-Denac.

Régiment de Normandie.

MM. Dantigny,
du Vivier,
Montalembert.

Régiment d'Angoumois.

MM. Feriol.
Lantagnac de Langeac.

Régiment de Custines.

MM. de Broc,
Cailleau,
Malhautier,
La Lande, aide-major.

Régiment de Rouergue.

MM. Monchalins,
Veauconcourt,
la Bessière, aide-major.

Régiment de Rohan.

MM. Bardon,
Micou, aide-major.

Régiment de la Couronne.

MM. Dastagnières,
Guichard,
Leviston.
Roger,
Sarret,
Seignède,
Tardivon.

Régiment de Vexin.

MM. Montclar de Maison-rouge,
Salonnié.

Régiment de Montboisier.

M. de Saint-Simon.

Régiment Royal-Suédois.

M. Duprés.

Régiment de Saxe-Allemand.

MM. Bachoue,
Courtois,
Cherier,
Duclos,
Nuppenay,
Poumier.

Régiment d'Alsace.

MM. Despinett,
Ilher,
Saint-Aubin.

Régiment Royal-Artillerie.

M. Fercol Dorival, capitaine.

Cavalerie.

MM. le marquis de Lostanges, mestre-de-camp du régiment de cuirassiers du roi ;

Witzun d'Egersberg, major de dragons au régiment étranger de Geschray ;

les capitaines de la Ferté-Meun et Ducoudray, du régiment Prince-Camille ;

Massillon, du régiment de Marcieu ;

Machot, du régiment Mestre-de-camp-général-dragons ;

Oudart, du régiment d'hussards de Lynden.

NOTE XI.

(P. 277.)

Le chevalier Grout de Saint-Georges appartenait à une famille noble de Saint-Malo ; François Grout de Closneuf avait eu François Ier pour parrain, et justifia cet honneur par de bons services dans la marine ; ses descendants continuèrent à en rendre d'honorables à l'État. Le chevalier de Saint-Georges, dont nous avons reproduit une lettre, était entré à seize ans au service de la Compagnie des Indes. Dans sa première jeunesse il avait sauvé, avec deux équipages de bâtiments malouins, la ville de Canton d'un violent incendie, et l'empereur de la Chine lui avait envoyé, en témoignage de satisfaction, deux pains, l'un d'or et l'autre d'argent, et une certaine quantité de thé impérial. Il avait navigué sur les vaisseaux de la Compagnie de 1720 à 1734, époque où il eut le commandement de tous ceux qui appartenaient à cette Compagnie. Ce fut pendant les campagnes dans les mers des Indes et de la Chine qu'il eut l'occasion de se lier avec lord Anson. En revenant du huitième voyage qu'il avait fait dans les mers de l'Indo-Chine, il apprit que la guerre avait éclaté entre la France et l'Angleterre, et parvint à échapper aux nombreuses croisières de cette puissance. Ayant eu l'ordre de se réunir au chef d'escadre La Jonquière, il partagea la gloire que notre marine conquit dans le combat si vaillamment soutenu contre les forces infiniment supérieures de lord Anson le 14 mai 1747. *L'Invincible* était criblé de boulets et démâté, il n'y avait plus de projectiles à son bord; Saint-Georges, qui le montait, ordonna de charger les pièces avec son argenterie. Les matelots anglais qui ne furent pas atteints par cette mitraille durent être aussi satisfaits que surpris de la voir tomber sur leur bord. Il est assez curieux qu'on ait osé faire à ce généreux marin un reproche d'avoir accepté une montre de son vainqueur, qui était son ami; on l'a vu, c'était le prix d'un pari, que Saint-Georges n'avait pu engager que dans un esprit de patriotisme. Le roi d'Angleterre le combla des éloges les plus flatteurs et les mieux mérités; il était désigné par l'opinion publique en France pour l'emploi de chef d'escadre, qui lui fut effectivement conféré; c'était assez pour exciter la jalousie de certaines gens, constamment prêts à s'effaroucher quand il s'agit de l'honneur des autres, et ce sont toujours ceux qui ont le moins de soin du leur.

Jamais ouvrage d'horlogerie ne fit autant de bruit que la montre dont il était question; il est vrai qu'elle était *à répétition, en or*, et magnifique ; pour en achever l'histoire nous devons dire qu'elle fut léguée au duc de La Rochefoucauld par le chevalier de Saint-Georges, qui a laissé un testament où il a manifesté les sentiments les plus religieux; un homme sans peur et sans reproche ne pouvait mourir autrement.

NOTE XII.

(P. 280.)

On sait quels furent les honneurs dont le maréchal de Saxe jouit de son vivant et ceux qui lui furent rendus après sa mort, mais son ambition n'était pas trop au-dessous de son mérite. Il adressa à Louis XV un mémoire, où il représentait *très-humblement* qu'il avait l'honneur d'être fils d'un grand roi, et qu'il avait eu celui d'être légitimement élu duc de Courlande. Il demandait le traitement, le rang et les honneurs dont jouissaient les princes de maisons souveraines établis dans le royaume, et prétendait que cette distinction devait être d'autant moins enviée au comte Maurice de Saxe, qu'il avait l'honneur d'être oncle de madame la dauphine. Comme il ne le devait point à une cause régulière, le roi, qui l'avait comblé de bienfaits, ne jugea pas à propos d'obtempérer à sa demande.

Le maréchal émettait des idées fort justes sur l'avantage qui résultait d'employer des étrangers au service de la France. Les novateurs n'ont eu ni fin ni cesse qu'ils n'en aient fait congédier les Suisses; Maurice a cependant écrit : « Un Allemand nous sert pour trois hommes : il en épargne un au royaume, il en ôte un aux ennemis, et il nous sert pour un homme. »

Le comte de Saxe joignait quelquefois à des idées fort sages de singulières fantaisies; il voulait à toute force, pour son régiment de cavalerie, onze nègres, qui étaient dans les prisons de Bayonne, et dont il avait apparemment l'intention de faire des cymbaliers, des timbaliers et d'autres musiciens. Le ministre de la guerre fut obligé de lui expliquer que ces nègres seraient inévitablement renvoyés aux îles, pour y être vendus au profit des armateurs dont les équipages les avaient pris sur des bâtiments ennemis, parce qu'il ne pouvait y avoir d'esclaves sur le territoire de la France.

M. Villenave a appris à ses lecteurs que l'Académie française offrit au maréchal de Saxe de le recevoir dans son sein. Il eut le bon esprit de consulter le maréchal de Noailles. « Il avait déjà répondu (lui écrivait-il) qu'il ne savait pas l'orthographe, à quoi les académiciens avaient répliqué que Villars ne savait ni écrire, ni lire ce qu'il avait écrit. » Maurice ajoutait : « J'ai répondu que ce la malet comme une bage (bague) à un chat........Pourcoy nan aites vous pas (demandait-il au maréchal de Noailles)?.... Je creins les ridiques, et se luy si m'en paret un. » M. de Noailles en jugea apparemment de même.

NOTE XIII.

(P. 282.)

Ce n'est qu'au moment de terminer cet ouvrage que nous avons eu communication de l'expédition des lettres patentes de chevalier de l'ordre du Saint-Esprit, délivrées à M. de Lowendal. L'original de ces lettres ayant disparu pendant la tourmente révolutionnaire, nous n'avions pas pu en prendre connaissance au cabinet du Saint-Esprit. Les détails contenus dans ces lettres nous paraissent beaucoup plus authentiques que ceux rapportés par les biographes [1], ce qui nous engage à les reproduire textuellement.

Conformément aux statuts de l'ordre du Saint-Esprit, les preuves, faites par M. de Lowendal pour sa réception en qualité de chevalier commandeur de cet ordre, sont précédées d'un mémoire des services qu'il a rendus au roi.

On lit dans ce mémoire que M. de Lowendal « passa (de l'armée de Flandres) en Alsace.... qu'il y fut enployé pour

---

[1] Voy., pour les détails tirés des biographies, la pag. 144 du 1ᵉʳ volume.

commander l'avant-garde de l'armée lorsqu'elle marcha contre celle de la reine de Hongrie, commandée par le prince Charles, et repoussa pendant trois jours de marche les troupes légères, qui étaient en avant pour observer les mouvements de celles du roi, notamment le 21 du mois d'août, où, dans les hauteurs de Brom, il fit attaquer un corps considérable de hussards, et soutint tous leurs efforts, de façon qu'ils furent obligés de se retirer, et que l'armée du roi ne fut point embarrassée dans sa marche.

« Il fut détaché le 23 avec 2,000 chevaux et 1,000 hommes d'infanterie, pour aller à la suite des ennemis, qui se retiraient toujours; il les suivit et les repoussa jusqu'au village d'Auguehaum, où il les resserra, et campa son détachement avec tant d'intelligence et en si bon ordre, qu'ils n'osèrent sortir sur lui ni l'attaquer, quoique ce corps fût plus de deux tiers supérieur à son détachement, qu'il fût composé de 3,000 grenadiers et des meilleures troupes de la reine de Hongrie. Il donna par ce moyen le temps à MM. les maréchaux de Noailles et de Coigny d'arriver avec une partie de l'armée pour attaquer et forcer l'ennemi dans ce village[1], pendant que l'autre partit pour soutenir deux pareils détachements de 3,000 hommes chacun, commandés par M. le chevalier de Belle-Isle et M. de Berchini, et qui s'étaient réunis pour attaquer les ennemis au village de Susselsheims.

« Le village d'Auguehaum ayant été forcé, et les ennemis s'étant retirés derrière les retranchements, qui étaient le long du ravin en avant du village de Rechereaux, M. de Lowendal commanda les grenadiers qui faisaient l'avant-garde de l'armée, pour les y aller attaquer et forcer, ce qu'il fit avec succès sous les yeux de MM. les maréchaux de Noailles et de Coigny. »

[1] Celui d'Auguehaum, qui s'écrit aussi Augenheim et Achenheim.

NOTE XIV.

(P. 288.)

Lettre du feld-maréchal comte de Stahremberg au baron Ulric de Lowendal, grand maréchal de la cour du roi de Pologne.

Vienne, ce 12 janvier 1718.

« Monsieur,

« M. le fils cadet de Votre Excellence m'a rendu l'honneur de sa lettre du 1. Je ne pouvais pas rencontrer d'occasion plus propre à lui donner des marques de mon attachement, estime et amitié, que celle que Votre Excellence a bien voulu fournir en me confiant la personne du même; il faut que je vous avoue, Monsieur, que je me fais un plaisir très-sensible de cette acquisition d'un cavalier, que ses rares et belles qualités, sans autre égard à sa naissance distinguée, rendent recommandable à tout le monde, et quoique sa bonne et sage conduite ne donne pas lieu d'appréhender la moindre extravagance dans son maniement, je ne laisserai pourtant pas de le recommander aux plus habiles officiers de mon régiment pour qu'ils aient toute l'attention possible sur lui.

« Comme Votre Excellence a trouvé à propos, qu'à la place d'aller à Venise, il reste avec le régiment pour y observer la marche et autres choses nécessaires, je n'y ai rien à redire; au reste je la remercie très-humblement des vœux sincères qu'il lui a plu de me faire à l'occasion de la nouvelle année, que je lui souhaite en échange très-heureuse, avec une nombreuse suite d'autres, comblées de toutes sortes de prospérités; qu'Elle me conserve l'honneur de son souvenir, et soit persuadée que personne n'est avec plus de sincérité et de vénération que je le suis,

« Monsieur,

« de Votre Excellence

« le très-humble et très-obéissant serviteur,

« Guido, comte de Stahremberg. »

M. de Stahremberg ne donnait pas de simple eau bénite de cour au baron de Lowendal. Son fils, chargé pendant la bataille de Belgrade d'attaquer une batterie de dix pièces de gros canons, gardée par un corps de troupes réglées des ennemis, s'en était emparé à la tête de sa compagnie de grenadiers, et avait fait prisonniers un grand nombre de Turcs et tous les musiciens de ce corps. Le prince Eugène avait rendu compte à l'empereur de cette brillante action, et le comte de Stahremberg, président du conseil aulique, avait obtenu au jeune Lowendal la faveur toute particulière qu'il sollicitait, de conserver cette musique turque à la tête de sa compagnie. Elle resta même longtemps attachée au régiment de Stahremberg, et il faut supposer que les mélomanes autrichiens étaient parvenus à la rendre moins barbare [1].

Le baron de Lowendal n'a pas seulement été honoré de l'estime de ses contemporains; sa mémoire a été conservée par les historiens, ainsi que le prouve la lettre suivante, dont l'original, et celui de la lettre du feld-maréchal de Stahremberg, nous ont été communiqués par un des descendants du maréchal de Lowendal.

Paris, 30 novembre 1788.

« Je suis, Monsieur, extrêmement de l'avis du militaire éclairé qui, dans le *Journal de Paris* du mercredi 29 no-

---

[1] Voy. l'*Éloge du maréchal de Lowendal*, tiré de l'*Année littéraire*, lettre 15e, année 1755. Ce document n'est parvenu à notre connaissance qu'après l'impression du premier volume.

vembre, revendique, avec autant de raison que de politesse, l'éclat dû aux noms de Catinat, de Vauban et de Lowendal. Je viens pourtant lui faire une petite querelle, dont je le prie de vouloir bien être juge lui-même. Après avoir donné une idée exacte des services éminents, rendus au Danemark, à la Pologne et à la Norvége par le baron de Lowendal, père de l'illustre maréchal, l'auteur ajoute que la gloire de ce baron *n'est pas assez connue de nous, attendu l'éloignement du théâtre où il a brillé.* C'est sûrement là une distraction. L'auteur sait aussi bien que moi que le baron de Lowendal *est très-connu de nous*, ou du moins que, si nous ne le connaissons pas parfaitement, c'est bien par notre faute, puisqu'une multitude de livres français en ont parlé avec les éloges qu'il mérite. Les mémoires du baron *de Polnitz*, articles *Saxe*, *Dresde*; *Des Roches*, dans le 9ᵉ volume; *Grimarest*, dans son livre intitulé : *Campagnes de Charles XII*, ont fait suffisamment connaître le mérite du baron de Lowendal; ce dernier nous apprend même que le czar Pierre Iᵉʳ lui fit offrir soixante mille écus et beaucoup d'honneurs pour l'attacher à son service, mais que le baron refusa. Les livres que je viens de citer sont dans toutes nos bibliothèques, de même que l'histoire de Danemark de M. Paul-Henri *Mallet*, Génevois, qui, tout en abrégeant le récit des événements historiques depuis 1660 jusqu'en 1773, au point de le renfermer dans un seul volume, ne laisse pourtant pas de parler en deux différents endroits du baron de Lowendal. Voyez son tome 9ᵉ, pages 330 et 334 de la dernière édition. Voilà donc *quatre historiens* écrits en notre langue et très-répandus, qui nous font connaître ce personnage illustre. J'ajoute qu'il est encore question de lui dans les *Portraits des hommes illustres du Danemark* par Ficho Hoffman, parties 2ᵉ et 4ᵉ ; mais l'équité ne me permet pas de taire que cet ouvrage, écrit en notre langue et orné de portraits et autres gravures bien exécutés, est fort rare en France[1], et qu'il ne doit pas être mis sur la

---

[1] « Je n'en connais à Paris que deux exemplaires : l'un, qui faisait

même ligne que les livres précédents, qui se trouvent partout. Je n'ai pas besoin d'observer que les auteurs qui ont écrit en allemand l'histoire du Danemark, ont pareillement parlé du mérite du baron de Lowendal. Ludwig *Ghebardi*, par exemple, de même que le baron *d'Holberg*, peuvent être consultés avec avantage sur cet article. Mais aucun auteur français ou allemand ne s'est étendu sur la conduite du baron en Norvége autant que l'auteur anonyme d'une brochure allemande (in-4° de 28 pages), qui est de la plus grande rareté même en Danemark, et dont j'ai eu un exemplaire d'un ami, d'après lequel je me borne à en donner le titre entier que voici : *La véritable prospérité du royaume de Norvége pendant que Son Excellence le baron de Lowendal se chargea du gouvernement.* Ce petit récit entre dans un détail très-curieux sur l'administration politique du baron en Norvége. Si quelque jour on nous donnait enfin une bonne vie du maréchal de Lowendal, laquelle manque à notre littérature, on pourrait se servir utilement de l'écrit en question, et même le traduire tout entier pour faire connaître parfaitement les talents de son illustre père . . . .
. . . .

« J'ai l'honneur d'être, etc.

« L'abbé DE SAINT-L. . . . »

Le roi de Danemark Christian V, par lettres patentes du 1ᵉʳ mai 1682, avait créé baron Ulric de Lowendal et tous ses descendants mâles et femelles.

partie de la bibliothèque du feu duc de la Vallière ; l'autre, qui est dans celle de monseigneur le comte d'Artois, l'une des plus riches de la capitale en livres imprimés chez l'étranger, particulièrement sur l'histoire, dont la classe pourra encore s'enrichir par l'acquisition de plusieurs articles du feu prince de Soubise qui doivent se vendre à Paris dans six ou sept semaines. »

NOTE XV.

(P. 291.)

Le portrait en tête de ce volume est la reproduction de la belle gravure de Will, exécutée d'après un superbe pastel de La Tour.

Nous connaissons dix-huit gravures de Lowendal faites par différents artistes[1]. Pendant longtemps on l'a vu, revêtu des couleurs les plus éclatantes, le plus souvent en habit écarlate, brillant dans les chaumières, surtout dans celles où habitaient quelques vétérans; il était représenté à pied, à cheval;

---

[1] Portraits du maréchal de Lowendal gravés :

1. D'après La Tour par Car. Lévesque, in-folio.

1 *bis*. Médaillon ovale, in-8°, copie de Will, gravé sous le nom du général Lally.

1 *ter*. Les modèles militaires. Médaillon représentant Saxe et Lowendal.

2. Par J.-G. Will, in-folio, maj. 1749.

3. Gravé à Paris, petit in-fol., par Petit, présenté par le chev. de Neufville.

4. Dessiné et gravé par Lebeau, in-4°.

5. D'après Vanloo, collection Lebeau, in-4°.

6. Dessiné par Sergent, gravé par Roger, 1787, in-4°.

7. D'après La Tour, gravé par Romanet, in-4°.

8. D'après le même, C. A. N. sculp., in-8°, chez Odieuvre.

9. Portrait in-8°, chez Bonneville, à Paris.

10. Jones fecit, type Boucher; on a écrit au bas : maréchal de Villars.

11. Sysang sculp. dans un cadre avec moulure, in-12.

12. Petit delineavit, Landon direx., gravure au trait.

13. Gravure in-12, type du n° 2, par Will; mais on a imprimé au bas de ce portrait le nom du général Lally.

14. Peint par Couder, grav. in-4° pour la galerie de Versailles.

15. Type Sysang sans nom de sculpteur, in-12.

16. Portrait ovale in-8°, par le ch. de Neufville, chez Daumont.

17. Gravure représentant le maréchal à cheval, à la prise de Berg-op-Zoom. Le Barbier pinxit, Morret sculp.

18. D'après Boucher, par De Larmessin.

on le voyait prendre Berg-op-Zoom à la tête de quatre hommes et un caporal, tout comme on a vu Napoléon gagnant la bataille d'Austerlitz ou celle de Wagram avec un brigadier et quatre chasseurs de sa garde, dans des tableaux qui ne rappellent pas du tout les grandes compositions de Van der Meulen.

Lorsqu'il fut question de créer la salle des maréchaux à Versailles, je sus que l'exécution du portrait du comte de Lowendal avait été confiée à M. Couder, homme consciencieux, et je pensai lui être agréable en lui donnant la possibilité de copier celui de mon aïeul par La Tour, appartenant au duc de Brancas, mon oncle, et j'allai chez M. Couder le lui offrir. Je vis, en entrant dans son atelier, que le sien était presque terminé, et fus frappé de son peu de ressemblance avec les meilleurs de ceux que je connaissais. — Permettez-moi de vous demander, dis-je au peintre, quels sont les artistes d'après lesquels vous avez composé votre tableau? — Voilà, me répondit-il, et il me montra la gravure de Will et un petit buste, qui lui avait été confié par le directeur des musées. — Il y a bien peu de rapports, ajouta-t-il, entre les deux modèles, j'ai pris de l'un et de l'autre. — Monsieur, repris-je à mon tour, il y avait une grande amitié entre le maréchal de Saxe et le maréchal de Lowendal, mais leur intimité n'allait pas jusqu'à confondre leurs visages : or vous avez travaillé d'après le portrait du vainqueur de Fontenoy et celui du vainqueur de Berg-op-Zoom. Le pauvre Couder me parut consterné. — Mais pourquoi, lui demandai-je encore, avez-vous habillé Lowendal tout en bleu de roi, avec un uniforme agrafé jusqu'au menton, comme celui d'un garde national prêt à passer une revue? Sous Louis XV l'uniforme laissait apparaître le jabot et les manchettes; mais les maréchaux portaient le costume que bon leur semblait, il n'y avait pas d'uniforme pour eux. M. de Lowendal, né dans le Nord, ayant servi en Russie, aimait les fourrures, et La Tour a eu bien soin de peindre un collet de martre sur un habit du plus beau bleu de ciel. — Hélas! me dit Couder d'un air piteux, j'avais compris cela comme vous, mais le roi a voulu que tous les maréchaux fussent vêtus de même.

J'avais procuré au directeur du musée la faculté de faire copier un portrait du maréchal de Mailly, représenté en habit à la française, ceux des maréchaux de Puységur et de Berchini, chez mon ami le marquis de Puységur au château de Buzancy. Le peintre chargé d'y aller en était revenu enchanté; le premier portait la cuirasse, l'autre le riche costume de hussard, qui convenait si bien à un gentilhomme hongrois. L'artiste était ravi, il allait ajouter à la diversité des costumes qui, selon lui et beaucoup d'autres, devaient apparaître à Versailles depuis Gaucher de Châtillon jusqu'au comte Sébastiani, qui faisait marcher Napoléon Ier de surprises en surprises, comme il le lui écrivait. Hélas! il fallut renoncer et à la variété et à l'exactitude. Lowendal, Puységur, Berchini et tutti quanti furent affublés du même habit que les maréchaux Mouton et Maison.

Louis-Philippe d'Orléans aimait le mortier et la truelle; mais il n'était pas artiste, c'est connu. Il ne tenait pas plus à la vérité historique qu'à celle des costumes; je le prouverais si je pouvais parler de la salle des Croisades à Versailles, mais le nom de Lowendal ne s'y trouve pas.

NOTE XVI.

(P. 296.)

Lorsqu'en 1739 M. de Lowendal avait été chargé du commandement en chef des troupes russes destinées à s'opposer aux excursions des Tartares dans l'Ukraine, il avait eu à occuper des frontières très-étendues[1], et les postes russes étaient très-éloignés les uns des autres; M. de Lowendal se conduisit en

---

[1] Les Tartares agissaient avec une grande célérité et tentaient toujours des surprises.

général d'une expérience consommée, mettant le plus grand soin à se garder et à s'éclairer. Il avait fait disposer à proximité de chacun de ses postes trois tours très-élevées formées de matières combustibles; l'embrasement de la première de ces tours annonçait l'approche des Tartares, celui de la deuxième une attaque de leur part, l'incendie de la troisième indiquait un danger pressant. De son quartier général, établi à Borissoglebskaïa, M. de Lowendal pouvait être instruit très-promptement par des signaux intermédiaires de ce qui se passait à de grandes distances dans un pays de plaines immenses.

NOTE XVII.

(P. 315.)

Le comte de Lautrec (Daniel-François de Gelas de Voisins d'Ambres) a été créé maréchal de France en 1757. Son ancienneté de service contribua sans doute beaucoup à lui faire obtenir cette dignité, car il avait alors soixante et onze ans. Il fit, dans l'occasion dont on a parlé, acte de présomption et d'incapacité. On peut même dire qu'un homme qui aurait voulu éviter les coups de fusil ne s'y serait pas pris autrement qu'il ne le fit. Cependant on ne pourrait l'accuser d'avoir manqué de courage; il s'était distingué en Italie sous le prince de Conti en 1744, et il avait continué à servir avec valeur.

Il serait difficile de trouver dans nos annales militaires des exemples de couardise, nous en citerons cependant un pour la rareté du fait. Il prouvera que la prudence rend quelquefois très-ingénieux.

Un corps français s'était avancé sur le bord d'un fleuve; son commandant s'aperçut avec joie que le général ennemi avait eu l'imprudence de le faire passer à une division de son armée, dont elle se trouvait isolée. Le soir, le maréchal**** réunit les généraux et les colonels à ses ordres, et leur indique ce qu'ils auront à faire la nuit suivante pour envelopper le corps isolé de l'armée étrangère. Le maréchal**** avait sous son commandement une brigade de cavalerie. Le colonel de l'un des deux régiments qui la composaient portait une sinistre figure ; elle était d'un pâle mat, hérissée d'une barbe couleur de sang. Cet homme avait reçu de l'instruction, il était fort intelligent, connaissait bien son état et montrait une activité extraordinaire ; il était cynique et grossier dans ses propos, il affectait les manières soldatesques ; à l'entendre, il n'aimait pas d'autre odeur que celle de la poudre ; à le voir, c'était un vrai foudre de guerre. Il avait eu l'esprit de se faire beaucoup employer comme partisan, et les pays où il avait exercé ses talents étaient pleins des souvenirs de ses rapines. Un partisan d'ailleurs n'a guère d'occasions d'attaquer des batteries ou d'enfoncer des carrés, il doit même éviter des engagements sérieux toutes les fois que le succès n'est pas assuré ; ce métier convenait donc parfaitement à l'homme en question. Il dit au maréchal**** qu'il connaissait à une lieue du camp un gué fort important à observer, puisqu'aux premiers coups de fusil, la cavalerie étrangère ne manquerait point de le passer pour secourir les siens. Comme il n'y avait que lui qui connût le gué en question, il fut chargé d'y conduire son régiment : c'était ce qu'il avait désiré et prévu.

La nuit venue, les Français assaillirent la division ennemie, et prirent tout ce qui ne périt point sous leurs coups. Le colonel de cavalerie, qui n'avait pas imaginé un gué qui n'existait pas, fit une charge magnifique ; elle valut à son régiment treize croix de la Légion d'honneur à une époque où elle n'était pas du tout prodiguée. Les officiers du régiment, qui n'avaient vu que de l'eau couler, étaient furieux contre leur chef du succès si différent qu'il avait obtenu par sa ruse, et n'hésitaient point à dire qu'il ne l'avait employée que pour éviter de combattre ; il ne tarda pas beaucoup à être nommé général de brigade. C'était un moyen que l'empereur employait quelquefois, pour ôter un régiment à un colonel qui avait longtemps servi, mais dont on n'était point content pour une raison ou pour une autre.

Ce que nous venons de rapporter est raconté dans des mémoires très-véridiques, très-intéressants, écrits par un témoin irrécusable; mais ils contiennent de telles révélations qu'ils ne pourront être publiés que dans d'assez longues années.

Je me méfie, disait le maréchal de Saxe, de ces militaires qui demandent sans cesse des détachements pour aller à l'ennemi; ils sont comme le cheval de bronze, qui a toujours le pied levé et ne marche jamais.

NOTE XVIII.

(P. 32°.)

Nous avons fait connaître l'origine du maréchal de Lowendal; nous ne dirons que quelques mots de sa descendance.

De sa première femme, Théodore-Eugénie, baronne de Schmettau, morte à Dresde, où elle a toujours été fort respectée, il n'a laissé qu'une fille, Bénédictine-Eugénie de Lowendal, mariée en 1747 à Jean-Rodolphe de Kiesenwetter, baron de Walfersdorf.

De son second mariage avec Madeleine-Élisabeth, née comtesse de Szembek, sont nés :

1° Bénédictine Sophie-Antoinette de Lowendal, mariée au comte Tenczyn Ossolinski, porte-glaive de Lithuanie, etc.;

2° Élisabeth-Marie Constance de Lowendal, mariée à Lancelot, comte de Turpin-Crissé, lieutenant général et inspecteur de cavalerie, marié en secondes noces à mademoiselle de Lusignan;

3° Marie-Louise de Lowendal, mariée à Bufile-Antoine,

comte de Brancas, colonel du régiment de son nom; plusieurs familles françaises descendent de Mme de Turpin et de Mme de Brancas;

4° François-Xavier-Joseph comte de Lowendal-Daneskiold[1], colonel du régiment de son nom en France, puis mestre de camp de celui d'Armagnac et maréchal de camp; il devint pendant l'émigration général-major au service de Danemark, grand-croix de l'ordre de Danebrog, envoyé extraordinaire de cette puissance en Russie, puis ministre plénipotentiaire en Hollande. Il a eu de Marguerite-Élisabeth de Bourbon, fille naturelle de Charles de Bourbon duc de Charolais, légitimée par lettres patentes du roi Louis XV :

1° Charles-Woldemar comte de Lowendal-Daneskiold, major au service de Danemark et chambellan, mort célibataire;

2° Françoise-Marguerite-Adélaïde, née comtesse de Lowendal-Daneskiold, mariée au comte Chrétien de Schimmelmann; l'aînée de leurs filles a épousé le baron de Lœwenstern; de leur mariage sont provenues deux autres filles mariées au comte de Reventlau et au comte de Rantzau. La fille cadette du comte et de la comtesse de Schimmelmann a eu de son mariage avec le baron de Lutzerode un fils et quatre filles dont l'aînée a épousé le baron de Gablenz, neveu du général autrichien qui a si vaillamment combattu en Bohème en 1866.

3° Laure-Élisabeth-Constance-Joséphine-Sophie-Marguerite, née comtesse de Lowendal-Daneskiold, mariée à Chrétien-Théodore-Émerance-Jean Bangeman Huygens, membre du corps équestre de la province du Brabant septentrional, ministre plénipotentiaire de Hollande à Copenhague, et depuis aux États-Unis; ils ont eu plusieurs filles et un fils, en faveur duquel son oncle Charles-Woldemar a obtenu du roi de Danemark l'autorisation d'adjoindre le nom de Lowendal à celui d'Huygens, autorisation sanctionnée par le roi des Pays-Bas.

Les enfants et petits-enfants de Mme Huygens sont répandus en Danemark, en Allemagne et en Russie; de plus am-

[1] Les titres, rang et honneurs de Daneskiold lui avaient été rendus.

ples détails sur les descendants du maréchal de Lowendal ne seraient point à leur place ici.

L'auteur des mémoires du maréchal de Lowendal dit, en parlant de la comtesse sa femme : « On a prétendu qu'elle a épousé en premières noces monsieur Lzewaski. » Le duc de Luynes, plus affirmatif, a écrit que ce premier mari aurait été le comte Bzecowski, fils du grand général de la couronne et palatin de Volhynie. Il y a une grande incertitude sur ce premier mari et sur le caractère du second.

« Le comte Branicki, grand porte-étendard de la couronne, grand maître d'artillerie et depuis palatin de Cracovie, était, (d'après le duc de Luynes), respectable par sa naissance, par ses dignités et toutes les qualités les plus éminentes, aimé et révéré de toute la nation; » il n'aurait eu qu'un défaut, celui d'être vieux. On lit au contraire dans les mémoires du maréchal de Lowendal que le comte Branicki était « d'un caractère emporté, capricieux et méfiant. »

On éprouve la même incertitude sur un prétendu mariage qui, selon le duc de Luynes, aurait été *contracté clandestinement* entre le comte de Lowendal et une comtesse de Linange, et cassé pour cause d'incompatibilité d'humeur; s'il était clandestin, il n'avait pas besoin d'être cassé. On ne peut faire un mariage d'une de ces simples liaisons, trop communes en tous temps; mais comme alors, aujourd'hui, dans certains pays du Nord, une semblable liaison s'avouait et s'avoue sans aucun mystère, et ce n'est assurément point ce qu'il y a de plus heureux.

NOTE XIX.
(P. 323.)

Marie-Louise de Lowendal, fille du maréchal, a épousé Antoine Bufile comte de Brancas, colonel d'un régiment qui portait son nom. Il avait tout au moins autant d'esprit que le duc de Lauraguais, son frère cadet, sans avoir les mêmes prétentions. Le duc de Villars-Brancas, leur père, avait épousé en troisièmes noces mademoiselle de Nieukirken de Nivenheim, qui avait abjuré avant leur mariage. Elle avait une sœur aînée très-belle, comme elle; celle-ci, devenue plus tard madame de Champcenet, avait eu un premier mari, fort riche, appelé M. Pater. Le comte de Brancas disait, en parlant de sa belle-mère, que sa messe lui avait plus valu que le Pater de sa sœur.

FIN DES NOTES DU DEUXIÈME VOLUME.

VOCABULAIRE [1].

Bastion, masse de terre revêtue de maçonnerie ou de gazon d'une forme presque pentagonale ; un bastion est composé de deux faces formant un angle saillant vers la campagne, et de deux flancs qui joignent les deux faces aux murs d'enceinte de la place.

Blindes, très-fortes claies formées de branchages entrelacés, destinées à couvrir les travailleurs.

Boyaux, chemins en zigzags pratiqués en creusant la terre, ou en couvrant les assiégeants par des fascines pour approcher d'un point d'attaque ou portions de tranchées qui conduisent aux fortifications de la place assiégée.

Camouflet. Un mineur prépare un camouflet en plaçant dans un trou pratiqué dans sa galerie une bombe de 12 pouces munie de son saucisson (voyez ce mot), auquel il met le feu pour étouffer son adversaire par la fumée de la poudre et le manque d'air, ou pour l'accabler sous le renversement des terres.

Capitale d'un bastion, est une ligne droite tirée de l'angle extérieur le plus saillant d'un bastion, à l'angle intérieur de ce même bastion.

Caponnière, double chemin couvert, construit au fond d'un fossé sec vis-à-vis le milieu d'une courtine ; la caponnière est palissadée.

Chemin couvert ; c'est un corridor caché par une élévation de terre ; il peut être défendu par une palissade, plantée sur la banquette d'où les défenseurs du chemin couvert font un feu rasant et

---

[1] Le baron Rogniat, inspecteur général du génie, a publié des considérations sur l'art de la guerre. Il avait été occupé toute sa vie de fortifications, et c'est ce dont il parle le moins dans son livre, où il se borne à dire quelques mots des retranchements de campagne. Il annonce dans ce chapitre qu'il traitera ses lecteurs en hommes déjà versés dans l'art de la guerre. Quant à moi, je suppose que, parmi les miens, il pourra s'en trouver de très-instruits en toute autre matière, mais assez dépourvus de notions sur les fortifications, pour ne pas être fâchés de trouver ici quelques petits renseignements sans être obligés de les rechercher dans des ouvrages spéciaux.

quelquefois plongeant sur les assaillants. Ceux-ci pratiquent aussi des chemins couverts.

Communication, chemin en forme de tranchée pour aller à couvert des places d'armes aux batteries.

Contrescarpe, talus du fossé qui regarde la campagne; on entend quelquefois par là non-seulement le glacis, mais le chemin couvert qui y touche. Se loger sur le glacis ou le chemin couvert peuvent signifier la même chose.

Courtine, muraille de rempart qui joint les flancs de deux bastions.

Cunette ou cuvette, excavation de dix-huit à vingt pieds de large ouverte dans le milieu d'un fossé pour servir de puisard, ou pour gêner l'agression de l'ennemi.

Demi-lune, ouvrage presque triangulaire, composé de deux faces, destiné à couvrir les courtines, les portes d'une ville, et à défendre l'approche des fossés des bastions.

Épaulement, massif de terre ou formé par des fascines pour mettre à couvert des hommes à pied.

Glacis, talus en pente douce qui s'élève jusqu'aux murailles.

Lunettes, fortifications à deux faces, à angle saillant, munies d'un parapet le long de ces faces, et d'un fossé; elles se placent souvent vis-à-vis des angles rentrants des chemins couverts.

Mortier, pièce d'artillerie destinée à lancer des projectiles creux qui décrivent la parabole; leurs chambres contiennent de 2 à 12 livres de poudre. C'est Bernard Van-Gell, évêque de Munster, qui a multiplié l'usage des mortiers et introduit l'usage des *carcasses*, plus légères que les bombes, mais très-propres à porter l'incendie dans une ville.

Obusiers, petits mortiers propres à servir dans l'artillerie de campagne.

Palanques, palissades formées de rondins d'un pied de diamètre, debout, à jointifs inégaux, pour former créneaux entre eux. Napoléon fit construire des palanques pour défendre les faubourgs de Dresde. Le général Rogniat a reconnu que les boulets de l'ennemi avaient meurtri ces rondins en passant, sans les rompre.

Parallèles, ce sont des tranchées ouvertes parallèlement au côté de la fortification que l'on attaque; elles servent de places d'armes. Vauban est le premier ingénieur qui en ait fait usage.

Places d'armes, les troupes y sont à couvert pour soutenir les travailleurs. Il y a des places d'armes près de chaque bastion, où des détachements de la garnison sont prêts à les défendre. Du temps de Louis XIV, les aumôniers et les chirurgiens se tenaient dans les places d'armes, pour être à portée de donner aux blessés les secours de la religion et de l'art.

Poterne. Dans les villes de guerre la poterne est ouverte sur le flanc d'un bastion, pour qu'on puisse descendre à la dérobée dans le fossé.

Redans. Ils se composent de deux faces faisant angle. L'enceinte d'une place peut être fortifiée de redans disposés en dents de scie formant une suite non interrompue de petites demi-lunes.

Redoute. Cet ouvrage peut avoir la forme d'un carré ou d'un bastion. Lorsqu'il est placé au pied d'un glacis, il porte le nom de lunette; on peut les isoler, sans pourtant renoncer à leur communication avec une ville de guerre par des chemins couverts, pourvu qu'elles ne puissent être tournées; quelquefois on y construit des casemates, des citernes, des logements pour les troupes qui doivent les occuper.

Sape, tranchée ouverte, à couvert d'un mantelet ou d'un gabion. La sape devient tranchée en s'élargissant. La sape volante se compose de gabions que l'on ne remplit qu'après coup; la demi-sape, de gabions posés à découvert, remplis ensuite, et dont les intervalles sont comblés par des sacs de terre. On formait autrefois des sapeurs dans l'artillerie; aujourd'hui c'est un corps spécial.

Saucisson, sac de cuir long très-étroit, plein de bonne poudre; on le fixe au milieu du fourneau d'une mine, en le contournant dans les replis de la galerie qui y conduit, pour pouvoir y mettre le feu sans trop de danger. Quand un mineur a percé la galerie de l'ennemi, il s'empresse de chercher le saucisson de sa mine pour le couper et en empêcher l'explosion. Lorsque le mineur veut au contraire en faire sauter une, il entasse dans sa galerie des pierres et des étais qui s'arc-boutent, pour que la poudre y trouve de la résistance et soulève le sol qu'il doit entamer.

Tranchée. C'est une parallèle ou un boyau, selon la direction qu'on lui donne; les tranchées sont ordinairement de douze pieds de largeur et de trois de profondeur; la terre, rejetée du côté exposé au feu de l'ennemi, s'élève en parapet de trois pieds aussi. Malgré ces précautions, il n'y a jamais de lieux sûrs dans une tranchée, où les bombes, les obus, les boulets, les balles et les grenades tombent fréquemment. Les officiers et les troupes qui montent la tranchée y font le service pendant vingt-quatre heures.

La queue de la tranchée est le point où elle commence.

TABLE DES CHAPITRES.

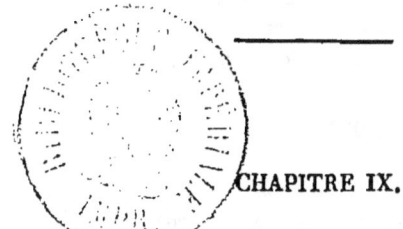

CHAPITRE IX.

Le maréchal de Noailles conseille d'assiéger Berg-op-Zoom contre l'avis du maréchal de Saxe, qui déclare qu'il ne conduira pas le roi devant cette place pour lui faire éprouver un affront. — M. de Lowendal dit qu'il la prendrait quand même le maréchal de Saxe serait dedans. — Personne ne croit au succès ailleurs que dans l'armée assiégeante, à laquelle son général sait faire partager sa constance au milieu de difficultés qui semblent insurmontables.............. 1

CHAPITRE X.

Combat de Woude. — Les alliés refusent la bataille que leur offre le comte de Lowendal. — Il ne se laisse pas détourner de son but par l'appât d'une victoire, et reste sagement à portée de Berg-op-Zoom. — Suite du siége. — M. de Lowendal propose au maréchal un moyen d'abréger considérablement le siége de Berg-op-Zoom. Le comte de Saxe ne l'adopte pas. — Mort du vieux général de Lorme.......... 59

CHAPITRE XI.

Préparatifs de l'assaut. — Berg-op-Zoom est emporté. — Efforts du comte de Lowendal et des autres généraux pour prévenir le sac et le pillage de la ville. — Consternation des alliés. — M. de Lowendal est nommé maréchal aux applaudissements de la France........................ 101

CHAPITRE XII.

Lettres du roi à Monseigneur l'archevêque de Paris et au maréchal de Saxe. — *Te Deum* chanté à Notre-Dame et dans le camp de la grande armée. — Le roi accorde deux pièces de canon au maréchal de Lowendal. — Prise des forts Frédéric-Henri, de Lillo et de la Croix. — Honneurs rendus à madame la maréchale de Lowendal. — Le maréchal veille à la réparation des fortifications de Berg-op-Zoom et à l'approvisionnement de la place avant de s'en éloigner............ 137

CHAPITRE XIII.

Le maréchal de Lowendal à l'Opéra à Paris, et au bal à Bruxelles ; il y danse un menuet. — Le roi le charge de faire une distribution de croix de Saint-Louis. — Fureur de certains généraux de la cour. — Pour les apaiser, le roi fait prendre rang d'ancienneté sur M. de Lowendal à des maréchaux nommés après lui. — Le duc de Luynes, M. d'Argenson et le maréchal de Belle-Ile........................ 185

CHAPITRE XIV.

Le maréchal de Lowendal fait observer par ordre du roi un corps d'armée russe en Pologne. — Les Russes perdaient beaucoup de monde dans leurs marches; mais ils enlevaient quantité d'enfants pour peupler leur empire. — Portraits de leurs généraux peints par M. de Lowendal. — Organisation de l'armée russe. — Ses petits canons. — Moyens que les Russes employaient pour guérir leurs malades............. 203

CHAPITRE XV.

Campagne de 1748. — Marche du maréchal de Lowendal sur la rive droite de la Meuse. — Investissement, siége et prise de Maestricht.. 229

CHAPITRE XVI.

Gageure du chevalier de Saint-Georges et de lord Anson. — Le maréchal de Saxe à Chambord. — M. de Lowendal à son lit de mort. — Froideur du roi pour M. de Lowendal. — Il meurt. — Son éloge se trouve partout, excepté dans les Mémoires posthumes du marquis d'Argenson, jugé par le propre éditeur de ces œuvres immorales. — Calomnie de M. d'Argenson contre M. de Lowendal; elle est reproduite dans la *Revue des Deux-Mondes.* — L'entrepreneur de cette *Revue* refuse d'y insérer une réclamation sur une imputation mensongère réfutée longtemps d'avance par l'opinion générale des contemporains du maréchal, et par un décret de l'Assemblée nationale. — Poëme de M. Émery, futur supérieur de Saint-Sulpice, sur la prise de Berg-op-Zoom. 275

TABLE ALPHABÉTIQUE

DU DEUXIÈME VOLUME [1].

A

André, 30.
Anhalt (prince d'), 127.
Anlezy (comte d'), 149.
Anne (czarine), 210.
Anson (lord), 275, 276, 367.
Arenberg (maison d'), 352.
Arenberg (prince d'), 258.
Argenson (d'), lieutenant général de police, 323.
Argenson (comte d'), 19, 69, 134, 145, 146, 147, 160, 163, 164, 165, 173, 187, 188, 194, 208, 222, 223, 249, 258, 260, 267, 269, 270, 276, 278, 279, 284, 285, 304, 308, 312.
Argenson (marquis d'), 279, 281, 284, 303, 304, 305, 306, 307, 308, 310, 311, 312, 313, 314, 316, 320, 321, 322.
Argout (d'), 114.
Armentières (marquis d'), 98, 99, 100, 101, 150, 244, 246.
Artois (comte d'), 374.

Aubin (Saint), 316.
Auguste II, 206.
Aylva (d'), 256, 262.

B

Balleroy (de), 166.
Barbier, 198, 313, 314, 316, 317.
Bareith (de), 260.
Baroniay, 48, 99, 253.
Bathiani, 156, 162, 184.
Battin, 109.
Beauchamp (de), 38, 166, 167, 259.
Beaufremont (marquis de), 244.
Beaumanoir (de), 183.
Beausobre (de), 38, 157.
Bellefond (maréchal de), 199.
Belle-Isle (maréchal de), 194, 277, 278, 279, 284.
Belle-Isle (maréchale de), 278, 279.
Belle-Isle (chev. de), 279, 370.
Bentheim (comtesse de), 191.
Berchiny (de), 98, 157, 370.
Bérenger (de), 163.

---

[1] Voyez, pour les noms des officiers généraux employés sous les ordres de M. de Lowendal au siége de Berg-op-Zoom, la note II, p. 336; pour les noms des officiers tués ou blessés aux siéges de Berg-op-Zoom et de Maëstricht, les notes III et IX, pages 337 et 358; pour les noms des chevaliers de Saint-Louis reçus par M. de Lowendal, les notes VI, p. 353, et X, p. 364.

Bernier (de), 159.
Bestouchef, 205.
Biren, 210, 211.
Biron (duc de), 197, 198.
Bisy (marquis de), 260.
Bizanuet (général), 333.
Blaisel (baron du), 114, 177, 335.
Blet (comte de), 117, 118, 149, 178, 180, 181, 183, 189.
Bodelot (de), 28.
Bonnaventure (de), 164, 165.
Bonneville, 375.
Boucher, 375.
Boulbonne (de la), 164.
Boulé (de), 62.
Boulle, 69.
Bourbon (Charles de), 381.
Bourbon (Marguerite-Élisabeth de), 381.
Bourbon (prince Henri de), 280.
Boye (de), 168.
Brancas (comte de), 381, 382, 383.
Brancas (comtesse de), 319, 323, 327, 381, 382.
Brancas (duc de), 376.
Branicki (général), 218, 382.
Brézé (de), 255.
Brienen, 272.
Brockdorff (de), 303.
Broglie (maréchal de), 195.
Broglie (prince de), 322.
Broun (de), 212, 213, 217.
Buloz, 322.
Bussy (de), 305.
Bzecowski (comte), 382.

C

Cambredon (de), 164.
Caraman (de), 258.
Caroli (de), 183.
Caros (de), 158.
Castellane (comte de), 114.
Castera, 220.

Catinat, 373.
Chabrier (de), 125.
Chabrillant (chev. de), 114, 159.
Champcenet (Mme de), 383.
Chanclos (comte de), 83, 89, 92, 93, 96, 101, 102.
Chandos (comte de), 175, 176, 253.
Chantilly (chev. de), 114.
Charles VI, 204, 302.
Charles VII, 302.
Charles XII, 206.
Chayla (du), 356.
Chazeron (marquis de), 113.
Chenerilles (abbé de), 173.
Chevreuse (duc de), 28, 35, 37, 42, 60, 124, 146, 193.
Chevreuse (duchesse de), 145.
Christian V, roi de Danemark, 374.
Civrac (comte de), 114.
Clermont (comte de), 243.
Clermont-Gallerande, 16-195.
Clermont-Tonnerre, 16, 195, 197.
Coder, 78.
Cohorn, 6, 22, 24, 27, 35, 99, 116, 118, 122, 123.
Coigny (maréchal de), 370.
Coincy (de), 88.
Coincy (chev. de), 114.
Colbert, 289.
Comeyras (de), 117, 149.
Contades (marquis de), 32, 33, 34, 47, 150, 155, 168, 174, 181, 252.
Conti (prince de), 378.
Couder, 375, 376, 377.
Courtbuisson (de), 104, 105, 130.
Courten (de), 88, 97, 149, 155, 164, 184.
Crémilles (Boyer de), 13, 363.
Créqui (maréchal de), 199.
Cromstrom (baron de), 11, 21, 34, 40, 63, 66, 68, 70, 86, 93, 94, 111, 119, 120, 121, 127, 131, 144, 179.
Cujac (de), 182.
Cumberland (duc de), 66, 119, 120, 121, 169, 170, 252, 254, 261.

Custine (de), 60, 113, 127, 128, 158, 159.
Czartoryiski (prince), 218, 221, 225.

D

Danquer, 179.
Daumont, 375.
Deffant (Mme du), 321, 322.
De Larmessin, 375.
Desbrosses, 161.
Des Roches, 373.
Deutz, 110.
Dillens, 132.
Dombes (prince de), 243.
Duplessis, 114.
Dupré, 291.
Duverdier, 104.

E

Édouard III (roi d'Angleterre), 357.
Eggers (le baron), 37, 126.
Egmont (d'), 258.
Elzé (d'), 187.
Émery (l'abbé), 327, 328.
Enfantin (Père), 307.
Épinoy (de l'), 30, 69.
Espagnac (d'), 12, 112, 118, 169, 254.
Estrées (comte d'), 19, 62, 174, 244, 252.
Estrées (maréchal d'), 244.
Eugène de Savoie, 288, 310, 333, 372.

F

Farnèse (Alexandre), 6.
Faucon, 102, 130.
Féletz (de), 322.

Ferdinand de Prusse (prince), 335.
Feuquières (marquis de), 321.
Ficho Hoffmann, 373.
Fimarcon (marquis de), 191.
Fischer, 244, 248, 249, 253.
Florens, 89.
Fouquier-Tinville, 327.
Franchipani (de), 178.
François I, 280, 302.
Fréderic II, 32, 146, 264, 294, 301.
Freteau, 319.
Frossart, 178.
Funck, 132.

G

Gablenz (baron de), 381.
Gablenz (général de), 381.
Gaillard, 357.
Gaucher de Chatillon, 377.
Gaudechart (de), 247.
Géorgie (czarewitz de), 222.
Ghebardi, 374.
Gibaudière (de), 173.
Glime (maison de), 352.
Godart de Rincourt, 104.
Golowin, 217.
Goore (général), 332.
Gordon (lord), 111.
Gourdon, 171.
Gouru (de), 56.
Gramont (comte de), 114.
Grandmaison (de), 183.
Grassin (de), 178, 179, 180, 183, 190.
Grimarest, 373.
Gudin de la Brunellerie, 294.
Guiche (maréchal de la), 348.
Guiche (Jean de la), 348.
Guignard, 98.
Guillaume III (prince d'Orange), 259, 261.

H

Hallot (chevalier d'), 29, 44, 124, 126, 130, 270, 271, 272, 337, 341, 345.
Harcourt (d'), 38.
Havré (duc d'), 92.
Henri II (roi d'Angleterre), 290.
Henri IV (roi de France), 302, 348.
Hérouville (comte d'), 12, 99.
Hesse-Philipstadt (prince de), 10, 72, 87, 93, 110, 127, 131.
Hohenloë (prince de), 111.
Hohenzollern (maison de), 352.
Holberg (baron d'), 374.
Holstein-Beck (prince de), 113.
Hompech (comte de), 111.
Humières (maréchal d'), 199.
Huygens (Bangeman), 381.

J

Jassin (de), 30.
Jean (roi de France), 357.
Jobez, 194.

K

Keith (feld-maréchal), 301.
Kermelec (de), 177.

L

La Bretonnière (de), 89.
Labunague, 226, 227.
la Caze (de), 159.
Lage (de), 52, 149, 150, 166, 190, 233, 237.
La Jonquière, 367.
Lally (de), 157, 160, 163, 164.
Lally (général), 375.

Lambert, 170.
La Morlière (de), 47, 144, 175, 178, 183, 190, 356.
la Mothe Oudancourt (de), 197.
la Motte (de), 30.
Lamy, 30.
Lamy de Bezange, 75.
Landon, 375.
La Potterie (de), 165.
Lapouchin (de), 212, 217.
La Rochefoucauld (duc de), 367.
La Roque (de), 179.
La Tour, 375, 376.
La Tour d'Auvergne (maison de), 352.
la Trèsne (comte de), 88, 114.
Lascy, 212, 213, 214.
Lauragais (duc de), 382.
Lautrec (comte de), 314, 315, 378.
Laval (marquis de), 114.
La Vallière (duc de), 374.
Laval-Montmorency (comte de), 197.
Le Barbier, 375.
Lebeau, 375.
Le Couvreur, 30.
Leczinska (Marie), 299, 324.
Leczinski (Stanislas), 206, 280.
Legrand (colonel), 8, 122, 333.
Legrand, 29.
Leuwe (de), 111, 127, 129.
Levesque, 375.
Lieven (de), 210, 211, 212, 213, 217, 218.
Lille (de), 180.
Lillebonne (comte de), 114.
Limmingue (comte de), 347.
Linange (comtesse de), 382.
Lœwenhaupt (de), 113.
Lœwenstern (baron de), 381.
Lorme (de), 24, 50, 57, 62, 68, 69, 71.
Louis (saint), 245.
Louis XII, 302.
Louis XIII, 302.
Louis XIV, 199, 302, 355, 386.
Louis XV, 5, 134, 139, 142, 152,

ALPHABÉTIQUE.

197, 230, 239, 264, 265, 273, 280, 291, 292, 294, 295, 296, 298, 320, 350, 353, 356, 368, 376, 381.
Lowendal (baron Ulric de), 288, 289, 303, 371, 373, 374.
Lowendal (comtesse de), 152, 153, 163, 173, 174, 186, 296, 299, 320, 324.
Lowendal-Daneskiold (François-Xavier comte de), 319, 381.
Lowendal-Daneskiold (Charles-Waldemar, comte de), 381.
Lubomirski (princes), 206.
Lugeac (de), 115, 130.
Lusignan (mademoiselle de), 380.
Lussan (comte de), 48, 181.
Lutzerode (baron de), 381.
Luynes (duc de), 192, 193, 194, 195, 196, 282, 284, 287, 299, 300, 304, 348, 382.
Luynes (duchesse de), 299.
Lzewaski, 381.

M

Maillard (de), 113.
Mailly (maréchal de), 377.
Maison (maréchal), 377.
Mallet, 373.
Marshall (de), 256, 262.
Masséna (maréchal), 316.
Massillon, 196.
Mélé (de), 30.
Menzikoff (prince), 211.
Mérode (maison de), 352.
Michalowski (de), 221.
Monnin (de), 92.
Montbarey (de), 135, 186, 187, 188, 244.
Montboissier (de) 51, 114.
Montmorency (comte de), 48.
Montmorin (de), 48, 114, 244.
Mony (de), 235.
Morgan, 352.
Morret, 375.
Mouton (maréchal), 377.

Munich, 213, 224, 301.
Musset de Bonnaventure, 156, 158, 159.
Muy (chevalier du), 98.

N

Nancé (de), 57.
Napoléon I, 327, 355, 376, 377, 386.
Neufville (chevalier de), 375.
Nielle, 129.
Nieukirken de Nivenheim (de), 382.
Noailles (maréchal de), 4, 14, 15, 18, 19, 98, 113, 126, 150, 152, 154, 196, 230, 312, 313, 320, 369, 370.

O

Odieuvre, 375.
Olonne (duc d'), 114.
Orange (Guillaume, prince d'), 66.
Orange (maison d'), 352.
Orléans (Louis-Philippe d'), 377.
Orloff, 222.
Ornano (Alphonse), 302.
Ornano (Jean-Baptiste), 302.
Ossolinski (comte Tenczyn), 380.

P

Parme (prince de), 352.
Pater, 383.
Périgord (comte de), 114, 125, 130.
Person, 29.
Perthe (duc de), 172.
Petit, 375.
Piat (de), 130.
Pierre I, 313.
Platon, 313.
Polignac (de), 163.
Polnitz (baron de), 373.
Pons (prince de), 125.

Prévot, 72.
Puisigneu (marquis de), 114, 130.
Puységur (maréchal de), 377.
Puységur (marquis de), 377.

R

Radetzky (feld-maréchal), 70.
Radzivil (princesse), 211.
Raiacow (de), 221.
Raillon, 104.
Raind (de), 102.
Rantzau (comte de), 381.
Rantzau (maréchal de), 302, 303.
Rathery, 305, 307.
Rechteren (de), 111, 115.
Relingue (de), 105.
Renan, 155, 322.
Rennenkampff (de), 54, 222, 225.
Repnin (prince), 209, 217, 219, 225.
Reventlau (comte de), 381.
Richelieu (duc de), 283.
Richemond (connétable de), 302.
Richemont (comte de), 263.
Rinsrol, 167.
Robec (prince de), 114, 130.
Robespierre, 307.
Rochefort (prince de), 114, 130, 131.
Roger, 375.
Rogniat (baron), 385, 386.
Romanet, 375.
Rostaing (marquis de), 247.
Rougé (marquis de), 177, 183.
Rougrave (de), 253.
Royer du Breuil, 113.
Ruvényc (de), 95.

S

Saint-Afrique, 130.
Saint-André (de), 117.
Sainte-Beuve, 154, 155.

Saint-Georges (de), 275, 276, 277, 366, 367.
Saint-Germain (comte de), 32, 38, 47, 51, 53, 54, 244, 245.
Saint-Séverin (marquis de), 265.
Saint-Simon (duc de), 312.
Sakville (lord), 261.
Salières (marquis de), 178, 180.
Sarazin de Belmont, 8, 138.
Sarbrück (prince de), 219.
Savoie (Honorat de), 302.
Saxe (maréchal de), 4, 8, 11, 14, 15, 17, 19, 21, 54, 55, 65, 74, 77, 81, 86, 88, 94, 97, 113, 133, 134, 135, 142, 144, 145, 147, 150, 151, 154, 160, 169, 170, 172, 174, 175, 176, 184, 191, 194, 196, 199, 215, 229, 231, 239, 241, 242, 245, 250, 251, 252, 255, 256, 258, 260, 261, 263, 264, 265, 266, 269, 273, 277, 278, 279, 280, 281, 282, 283, 284, 289, 294, 295, 308, 309, 310, 313, 315, 316, 317, 320, 321, 323, 324, 350, 368, 369, 375, 376, 380.
Saxe-Hildeburghausen (prince de), 26, 34, 40.
Scheerenberg (maison de), 352.
Schimelmann (comte de), 381.
Schmettau (de), 22.
Schmettau (baronne de), 380.
Scholtz (de), 62.
Schomberg (Henri, Charles et Louis de), 302.
Schulembourg (maréchal de), 285, 302.
Schwartzenberg (comte de), 33, 46, 47, 48, 54, 63, 78, 84, 92.
Seals, 69.
Sébastiani (comte), 377.
Séchelles (de), 269, 270.
Seckendorf (feld-maréchal de), 301.
Seignelay (marquis de), 289.
Selawsky, 221.
Senneterre (de), 195, 196.
Sergent, 375.
Sinety (chevalier de), 169.

Sinety (de), 356.
Skerrts (général), 332.
Sobieski (Jean), 297.
Soltikoff (de), 210, 211, 217.
Soubise (prince de), 374.
Soupire (chevalier de), 251, 255.
Spinola (Ambroise), 6, 352.
Stahremberg (feld-maréchal de), 288, 371, 372.
Stuart, 111.
Stuart (de), 214, 217.
Sulzbach (palatin de), 352.
Surand (de), 104.
Sysang, 375.
Szembeck (de), 206.
Szembeck (de), 287.
Szembeck (comtesse de), 380..

T

Taine, 322.
Théodore-Anne, 353, 356.
Thierry (de), 166, 167.
Tondu, 104, 130.
Tornaco (comte de), 92, 93.
Torré, 292.
Trenck (Frédéric et François de), 322.
Trivulce, 302.
Turenne (maréchal de), 199.
Turpin-Crissé (comte de), 380.
Turpin-Crissé (comtesse de), 319, 381.
Tyrkonel (lord), 241.

V

Valfons (marquis de), 134, 135, 290.
Vallière (de), 69, 130, 170.

Van-Brienen, 272.
Van der Meulen, 376.
Van Gell (évêque de Munster), 386.
Vanharen, 10, 84.
Van-Iseghem, 200.
Vanloo, 375.
Van Vos, 158.
Varu (de), 30.
Vassi (de), 156.
Vauban (maréchal de), 24, 27, 118, 122, 373.
Vaudreuil (marquis de), 169.
Vaux (de), 59, 161, 177.
Vence (marquis de), 28.
Venet (de), 30.
Vernay (de), 30.
Viglio (comte de), 285.
Villars (maréchal de), 310, 369, 375.
Villars-Brancas (duc de), 382.
Villenave, 18, 312, 369.
Villeneuve (de), 89, 213.
Voltaire, 313, 318.
Voyekow, 217.
Vulzbourg (baron de), 260.

W

Waldeck (prince de), 33, 34, 38, 39, 44, 119.
Walfersdorf (de Kiesenwetter (baron de), 380.
Watteville (de), 111.
Will, 375, 376.
Willoughby (baron de), 352.
Wimpfen (de), 319.
Witem (maison de), 352.
Wolfenbuttel (prince de), 156.
Wurtemberg (prince Louis de), 348.

ERRATA.

Page 54, ligne 24, *au lieu de :* conteunes, *lisez :* contenues.
Page 117, ligne 14, *au lieu de :* de Comcyras, *lisez :* de Coméyras.
Page 124, ligne 5, *au lieu de :* 983, *lisez :* 839.
Page 207, ligne 8, *au lieu de :* Sendomir, *lisez :* Sandomir.
Page 270, ligne 19, *au lieu de :* M. de Hallot, *lisez :* d'Hallot.
Page 319, ligne 17, *au lieu de :* Woldemar de Lowendal, *lisez :* François-Xavier de Lowendal.

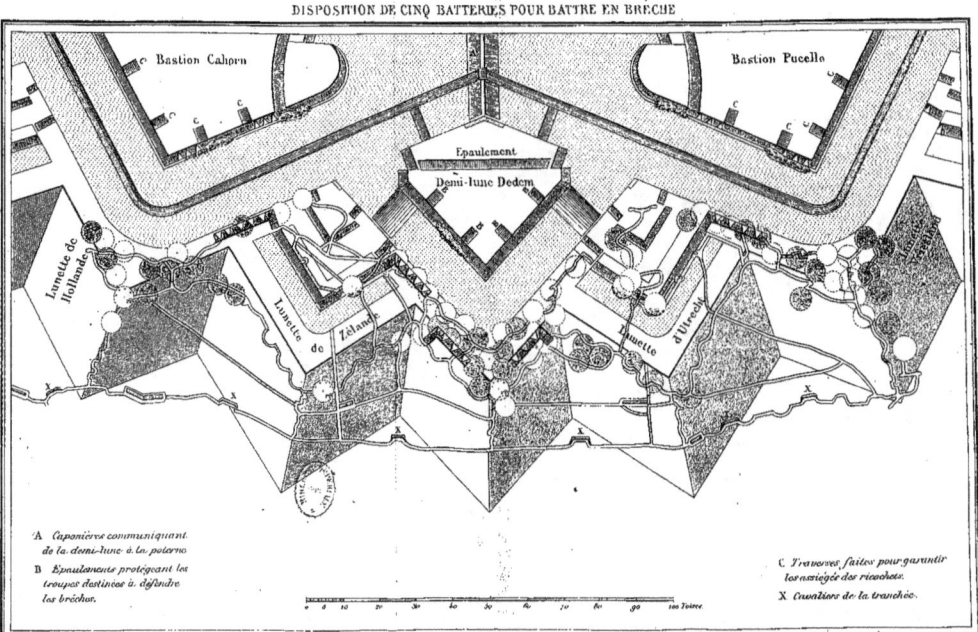

www.ingramcontent.com/pod-product-compliance
Lightning Source LLC
Chambersburg PA
CBHW052035230426
43671CB00011B/1653